书山有路勤为径,优质资源伴你行
注册世纪波学院会员,享精品图书增值服务

·项/目/管/理/核/心/资/源/库/

[美] 列夫·维瑞恩 著
（Lev Virine）
迈克尔·特兰佩
（Michael Trumper）

楼政 译

项目决策
决策的艺术与科学
（第2版）

PROJECT DECISIONS
The Art and Science, 2nd Edition

電子工業出版社
Publishing House of Electronics Industry
北京·BEIJING

Project Decisions: The Art and Science, 2nd Edition
Copyright © 2008, 2019 by Lev Virine and Michael Trumper
Simplified Chinese translation edition copyright © 2021 by Publishing House of Electronics Industry.
All rights reserved. Copyright licensed by Berrett-Koehler Publishers arranged with Andrew Nurnberg Associates International Limited.

本书简体中文字版经由 Berrett-Koehler Publishers 授权电子工业出版社独家出版发行。未经书面许可，不得以任何方式抄袭、复制或节录本书中的任何内容。

版权贸易合同登记号　图字：01-2020-3454

图书在版编目（CIP）数据

项目决策：决策的艺术与科学：第 2 版 /（美）列夫·维瑞恩（Lev Virine），（美）迈克尔·特兰佩（Michael Trumper）著；楼政译. —北京：电子工业出版社，2021.1
（项目管理核心资源库）
书名原文：Project Decisions: The Art and Science, 2nd Edition
ISBN 978-7-121-40186-2

Ⅰ. ①项⋯ Ⅱ. ①列⋯ ②迈⋯ ③楼⋯ Ⅲ. ①企业管理－项目决策 Ⅳ. ①F272

中国版本图书馆 CIP 数据核字(2020)第 261866 号

责任编辑：卢小雷
印　　刷：涿州市京南印刷厂
装　　订：涿州市京南印刷厂
出版发行：电子工业出版社
　　　　　北京市海淀区万寿路 173 信箱　邮编 100036
开　　本：720×1000　1/16　印张：17.75　字数：323 千字
版　　次：2021 年 1 月第 1 版（原著第 2 版）
印　　次：2021 年 1 月第 1 次印刷
定　　价：78.00 元

凡所购买电子工业出版社图书有缺损问题，请向购买书店调换。若书店售缺，请与本社发行部联系，联系及邮购电话：(010) 88254888，88258888。
质量投诉请发邮件至 zlts@phei.com.cn，盗版侵权举报请发邮件至 dbqq@phei.com.cn。
本书咨询联系方式：(010) 88254199，sjb@phei.com.cn。

译者序

决策学的主要代表人物赫伯特·西蒙有句名言："管理就是决策。"由此可见决策的重要性。

人们在日常工作和生活中要做出大量决策。如何做好决策是一门非常复杂的学问，因为它涉及广泛的学科，如心理学、社会学、数学、统计学、管理学、系统论、行为学、运筹学和计算机科学等。对于市面上有关决策的书籍，它们要么列了一大堆数学公式，过于学术化，让读者望而却步；要么过于故事化和例子化，虽然读起来轻松，但读完后发现根本没有了解决策规律也未能习得方法。本书突破了专业书的门槛，又弥补了通俗故事书的短板，用通俗易懂、妙趣横生的例子，层层递进地向读者揭开了项目决策的奥秘，从而帮助读者掌握有效的决策方法。在翻译本书的过程中，我不禁为作者秉承的以读者为导向的写作策略、精心的结构设计、高超的写作手法和一些奇思妙想拍案叫绝。本书有以下特点：

（1）将决策的科学和艺术加以融合。人既有感性的一面，又有理性的一面。强调一面会带来问题。作者展现了人们在决策情景中鲜活和立体的形象，从系统的视角将人的感性思维和理性思维进行统筹考虑和有机结合。同时，作者用了不少笔墨，帮助读者克服一些人们在决策时固有的认知和动机偏见。

（2）代入感强，读起来很轻松。与一些晦涩难懂的专业书籍完全不同，作者用大众喜闻乐见的电影或耳熟能详的案例作为"切入口"，逐步导入专业方法，并提供解决方案。书中还配有一些生动、幽默的卡通插画，令人忍俊不禁，增强了阅读的趣味性。

（3）既有一般原理和规律，又有具体方法和工具。本书能够帮助读者掌握决策规律，并提供可以在项目实践中运用的方法和工具，非常适合广大决策者和项目管理者学习。

（4）方法新颖、先进。本书介绍了一些定量分析方法，如敏感性分析、相关性分析、决策树、蒙特卡洛模拟、计划评审技术、事件链法、多标准决策分析。尤其是事件链法，它对很多管理者来说是一种非常新颖的方法，值得学习、掌握和运用。

（5）案例丰富，涉及的行业范围广。本书作者的从业经验非常丰富，因此有许多鲜活的跨行业案例，包括石油勘探、软件、航天航空、建筑工程、制造和服务业。

（6）与《项目管理知识体系指南》紧密结合。本书作者将决策分析流程和项目管理过程进行了整合，既保持两者的一致性，又体现了本书的独特性和深入性。学过项目管理的读者对本书会感到十分熟悉和亲切。

（7）提供了一些实用的模板和软件工具，读者可以即学即用。

翻译本书需要大量的知识储备，一方面本书知识面广，另一方面本书涉及不少对国内读者来说很新颖的知识（对译者来说也具有很大的挑战）。虽然本人是项目管理、产品管理和创新领域的培训师和咨询顾问，也丝毫不敢懈怠。为了吃透内容，保证翻译质量，在翻译本书时，我查阅了大量文献，甚至观看了书中提及的电影并对相关案例进行了专题研究。

为使读者更好地理解本书内容，在翻译过程中，我尽可能地将本书的术语与已出版的《项目管理知识体系指南》、心理学、统计学和决策学权威著作中的中文翻译保持一致。

在本书中，作者使用了一些西方的幽默和隐喻，为了让读者能更好地领会作者意图，特地加了译者注。

我相信，通过研读本书，你一定会向成为集理性和感性于一身，融科学和艺术于一体的决策者迈出坚实的一步。

特别感谢电子工业出版社引进了这本好书！

特别感谢楼俞希和吴子轩对本书翻译工作做出的贡献！

因译者水平有限，翻译中难免存在一些问题，如果你有任何疑问、意见或建议，请发至楼政的邮箱 1115330126@qq.com 或加微信 18029169969。

楼政

前言

项目管理是关于如何做出正确决策的艺术。开门见山地说,项目经理必须能够回答以下问题:

- 如何在项目管理中做出合理的选择?
- 如何提高做出选择的能力?
- 哪些工具可以帮助我们做出更好的决策?

通常,回答这些问题并不容易。在管理项目时,我们要同时处理多个目标、多种风险和不确定性,并要管理众多相关方。此外,项目管理问题的深层原因也异常复杂。

好在有一整套实用的方法和工具可以帮助我们进行决策分析并解决这些问题。决策分析的独到之处涉及两个看似独立的学科:①心理学。②数学。心理学家试图揭示人们在做决策时的基本心理过程。数学家则运用他们的知识及项目管理中的数据来鉴定和评价各种选择。心理学家和数学家都在寻求某种方法,以打破人们心理能力的固有限制,从而提高制定正确决策的能力。

近年来,决策分析已成为多学科融合的实用方法。企业通常以决策分析的结果为基础来制定重大的投资战略。在能源或制药等行业,在进行全面、结构化的决策分析前是不会开始实施项目的。决策分析可用于并购、投资、重组和新产品开发等诸多方面。政府用决策分析来制定政策;律师用决策分析来评估可能产生不确定结果的复杂诉讼;医疗专业人员用决策分析来帮助他们做出正确的诊断并开出最有效的处方。

从决策科学的角度看，项目管理是应用决策分析的主要领域。然而，我们发现，大多数组织在使用决策分析时，只用了决策分析流程中的一部分。此外，许多项目经理不熟悉在其他行业已广泛使用的决策分析方法。即便他们碰巧知道这些流程，也不一定相信这些流程能够适用于他们自己的行业或组织。当开始介绍项目管理中的心理学时，我们发现，对于许多项目经理来说，这是一次令人大开眼界的经历。因此，我们希望为项目经理提供有关决策分析的简短而实用的介绍。同时，我们也意识到，出版一本书是传递这些信息的最佳方式。

项目管理与流程密切相关，决策分析提供了相应的流程，以帮助项目经理提高做出正确决策的能力。在本书的第 1 部分中，我们总体介绍了项目决策分析的流程。在接下来的 4 个部分中，我们详细介绍了该流程的每个阶段，包括心理学和各种定量方法。我们试图避免复杂的数学讨论，因为我们相信一句话："有出租车司机就不需要地理知识了。"换句话说，在使用软件时，那些复杂的数学和统计学知识是通过代码实现的，因此，作为项目经理，你并不需要知道其中的每个细节。

我们在本书中重点介绍与决策有关的心理学，我们认为这才是许多项目经理的未知领域。决策是项目管理中的一项基本技能，可以通过培训加以改进。如果项目经理可以避开已知的心理陷阱，遵循一定的思维过程，就可以显著提高项目决策的质量。

我们希望本书对参与项目管理的每个人（项目经理、项目团队成员和项目发起人）都有价值，并为你们带来快乐。此外，我们将决策分析流程和 PMI 的《项目管理知识体系指南》(《PMBOK®指南》) 中介绍的项目管理过程进行了对应。

在本书第一版（2007 年出版）的基础上，我们在决策分析和项目管理领域纳入了新的研究，提供了更多的案例，并增加了心理学方面新的研究成果。

最后要说的是，技术类书籍有点像健身设备。你购买了一台健身机，坚持使用了几个星期，期望达到减肥和塑身的目的。当你看到一些成效时，例如，你多年来第一次看见你的脚趾（肚子太大的人在站立时看不见自己的脚趾。——译者注），你对健身的兴致达到了顶峰，不过，单调乏味的感觉也在此时相伴而生了。没过多久，健身机就被放在地下室里了。同样的情况对大多数技术书籍也适用。你会尝试使用书中介绍的方法，在几个星期后，会有一些小改进，但阅读总让人感到乏味和无聊，以至于你宁愿揉揉自己的眼睛，也不想读下一章。我们真诚地希望，本书不会有这个问题！

列夫·维瑞恩

迈克尔·特兰佩

于加拿大阿尔伯特省卡尔加里市

测试你的判断力

下面是一个小测试，用来测试你作为项目经理的判断力。本测试不是智商测试，也不是心理压力测试，而是对你的直觉进行测试。在测试中，你无须进行任何计算。你可以将本测试当作阅读本书前的"热身"。在本书中，我们将讨论测试中涉及的问题及其他一些问题。

1. 你是一名项目经理，正在制作一部名为《加勒比海盗—24》的电影。项目的具体内容是，为电影提供道具（一个藏宝箱）。你使用正态分布，估算在中国制造藏宝箱和装满"黄金"所需的时间为10（你认为实现的概率是10%）~40天（你认为实现的概率是90%）。在所有情况下，交货时间都应相同。电影的导演让你提供交付藏宝箱所需时间的估算，并要求有90%的把握。你的估算是以下哪个？

A. 80天
B. 50天
C. 63天

2. 你是一位画家，要为皇室夫妇伊登王妃和加里王子画一幅婚纱像。你有两种方案：

（1）同时画两个人。此方案需要20天。在这20天中的任何时候，如果伊登和加里不喜欢画像，你就必须重画。他们不喜欢画像的概率是60%。

（2）先画伊登王妃，再画加里王子。在此方案中，画每个人各需10天时间。如果在这10天中的任何时候，伊登或加里不喜欢画像，你就必须重画，重画又需要10天时间。他们中的任何一人不喜欢画像的概率是30%。

使用哪种方案能更快地完成画像（考虑潜在延误的平均值）？

A. 两种方案的工期相同
B. 方案（2）比方案（1）快17%
C. 方案（2）比方案（1）快70%

3. 假设你在上一题中选择方案（2），则可能有两种情况：（a）伊登和加里的喜好类似，即如果伊登不喜欢画像，加里也不会喜欢。（b）伊登和加里的喜好不同。

项目的工期情况可能是（考虑潜在延误的平均值）？
A. 情况（a）的完成速度比情况（b）快
B. 情况（b）的完成速度比情况（a）快50%
C. 情况（a）和（b）的工期大致相同

4. 亿万富翁迈克·祖克菲尔德决定投资一家新的软件公司。迈克·祖克菲尔德有以下3个选择，他应该投资哪个项目？

A. 为狗和猫开发一个社交网站，可以让宠物们互相见面，由此带来快乐。开发成本为2亿美元，成功概率是50%

B. 制作名为《你死定了》的电脑游戏，可以减少当前和潜在的犯罪。开发成本为4亿美元，成功概率是25%

C. 开发手机App，用来找到蚊虫侵扰较少的露营地点。开发成本为3亿美元，成功概率是80%

5. 你在阿拉斯加州的安克雷奇拍摄由雪佛兰·蔡斯主演的新电影《夏威夷假期》。如果在拍摄海滩场景时碰到下雪，就必须重拍，重拍需要10天，降雪概率是30%。官方天气预报说，这10天中每天降雪的概率相同。不过，你认为最有可能在拍摄尾声时下雪，而不是在拍摄开始时下雪。假设两种预测都同样准确，考虑潜在的延误，哪种情况会导致拍摄的耗时最长？

A. 你预测的情况将导致拍摄时间比官方天气预报预测的情况长5%
B. 官方天气预报预测的情况将导致拍摄时间比你预测的情况长5%
C. 无论根据哪种预测，拍摄时间大致相同

6. 你参与了一个宣传说唱歌手MC Uglyface的项目。尽管在广告、视频剪辑和促销上花费了100万美元，但MC Uglyface仍然在排行榜上垫底。你会选择以

下哪种方案？

　　A. 再进行一次 5 万美元的广告活动。在针对其他说唱歌手开展的类似活动中，取得成功的概率是 50%

　　B. 再进行一次 10 万美元的广告活动。在针对其他说唱歌手开展的类似活动中，取得成功的概率是 75%

　　C. 放弃 MC Uglyface，转而宣传说唱歌手 BadPosture

7. 你遇到一位年轻的女演员，认为她用几年时间就可以成为一线女演员或明星，所以你想成为她未来的离婚律师。如果她成为明星的概率是 10%，结婚的概率是 100%，离婚的概率是 100%，选择你成为她的离婚律师的概率是 10%，那么你赚取数百万律师费的概率有多大？

　　A. 10%

　　B. 1%

　　C. 0.1%

　　D. 100%

8. 你是一位剧本作家，想判断什么类型的剧本最有可能被采用。作为决策的一部分，你已经查看了你所知道的与所有剧本相关的历史数据，并将其列入下表。哪种类型的剧本最不可能被采用？

选项	未采用	采用
A. 动作片	20 次	4 次
B. 爱情片	11 次	2 次
C. 儿童片	15 次	3 次

9. 你准备添置秋季新装。你看了一些时尚杂志，大多数专家都认为今年秋季将流行明暗色调混搭的风格。一些杂志强调，将回归古典风格。此外，还有一些文章强调，粉红色和蓝色将成为流行趋势。你认为哪种说法最有可能？

　　A. 明暗色调混搭的风格

　　B. 明暗色调混搭的风格，结合纯粉红色和蓝色

　　C. 明暗色调混搭的风格，结合纯粉红色和蓝色，为古典风格带来活力和精致感

10. 你是电影中的特技替身演员。尽管你极尽所能,但还有16%的概率从马背上摔下来。发生落马事件似乎是完全随机的,与你的努力、使用的马匹、天气条件、拍摄区域或任何其他因素没有关联。在拍摄电影时,你在35次骑行过程中摔下来7次。下次,你会很幸运吗?在接下来的25次骑行中,你会从马背上摔下来多少次?

A. 5次
B. 2次
C. 4次

测试题答案

1. 正确答案是 C（63 天）。你不能将两个概率最大（90%）的活动时间估算值进行相加（40 天+40 天=80 天），来得出项目持续时间。答案也不会是 50 天［2×（10 天+40 天）÷2=50 天］，这得出的是平均持续时间。可以使用基于蒙特卡洛模拟的定量分析工具进行计算。见第 16 章。

2. 正确答案是 B。我们在第 20 章中讨论了类似的例子。将风险项目拆分为较小的阶段通常会加快项目进度，但不会达到 70%。可以使用事件链法进行计算。

3. 正确答案是 C。只有当概率相对较高时，风险事件之间的相关性才起到重要作用。在这种情况下，伊登或加里不喜欢画像的概率是 30%。因此，相关性对结果没有显著影响。见第 14 章。

4. 正确答案是 C。这个问题涉及预期价值的概念。预期价值是所有结果的概率加权平均值，即通过将每个可能的结果乘以其发生的概率，然后对结果求和。将结果乘以概率，可以得出选项 C（3 亿美元×80%=2.4 亿美元）的预期价值最高。见第 4 章。

5. 正确答案是 A。请注意，风险时刻（降雪）会显著影响持续时间。见第 17 章。

6. 已经投资在 MC Uglyface 身上的费用是沉没成本。广告活动的高成功率适用于其他说唱歌手，有证据表明，更多的广告活动并不会帮助 MC Uglyface。我们建议选择 C 项（放弃 MC Uglyface，转而宣传说唱歌手 BadPosture）。有关沉没成本的更多信息，见第 2 章和第 20 章。

7. 正确答案是 B。你需要乘以所有事件发生的概率：0.1（成为明星）×1（结婚）×1（离婚）×0.1（选择律师）=1%。这个问题与"高估综合事件的概率"的偏见有关，即人们倾向选择高得多的数字，见附录 B。

8. 正确答案是 B。这个问题与变异评估效果有关。人们往往更注重高绝对值，而不是关注成功或失败的相对指标。最不可能被采用的剧本类型是爱情片（11÷2 = 5.5）。见第 14 章。

9. 正确答案是 A。在描述中添加的条件越多，满足所有条件的可能性就越小。此问题与典型性启发法，特别是合取谬误有关。见第 2 章。

10. 正确答案是 C。概率始终保持不变，即 16%（25 次×16% = 4 次）。这个问题与赌徒谬论有关，见附录 B。

现在请给自己打分，看看你的得分处在表中的什么位置。

答对的数量	含　　义	建　　议
9~10	你是顶级的项目管理者	作为项目经理，你的直觉是非常出色的（坏消息是，本书可能无法提高你出色的决策能力）
4~8	你是项目管理者中的"国王"或"王后"	你的直觉很好，但仍可以通过阅读本书来提高你的决策能力
0~3	你是普通项目经理中的一分子	大可不必担心，大多数人在回答这些问题时都难以进行计算和分析。在本书中，你会得到这些问题和许多其他问题的答案

目录

第 1 部分　项目决策分析导论

第 1 章　什么是项目决策分析 2
决策不当造成的后果 2
为什么会做出错误的决策？ 4
决策分析流程 6
规范性决策论与描述性决策论 7
项目决策分析背后的驱动力 7
决策分析简史 8
当今的决策分析 9
本章小结 10

第 2 章　项目决策心理学导论：直觉与决策分析 11
饱受诟病的人类判断力 11
"眨眼之间"还是思考？ 13
认知与动机偏见 15
感知 17
有限理性 19
启发法和偏见 19
行为陷阱 23
框架效应和心理账户 24
培训项目决策技能 25
本章小结 27

第 3 章　了解决策分析流程 ... 28
决策分析流程示例 ... 28
当决策者搞砸时 ... 29
决策分析宣言 ... 30
项目决策分析的"3C"原则 ... 30
决策分析流程与《PMBOK®指南》中的项目风险管理过程 ... 32
决策分析流程的各个阶段 ... 33
大决策和小决策 ... 40
本章小结 ... 42

第 4 章　决策论导论：什么是理性选择 ... 43
决策原则 ... 43
哪种选择是理性的？ ... 45
预期价值 ... 45
圣彼得堡悖论 ... 47
风险承担者与风险规避者 ... 49
预期效用 ... 50
预期效用理论 ... 51
预期效用理论的延伸 ... 52
如何运用预期效用理论？ ... 52
效用的目标导向解读 ... 53
决策制定的描述性模型 ... 53
本章小结 ... 55

第 5 章　项目管理中的创造力 ... 56
创造力与决策制定 ... 56
创造力中的心理学 ... 57
创造力障碍 ... 59
本章小结 ... 63

第 6 章　群体判断与决策 ... 64
群体决策心理学 ... 64

综合判断 66
群体互动技术 66
头脑风暴 67
促进讨论的工具 69
博弈论 70
本章小结 73

第 7 章 允许你做决策吗？有关决策分析与企业文化 74
什么是"沮丧员工综合征"？ 74
为什么"沮丧员工综合征"是个问题？ 75
"沮丧员工综合征"是如何传播的？ 76
"沮丧员工综合征"的三个常见误区 78
"沮丧员工综合征"的根源 79
治疗"沮丧员工综合征" 80
本章小结 82

第 2 部分 构建决策框架

第 8 章 识别问题并评估情况 84
都有哪些角色？ 84
识别问题与机会 85
评估业务状况 86
几种工具和技术 87
本章小结 89

第 9 章 定义项目目标 90
决策制定中的不同目标与不同标准 90
与项目目标保持一致 92
决策分析是一门权衡的艺术 93
项目目标层级结构 93
尽最大可能实现项目目标 95
本章小结 95

第 10 章　生成备选方案与识别风险 ... 96

识别风险与不确定性 ... 96

生成备选方案 ... 97

风险分解结构 ... 98

风险模板 ... 98

风险应对规划 ... 99

风险登记册 ... 101

本章小结 ... 101

第 3 部分　情境建模

第 11 章　估算中的心理因素与政治因素 ... 104

如何估算？ ... 104

估算时如何思考？ ... 106

政治因素对估算的影响 ... 106

心理因素对估算的影响与 π 法则 ... 107

学生综合征 ... 109

估算中的其他认知偏见 ... 109

对估算问题的深度剖析 ... 110

问题出在哪里？是心理因素还是政治因素？ ... 111

多个心理错误与一个错误估算 ... 112

简单的补救办法 ... 113

本章小结 ... 116

第 12 章　项目评估模型 ... 117

项目模型 ... 117

关键路径法 ... 120

关键链法 ... 122

事件链法 ... 122

运用影响图建模 ... 123

敏捷方法与项目决策分析 ... 125

本章小结 127

第 13 章　估算概率 128
估算概率的方法 128
主观估算概率 129
如何主观估算概率与风险 130
项目管理中主观估算概率的方法 132
如果决策对概率敏感怎么办？ 133
定性风险分析 134
本章小结 136

第 4 部分　定量分析

第 14 章　选取最重要的：敏感性分析和相关性分析 138
什么是相关性？为什么要分析相关性？ 138
项目中相关性的来源 140
相关性与因果关系心理学 140
如何提高判断力？ 142
敏感性分析 143
定量分析相关性 145
关键任务 146
任务之间的相关性 148
本章小结 149

第 15 章　决策树与信息价值 150
什么是决策树？ 150
项目经理为何要用或者不用决策树？ 153
将项目进度表转换为决策树 154
完整信息的价值 155
不完整信息的价值 157
本章小结 158

第16章 项目风险和蒙特卡洛分析 ... 159
到底要花多少钱? ... 159
计划评审技术 ... 161
统计分布 ... 162
蒙特卡洛技术 ... 165
应该使用哪种分布? ... 168
需要多少次试验? ... 169
分析蒙特卡洛模拟结果 ... 169
蒙特卡洛技术是终极解决方案吗? ... 171
本章小结 ... 173

第17章 事件链法 ... 174
事件如何影响项目 ... 174
事件链法基本原则 ... 176
事件链法 ... 182
如何运用事件链法? ... 185
事件链法示例 ... 185
事件链法与减轻心理偏见 ... 187
工作分解结构+风险分解结构+分析=事件链法 ... 188
本章小结 ... 189

第18章 汇报决策分析结果的艺术 ... 190
如何汇报决策分析结果? ... 190
汇报决策分析结果时的动机偏见 ... 191
用图说话 ... 193
做有意义的演讲 ... 196
表述不确定性 ... 197
恐惧的力量 ... 199
本章小结 ... 201

第19章 多目标决策 ... 202
什么是多标准决策? ... 202

　　　　平衡多目标的心理学..204
　　　　两种多标准决策方法..205
　　　　评分模型与评分标准..206
　　　　更先进的多标准决策方法..208
　　　　本章小结..208

第 5 部分　实施、监督与评审

第 20 章　适应型项目管理..210
　　　　作为项目决策分析一部分的适应型管理..210
　　　　适应型项目管理的原则..211
　　　　《PMBOK®指南》中的项目执行和监控方法..216
　　　　适应型管理与需求变更..217
　　　　本章小结..218

第 21 章　项目决策评审..219
　　　　为什么要开展项目后评审？..219
　　　　我们为何预见不到呢？..220
　　　　"我早就知道"..222
　　　　高估过往判断的准确性..222
　　　　峰尾效应..223
　　　　决策评审流程..223
　　　　企业知识库..224
　　　　本章小结..225

结论　　决策分析能否提供解决方案..226

附录 A　风险与决策分析软件..230

附录 B　项目管理中的启发法和偏见..233

附录 C　风险模板..243

附录 D　多标准决策方法..250

术语表..252

第 1 部分
项目决策分析导论

第1章
什么是项目决策分析

大多数人认为自己很擅长做决策，但仍常常做出糟糕的决策。在管理大型项目时，这些项目所影响的人数众多，管理者一旦决策失误，随着时间的推移，这些糟糕的决策就会带来严重的后果。本书详细介绍了一种结构化的决策分析流程，它可以帮助我们提高制定更优决策的能力，尤其在制定复杂的项目管理决策方面更具价值。实际上，当今许多公共部门和私营组织都运用决策分析来解决项目管理中的问题。

↘ 决策不当造成的后果

2017年夏天，南卡罗来纳州的几家公共事业公司决定终止沙曼（V.C.Summer）核项目，该项目计划建造两座新型核反应堆（Plumer，2017）。项目原计划于2018年竣工，投资额为115亿美元。到了2017年，投资人预计，即便到了2021年，两座核反应堆也不能建成发电，而耗资将会高达250亿美元。在取消该项目之前，投资方已经投入了90多亿美元，而核反应堆的建造只完成了40%。自20世纪70年代以来，美国就没有新建过核反应堆，原本指望这些核反应堆能成为核电业复苏的先锋，结果却成为美国重振核电业雄心的一个败笔。目前，位于佐治亚州的阿尔文沃格特尔发电厂仍然是美国唯一在建的核电站。该项目也面临着巨大的成本超支和延误风险。

一出现这样的状况，我们就会问："这到底是怎么了？"首先，公共事业公司采纳了西屋电气公司最先进的AP1000核反应堆设计方案。在施工刚开始时，相关方就主张增加新功能，于是设计出现了重大变更。此外，公司约有40年没有建造过新型核反应堆，相关的供应链和工程专业知识早已丧失殆尽。在一片混乱中，负责核电站设计和建造的西屋电气公司申请破产，公共事业公司决定自行承担损失，而不把成本转嫁给消费者。

父母总告诫我们要"三思而后行"。显然，批准、计划和实施该核电站建造项目的人在做出决策之前并没有考虑所有可能性及其影响。那么，这只是个别情况还是前所未见的新苗头呢？我们来看另一个案例。

2004—2005 年，阿诺德·施瓦辛格时任加州州长，他参与了一个复杂的决策流程。他在息影后没去扮演动作片中的角色，也没在科幻电影中用新式武器暴打恶棍，而是参与了旧金山一座新桥梁的设计过程（2005 年）。

要设计的不是一座简单的桥，而是一座取代现有海湾大桥、造价高达 63 亿美元的大型工程（见图 1-1）。在最初的设计方案中，桥梁靠耶尔巴布埃纳岛的东段有一个巨大的悬索跨拱。根据几年前修建悬索桥的经验，州长办公室方面坚持要造一座简单的高架桥，这样会更便宜、更快。交通部门的官员却并不同意这个方案，他们认为从悬索桥改为高架桥会减缓施工进度。

> 错误的决策是强加在你我身上的负担。

2005 年年初，州长办公室方面似乎占了上风，投资基金会的工作被迫暂停，合同也被终止了。在几个月后，经过详细分析，双方终于同意维持原来悬索桥的设计方案。这座桥梁的设计方案之争最终导致多花了 8 100 万美元。

图 1-1　旧金山大桥工程（Oleg Alexandrov 摄）

如果你不住在北加州，就不会受到海湾大桥费用超支的直接影响。然而，无论你住在哪里或者做什么，你都会直接或间接为某人的错误决策承担损失。下面用几个例子来说明其中的原因：

- 解决新药开发问题所产生的费用会以提高药品价格的方式转嫁到消费者身上。
- 不出油的干井会导致石油和天然气的勘探及生产成本增加，进而导致汽油价格上涨。
- 政府未经周密考虑就制定政策，将对你我税收的利用产生不利影响。
- 你自己偶尔也会做出错误的决策。例如，购买廉价的油漆来为船甲板刷漆，这虽然省了几美元，可没过多久漆层就脱落了，于是你只好多花钱选更好的品牌再刷一次漆。

决策不当会带来问题。无论是制药公司的经理选错药品，地质学家选错石油的开采点，还是政府官员或立法者因错误的理由制定政策，甚至你自己为省几块钱而购买廉价的油漆。自从人类具备做选择的能力以来，就经常做出糟糕的决策。然而，在现代世界中，由于项目的复杂性和成本，我们为糟糕的决策付出的代价越来越高了。虽然错误决策的总体成本很难估算，但它无疑是巨大的。例如，我们设计了一条价值数十亿美元的石油管道，但在管道路线的走向上做出了错误的决策。由于这个错误的决策，我们不得不采取补救措施，这些补救措施会增加数百万美元的项目成本。谁来付这笔费用呢？只能由投资者、消费者或政府来买单。

在医疗领域，决策不当会带来高昂的代价甚至致命的后果。医疗失误的原因各异，有时可能是由医院的流程缺陷造成的。然而，大多数医疗失误都与人的误判有关。在美国，每年有超过 25 万人死于医疗事故（Makary and Daniel, 2016）。相比之下，根据疾病控制中心的数据，2013 年，美国共有 611 105 人死于心脏病，584 881 人死于癌症，149 205 人死于慢性呼吸道疾病，这些也是美国人的三大死因。

▶ 为什么会做出错误的决策？

著名的决策分析专家 Lawrence Phillips 提出了一个悖论：尽管做出正确决策

被认为是项目管理的专业能力，但许多项目经理不愿意提高他们的决策质量（Goodwin，2014）。Phillips 认为，大多数人认为决策是一个自然而然的过程，就像呼吸一样自然。既然我们不需要学习如何呼吸，那么为什么要学习如何做出更好的决策呢？许多项目经理的态度如此轻率，导致他们不去努力了解决策分析，或者他们认为那只是一门理论，在实际工作中并没有什么用途。

如果要求你评价自己的决策能力，你很可能说自己"比平均水平好"或"优于平均水平"。当人们评价自己的能力时，往往会认为自己高于平均水平，这是一种常见的心理误区（Massey，Robinson and Kaniel，2006）。这种现象不仅存在于自我评估中，在决策和其他活动中也是如此。但是，如果我们认为自己是非常好的决策者，那为什么还会经常做出错误的决策呢？

答案是，当今大多数重要的项目管理决策都较为复杂。不做充分的分析，就很难在备选方案中做出选择。项目经理每天都要做出许多决策。其实，大多数决策都比较琐碎，无须经过详细分析。例如，在施工项目中，一旦来料延迟，你就会立刻给供应商打电话。显然，你会依据常识来做出这个决策，无须进行高级分析、求解微分方程或运行复杂的仿真软件。但是，如果你需要选择新的供应商，那么情况就大不一样了。选择新供应商事关重大，选错了会付出高昂的代价。此外，你会有很多供应商可供选择。所以，你会发现，仅仅靠直觉是不够的，还应该进行决策分析。

为什么决策如此复杂？以下是几个事实。

- **项目管理中的大多数问题涉及多个目标**。特斯拉的 Model 3 是一款买得起的、可靠的、运动型的、节能的、高科技的、豪华的和实用的量产电动车（Grinshpun，2018）。生产这样一款雄心勃勃的产品会面临诸多挑战：需要从零开始建立供应链管理系统，需要开发新的制造流程，需要建立分销和交付流程，需要有效控制费用。这些都是特斯拉在较短时间和给定范围内要实现的目标。由于要同时实现多个目标，结果特斯拉遇到了一些波折，特别是在实现生产目标和现金流目标上。决策分析将有助于设定多目标的优先级。
- **项目经理需要处理项目的不确定性**。预测未来并非易事。决策分析的主要目标是选择备选方案。决策分析是项目经理处理不确定性的工具。
- **项目管理的问题较为复杂**。在管理一个项目时，你面临的备选方案的数量会非常多。后一个决策通常是根据前一个决策做出的。要做到理解每个决策将如何影响后续决策是非常困难的。
- **大多数项目包括多个相关方**。项目经理与客户、项目团队成员、项目发起人和供应商等相关方打交道。所有这些相关方都有着不同的目标和偏好。

决策分析流程

在介绍了决策分析的主要内容后，你可能还要问：它还有什么？它真的管用吗？首先，决策分析是解决问题的工具。其次，它是一个"提升创造力并帮助人们做出更好决策的方法和工具的实用框架"（Keeney，1982）。作为项目经理，你不需要了解这些方法和工具的每个细节（有些细节会非常复杂）。重要的是，你要了解影响决策制定的两个基本事实：

- **人们都受常见的心理陷阱左右**。人们有着根深蒂固的心理定式，在做项目决策时，这些心理定式会误导决策者。如果你正在估算项目成本，识别风险，选择可行的备选方案，或者确定最重要的项目目标，就有可能犯心理方面的错误。了解这些心理陷阱以及它们是如何影响决策的，将帮助你消除这些问题。
- **可以使用决策分析技术来避开这些陷阱**。这些技术将帮助你提高做出更好决策的能力。此外，这些技术也可应用到财务分析等其他领域。

项目决策分析是一个既有延展性又有灵活性，既实用又有效的流程。决策分析绝对不是臃肿、冗长的流程，你可以将其集成到《PMBOK®指南》（PMI，2018）中的过程中。在建立决策分析流程时，建议你从改变自身的思维方式入手，而不要一开始就把它应用到组织中。

决策分析流程包括4个主要阶段（本书后面的章节将对此进行详细介绍）。

第1阶段：构建决策框架

第2阶段：情境建模

第3阶段：定量分析

第4阶段：实施、监督与评审

该流程的每个阶段都包含几个步骤，我们会在介绍每个阶段的正文中描述这些步骤。

项目经理常常将决策分析和成本效益分析混为一谈。成本效益分析是将项目成本与其带来的效益进行比较的技术。相对而言，决策分析是一个范围更广的流程，它要求项目经理考虑更多的因素和不确定性，侧重对项目进行更全面的分析，并评估项目经理面临的可能选择的后果。

规范性决策论与描述性决策论

决策分析的基础是决策论。决策论是一门研究在面对不确定性时如何做出更好选择的科学。规范性决策论研究人们应该如何做出决策，而描述性决策论研究人们实际上如何做出决策。

为了区分规范性决策论与描述性决策论，我们来看两个与寻宝相关的决策例子。在尼古拉斯·凯奇主演的电影《国家宝藏》(2004年)中，一群寻宝者有条不紊、合乎逻辑地破解了一系列极其复杂的谜题。这是规范性决策论的一个例子，它告诉人们应该如何寻宝。描述性决策论的例子是斯坦利·克莱默的电影《疯狂世界》(1963年)。它讲述了人们在寻宝时的实际行为。在寻宝时，寻宝者的行为不是合乎逻辑的，而是随意的、非理性的，因此各种混乱和闹剧接踵而至，却始终不见宝藏踪影。

项目决策分析背后的驱动力

当发现大型项目中的不当决策会导致成本高企甚至导致危机时，政府部门和私营企业才逐渐认识到决策分析技术的重要性。

1993年发布的《美国政府绩效法》指出："联邦政府项目的浪费和低效降低了美国人民对政府的信心，削弱了联邦政府充分满足重要公共需求的能力。"该法案的第一个目的是，"通过系统地追究联邦政府对实现项目成果的责任，从而提高美国人民对联邦政府能力的信心"。

该法案规定，政府部门做出的所有重大决策都应对公共利益做出合理解释。该法案的主要成果之一是，在政府组织中更广泛地采用决策分析和风险管理。

私营企业也认识到决策分析的重要性，并将其用于证明决策的合理性。一些公司的管理层向股东和华尔街的分析师宣称，公司最近在研发上投入了数百万美元，在项目上投入了数百万美元。这么做还远远不够。请注意，投资者需要确保他们的钱花得是明智的。因此，许多公司已经开始建立结构化的决策分析流程。许多组织已经开始使用决策支持工具（如企业资源管理或项目组合管理系统）来提高效率。六西格玛是一种行之有效的方法，可用于改进与质量相关的决策。在新产品开发领域，决策分析流程主要用于提高选择正确项目的能力。

政府法规的要求以及来自投资者的压力已成为广泛采用决策分析的驱动力量。随着政府机构和大型企业的采用，有关决策分析的信息越来越多，相关技术的经验也越来越多。有更多的企业正在运用该技术来提高项目效率。

决策分析简史

决策分析之父的目标非常崇高。17 世纪，法国出生的数学家亚伯拉罕·棣莫弗和英国长老会牧师、数学家托马斯·贝叶斯试图运用数学来证明上帝的存在。他们所做的工作为概率和统计的发展做出了重要贡献。1718 年，棣莫弗发表了《机会论》，他提出了概率的相对频率这一概念。棣莫弗成为概率和统计理论的"频率论"方法的创始人之一。贝叶斯则提出了一个不同的概念，这后来成为概率领域中贝叶斯理论的基础。大约在同一时间，瑞士的数学家和物理学家丹尼尔·伯努利在分析特定事件的各种可能结果的基础上提出了决策的思路。他们的研究成果构成了决策分析的基础。

1944 年，冯·诺伊曼和奥斯卡·摩根斯特恩合著了《博弈论与经济行为》一书，这是决策科学的又一重要里程碑。他们的理论发表后，许多学者对其进行了拓展和调整（Savage，1954；Luce，1959；Fishburn，1984；Karmarkar，1978；Payne，1973；Coombs，1975）。20 世纪 60 年代，哈佛商学院的霍华德·赖法和罗伯特·施莱弗提出了现代决策论，介绍了决策分析的方法和工具框架（Raiffa，1968；Schlaifer，1969）。在过去的几十年里，计算机的出现也带来了强大的影响，如今，决策和风险分析软件已经成为从业者的实用工具。

有趣的是，2002 年诺贝尔经济学奖授予了心理学家而不是经济学家。丹尼尔·卡尼曼因"将心理学研究和经济学相结合，尤其获得了人类在不确定性下进行判断和决策的洞见"而获得诺贝尔经济学奖（Sveriges Riksbank Prize，2002）。卡尼曼与阿莫斯·特维尔斯基及其他心理学家共同进行了这项研究，总结了决策背后的基本心理学原理，极大地改变了我们对人类行为的理解。它不仅影响了经济领域，也影响了项目管理领域。卡尼曼后来写了一本名为《思考，快与慢》的畅销书（Kahneman，2013），这是一本全面、通俗易懂的判断和决策心理学专著，书中涵盖了卡尼曼个人的研究成果。

2017 年诺贝尔经济学奖授予了理查德·泰勒，以表彰他对行为经济学的贡献，这又与决策分析直接相关。泰勒是芝加哥大学布斯商学院的行为学和经济学教授。2015 年，他担任美国经济协会主席。他与卡斯·桑斯坦合著的畅销书《助推：如何做出有关健康、财富与幸福的最佳决策》受到读者热捧（Thaler and Sunstein，2009）。

当今的决策分析

在众多领域的学者们共同研究的基础上，决策分析已发展成为一个实用的框架，有助于解决包括项目管理在内的各领域中的各类问题。该方法被许多企业和组织广泛使用，包括通用汽车、杜邦、波音、礼来、AT&T、埃克森美孚、壳牌、雪佛龙、英国石油、诺华、巴克斯特生物科学、布里斯托尔-迈尔斯·斯奎布和强生等企业，以及美国国防部、国土安全部和美国国家航空航天局（National Aeronautics and Space Administration，NASA）等政府机构。决策分析软件的普及加快了各类组织（甚至对于中小型企业）采用决策分析方法的速度（见附录 A）。

许多大学都开设了决策分析课程，包括斯坦福大学、哈佛大学、杜克大学、伦敦政治经济学院、加州大学洛杉矶分校和马萨诸塞州大学。近年来，出版了大量有关这一主题的科学论文、教科书和著作。

决策分析领域的专家也创办了一些专业组织，其中一个专业组织是决策分析学会（Decision Analysis Society，DAS）。该学会是运营研究与管理科学研究所（Institute for Operations Research and the Management Sciences，INFORMS）的一个分部，学会出版了《决策分析》杂志，并举办年会和专家小组会议。另一个专业组织是决策分析兴趣组（Decision Analysis Affinity Group，DAAG），该组织主要关注决策分析的实际应用方面。判断与决策学会（the Society for Judgment and Decision-Making，SJDM）则关注决策行为的理论方面。

本章小结

错误的决策会带来严重的问题，这些问题会转嫁给相关的行业和个人，甚至社会。

- ▶ 针对实际问题做出决策是一个复杂的过程，因为存在多个目标、复杂的结构、多重风险和不确定性及多个相关方。
- ▶ "跟着感觉走"的决策方法往往涉及对问题进行的直觉评估，并不会产生更好的决策。另一种决策方法是通过决策分析流程来进行决策。
- ▶ 政府法规和行业压力是将决策分析纳入组织流程的主要驱动力量。
- ▶ 决策分析建立在数学、逻辑学和心理学的大量研究成果之上。如今，决策分析是一个集方法和工具为一体的综合框架，可帮助组织和个人做出高质量的决策。

第 2 章
项目决策心理学导论：直觉与决策分析

> 心理学的目的是给我们最了解的事情一个全然不同的看法。
>
> ——法国诗人保罗·瓦莱里（1871—1945 年）

几乎所有项目失败的根本原因都与人为失误或误判有关。预防这些问题的发生是非常困难的，因其与人类心理因素有关。幸好，我们可以通过培训来提高决策能力。只要了解了心理启发法和偏见影响判断的原因，就可以减轻其负面影响，从而帮助我们做出更好的决策。

↘ 饱受诟病的人类判断力

David C. Hall 在调查了一些失败或有重大问题的项目后，写了一篇名为《发现教训容易，吸取教训难——如果没人愿意听，为什么我要这么做》（Hall，2005）的论文，论文中提及的失败项目有：

- 耗资数百万美元的银行会计软件系统出现故障。
- 失败的太空项目，包括火星极地登陆器、火星气候卫星和阿丽亚娜 5 号运载火箭。
- 军事武器系统，包括爱国者导弹雷达系统和战斧/远程反舰导弹/舰艇火力控制系统（这些系统均存在严重缺陷）。

Hall 列出了项目失败的种种原因：
- 需求变化和范围蔓延。
- 糟糕的规划和估算。
- 糟糕的文档。
- 新技术带来的问题。
- 项目执行不力。
- 沟通不畅。
- 项目管理不善或管理者缺乏经验。
- 质量控制不力。

Hall 列出的只是人为原因，还未包括任何自然环境原因，如地震、陨石或蝗灾导致的项目失败。他在论文中还介绍了瑞士联邦理工学院新做的一项研究。这项研究分析了 800 个因工程师失误导致的结构失效事故。这些事故共导致了 504 人丧生，592 人受伤和数百万美元的损失。造成这些事故的主要原因：
- 缺乏知识（36%）。
- 低估影响（16%）。
- 无知、粗心和未引起重视（14%）。
- 遗忘（13%）。
- 只依赖人却不进行监控（9%）。
- 客观情况未知（7%）。
- 与人为错误有关的其他因素（5%）。

对不同行业项目失败原因的大量研究得出了相同的结论：人为因素总涉及其中（Johnson，2016；Rombout and Wise，2007）。此外，所有这些问题的根本原因都可以归结为：缺乏判断力。Hall 接着问道："为什么这么多人和组织不真正利用经验教训和知识来提高项目的成功率呢？"答案就是人的心理原因。

所有项目的相关方都会犯心理错误或产生各种偏见。《PMBOK®指南》和许多项目管理书籍中介绍的流程都有助于我们预防和纠正心理错误。我们必须在一开始就弄清楚为什么会发生这些错误。在本章中，我们将介绍一些心理学的基本原理，这些原理在项目管理中非常重要。在接下来的章节中，我们将研究每种心理陷阱是如何影响决策分析流程的。

"眨眼之间"还是思考？

《纽约客》专栏作家 Malcolm Gladwell 写了一本名为《眨眼之间：不假思索的决断力》的书（Gladwell，2005），该书一经面世就成了畅销书。Gladwell 认为，大多数成功的决策都是通过直觉或是在"眨眼之间"做出的，无须进行全面分析。作为对 Gladwell 说法的回应，Michael LeGault 马上写了一本名为《思考！为什么不能在眨眼之间做出关键决策》（LeGault，2006）的书。LeGault 认为，在这个日益复杂的世界里，人们根本不具备不经全面分析就能做出关键决策的能力。那么谁是对的？是 Gladwell 还是 LeGault？是"眨眼之间做决策"还是"用思考做决策"？

两位作者都提出了一个基本问题：该如何平衡直觉型（或称感觉型）和控制型（或称分析型）思维？答案并不简单。随着人类大脑的进化，人类形成了某种思维机制，这种机制对所有人来说都是相似的，无论其国籍、语言、文化或职业。例如，心理机制让我们能够做出许多奇妙的事情：建筑、艺术、太空旅行甚至棉花糖。在这些机制中包括直觉型思维能力。当开车沿着街道行驶时，你并非对你所做的每个动作都有意识。在红绿灯处，你也不会仔细思考如何停车或如何加速。你还可以一边开车一边交谈并一边听收音机，这些动作好像都是自然而然的。

控制型思维涉及对许多备选方案进行逻辑分析。例如，当你查看地图并决定在几条备选路线中选择一条时，就会用到逻辑分析（希望你不要在驾驶时做这件事）。当你只凭直觉思考，或者采用简化的方法来分析时，就会大概率做出错误判断。

> 当项目管理者具备进一步分析的条件时，就应抵制仅凭直觉决策的诱惑。

人们喜欢看科幻电影，因为通过与外星人对比，我们可以了解自身的实际想法。《星际迷航》电视连续剧中的瓦肯人和电影中的瓦肯人完全不同。他们极少感情用事，总能针对多个目标制订所有可行方案然后进行综合分析，最后做出理性决策。《星际迷航》中的瓦肯人斯波克（见图 2-1）、《探险家》中的特珀和《旅行家》中的图沃克多次拯救了其他人的生命。

瓦肯人出现逻辑错误而被人类船员找对解决方案的情况是很罕见的，如果有也往往涉及不确定性和多个目标。在《堕落英雄》的某个桥段中，瓦肯大使维拉批评人类指挥官阿切尔做出飞离敌舰的决策不合乎逻辑。阿切尔回答说，人类不一定采取合乎逻辑的行动。最终，阿切尔的决策被证明是最好的。

图 2-1　《星际迷航》中具备超强逻辑思维能力的斯波克（NBC，1967）

在对决策流程进行充分审查之前，很难弄清楚我们是如何平衡直觉型思维和分析型思维的。重要的智力成果通常是两种思维结合的产物。例如，公司高管往往认为他们凭直觉做出决策，但在遭受质疑时又会说，他们实际上是做过分析的（Hastie and Dawes，2009）。

当人们有意识进行思考时，只能同时专注在很少的几件事上（Dijksterhuis 等人，2006）。分析中涉及的因素越多，就越难做出合乎逻辑的判断。这样一来，决策者就会转向用直觉型思维来应对复杂性。然而，他们可以选用包括决策分析软件在内的各种分析工具来做出更好的决策。

回到我们最初的问题：是"眨眼之间做决策"还是"用思考做决策"？这里强调一点，不要忽视直觉型思维在项目管理中的价值。自从项目管理走上舞台以来，管理者一直在凭直觉做决策，他们也会一直这么做。在有限范围做出短期决策时，直觉能发挥较好的作用。

由于很少有足够的时间和资源来进行充分的分析，同时不易获得决策分析的专门知识，因此项目经理总是倾向凭直觉做决策。即便有特定领域的经验和知识，在思维机制中的一些天然局限性也会导致潜在的错误决策。直觉不足以解决在复杂情况下面临的问题，在制定能显著影响项目的战略决策时更是如此。此外，我们也很难评估直觉决策。当你进行项目复盘时，会很难理解为什么当时做出了这样一个独特的直觉决策。

认知与动机偏见

想象一下，你是一位美国参议员的竞选代理人。你在当地的日托中心组织了几次非常成功的选民集会，分发了一百万份写有"我的竞选对手是一个颓废者"的传单，花费了 300 万美元发送负面广告以攻击竞选对手，并在公共场合声称自己至少有 55%的支持率。遗憾的是，你估计错了：你实际上只有 40%的支持率。那么，是什么原因造成了这种差异呢（见图 2-2）？因为你错误地估算了民意调查数据。此外，你并没有正确地管理竞选活动（或竞选项目）。

> 偏见是指一个人的判断和事实之间的差异。

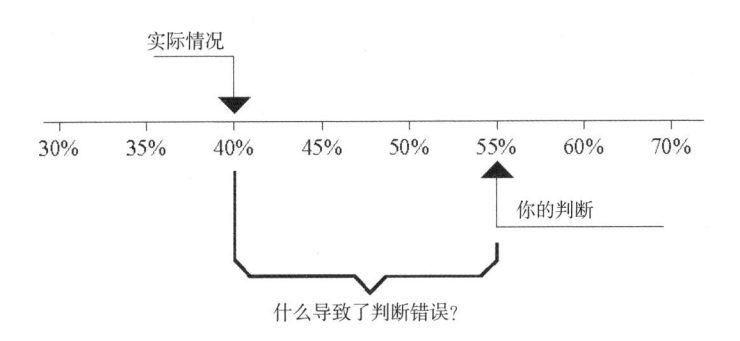

图 2-2 选票估算中的偏差

为何会犯错误？有以下原因：
- 你太自信了，导致预期值比实际值高出很多。
- 你没有准确地分析数据。
- 你做出如此乐观的估算是因为你不想被解雇，所以民意调查数字要做得漂亮一些。
- 你的雇主（参议员）支持你做出这样的估算。

我们用思维中常见的一些偏见来进一步解释民意调查数据之间的差异，当然还包括其他竞选方面的问题。别担心，我们并不是在挖苦你，因为这些思维偏见会出现在任何人身上。

有两种常见的偏见：认知偏见和动机偏见。

认知偏见

人们在处理信息时会出现认知偏见。换句话说，它扭曲了我们看待现实的方式。认知偏见有以下几种。

行为偏见影响人们树立信念的方式。例如，我们会幻想控制一些无法影响的东西。在过去，一些文化中有祭祀的习俗，他们相信通过祭祀可以免受自然界变幻莫测的影响。又例如，我们会寻找并不能影响项目的信息。

感知偏见则扭曲我们看待现实和分析信息的方式。概率和信念偏见与我们如何判断事情发生的概率有关。这些偏见尤其会影响项目管理中的成本估算和时间估算。

社会化则影响了我们的判断方式，带来了**社会偏见**。很少有人会与世隔绝地管理项目。丹尼尔·笛福的经典小说《鲁滨孙漂流记》可能是仅有的与世隔绝的项目（除了他为应对周边岛民的威胁偶尔采取的行动）。另外，一些人在人际沟通方面也会遇到不同的社会偏见。

记忆偏见影响我们如何记住和回忆信息。例如，事后偏见（"我早就知道了！"）会影响项目评审。

在项目管理中，一个更常见的感知偏见是过度自信。许多项目的失败源于我们认为只要有把握就能成功。在"挑战者"号航天飞机失事前，NASA 的科学家估算，失事的概率是每 10 万次发射只出现 1 次（Feynman，1988）。这场灾难发生在挑战者号第十次发射（NASA，2018）中，现在看来 10 万分之一的概率估算实在过于乐观了。过度自信通常与预判概率有关，它会降低我们做出准确估算的能力。有时候，我们会对自己成功解决问题的能力过于自信（McCray 等人，2002）。

另一个在项目管理中常见的偏见是乐观偏见或计划谬误。乐观偏见会影响项目经理进行的估算。我们将在第 11 章详细讨论这个偏见。

在附录 B 中我们列出了与项目管理相关的认知偏见。这份清单并没有涵盖项目管理中所有的心理陷阱，而只是提供了一个工具，帮助你理解这些陷阱是如何影响你和项目的。

动机偏见

为个人利益表达意见被称为动机偏见。动机偏见极易识别却很难纠正，因为必须消除造成偏见背后的动机。如果由一位外部独立专家提出意见，消除这种偏见就不会太难，因为这位专家对项目成果没有既得利益。然而，如果你怀疑项目团队中某一个成员有偏见，就很难采取纠正措施，因为很难将团队成员或项目经理的个人利益从项目中剥离出来。动机偏见就像一种疾病，知道自己得了流感，但无能为力。

➘ 感知

试想一下你和上司正激烈争论的情景：你相信你的项目进展顺利，你的上司却认为它在通往失败的道路上。你们都在看相同的项目数据，却从不同的角度解读这些数据。那么，谁是对的呢？

大多数人都认为自己是客观的观察者。然而，感知是一个主动的过程。我们不是被动地站在背后，然后真正的"事实"就能以某种纯粹的形式出现在我们面前。如果是这样的话，我们都会认同我们所看到的。相反，我们利用自己的假设和先入为主的观念来看待现实。"我们只看到我们想看到的"，这种心理现象被称为选择性感知。作为一名项目经理，你对项目有预期，这些预期来自过去的经验、对项目的了解及某些动机，包括政治因素。这些因素使你倾向以某种特定的方式处理信息。

心理学家试图了解做判断的过程。透镜模型是用来模拟与项目管理相关的心理活动的工具之一。该模型由 Edon Brunswik 于 1952 年提出（Hammond and Stewart，2001）。透镜模型并不是关于如何做出判断的综合理论，而是针对在不确定的条件下如何做出判断的概念性框架。

例如，假设你正在为国家情报机构工作，正参与一项抓捕恐怖分子的行动。你的同事提供了最新的磁带，里面记录了恐怖分子的行踪。你的任务是分析这些磁带，以发现他的藏身之处。

可以应用透镜模型来评估这项任务。透镜模型一分为二：左侧代表"真实世界"，右侧代表看到的事件留在你脑海中的信息（见图 2-3）。你希望通过线索或相关信息看到真实状态（恐怖分子的位置）。在图的右侧，信息是通过对有用输入参数进行估计、预测或判断的形式向你传递的。例如，如果有恐怖分子的录音带，就可以听到一些与地理位置相关的背景声音、说话者的声音特征、说话内容或其他任何信息，也就会得到对应位置的线索。一盘录像带则会提供更多的信息或线索。而你解读这些线索的方式是通过"镜头"来处理的。

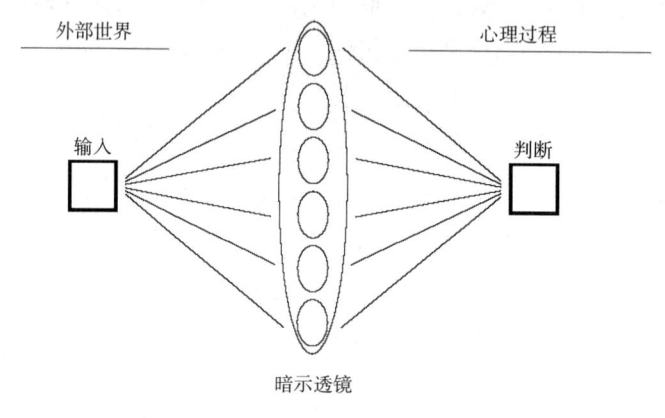

图 2-3 判断的透镜模型

例如，如果有一段视频显示一群有某些特定特征的人员正在喝茶，情报员会立即推断他们正在政治集会，或许正密谋在某处发动攻击。接下来，你将开始寻找线索来证实这一看法。事实上，他们可能只是在讨论家庭琐事而已。

这种"暗示透镜"是一种特定的思维方式，它会让你倾向以某种方式解读信息。这些思维定式不可避免，也不可能从先前的判断中消除这个假设。此外，这些思维定式极易形成却极难改变。你可以根据很少的信息做出假设，一旦形成某个假设，除非掌握了与之相反的确凿证据，否则就很难改变这个假设。

因此，如果情报经理基于不准确或不完整的信息对这个项目有了看法，他就很难改变这一观点。你可能对"第一印象"有所了解，当你评判别人或别人评判你时，想要改变"第一印象"是很难的。

项目经理根据他对项目的看法来管理项目。当项目经理认为一切都很顺利时，哪怕有证据证明不是这样的，他也会认为没有必要采取纠正措施。在这些情况下，选择性感知会导致偏见，并最终导致错误决策。一种常见的偏见是，马上采用看起来可行的第一种方案，而过早终止讨论其他方案。对那些不能支持初始结论的证据，也视而不见。

因此，在做出决策前，必须先停下来思考以下问题：
- 你是否有看待项目的特殊动机？
- 你对这一特定决策有何预期？
- 如果没有这些预期和动机，你会用不同的方式看待这个项目吗？

有限理性

你会问，我们的认知能力难道有局限性吗？Herbert Simon 提出了有限理性的概念（Simon，1956），也就是说，人类的智力是有限的，不能获得和处理世界上所有的复杂信息。相反，人们构建了一个简化的现实模型，然后用这个模型来得出结论并做出判断。我们在这个模型中的行为是理性的。然而，该模型不一定代表现实。例如，当你策划一个项目时，你要考虑政治、财务、技术和其他方方面面的因素。此外，在现实中还有我们不易理解的不确定性。为了应对这一复杂局面，你创建了一个简化模型，试图让自己能够处理这些复杂情况。令人遗憾的是，这个模型可能是不充分的，基于这个模型做出的判断也可能不正确。

启发法和偏见

根据丹尼尔·卡尼曼和阿莫斯·特维尔斯基的理论（Kahneman and Tversky，1971），人们在做出判断时会依赖启发法或通用的经验法则。换句话说，他们会走心理上的"捷径"。通常，启发法会带来合理的解决方案和不错的估算。然而，在某些情况下，启发法会导致不一致性，并放大认知偏见。卡尼曼和特维尔斯基列出了三种主要的启发法。

可得性启发法

假设你正在为公司评估项目管理软件。你做了大量的研究，阅读了一些详细的评论，使用了一些不同的评估工具。最终，你得出了结论：X 产品很适合公司。在做完报告后，你参加了一个会议，遇到了一位业内知名专家，他对此却有不同的看法："X 产品很糟糕，速度慢又不好用。"让你感到宽慰的是，幸好在你提交报告之前有了这次谈话。事实上，真正的错误是，你因此而放弃了先前的结论，即一个人的意见就让你放弃已经过自己充分研究和全面分析的调查结果和报告。由于你对这位专家非常认可，就给了他的建议过高的权重。这个例子就与可得性启发法有关。

可得性启发法是指，人们判断事件发生的概率取决于这些事件被记住的难易程度。当我们试图获得某个事件的概率或回忆某个事件的经过时，我们一开始就会回忆不寻常、罕见、生动或与其他事件相关联的事件，如重大问题、成功或失败。一个事件被记住的难易程度与事件发生的概率实际上并无关系，因此，我们对概率的估算是有偏见的。

当你看到一个老虎机赢家举起一张海报大小的数百万美元支票时，你会认为自己也有机会在赌场赢钱。产生这个想法的原因是，你获得了罕见（或渴望的）事件（中彩票）的生动画面和信息。再加上你在媒体上看到和读到的信息，这一切就会让你对赢钱概率（或希望）产生误判。根据可得性启发法的原理，如果政府真的想禁赌，就应该在赌场门口竖起巨大的广告牌，上面画着破碎的家庭。如果你每次去赌场都能看见一块下面这样的牌子：

欢迎来到赌场！
今年共有 168 368 人在这里输了 5.6 亿美元！
有 5%的客人离婚，有 1%的客人酗酒，有 0.4%的客人自杀！

这时你对自己赢钱的概率会有何感想？你可能要重新评估赢钱的概率了。广告商、政治家、销售人员和诉讼律师一直在利用生动信息产生的力量。在项目管理中，尤其在进行项目估算时，可得性启发法是很常见的。我们将在第 11 章中介绍估算心理学。

（这里有一个建议：如果你希望项目创意得到采纳，就在演示中多用一些色彩丰富的图像和细节元素！当管理层决定哪些项目应该立项的时候，他们会更容易记住你的演讲内容。）

那么，如何减轻可得性启发法的负面影响呢？这里提供一个建议：应尽可能多地采集样本并收集更多可靠的信息，然后分析这些信息。如果你想估算"部件交付延误"这一风险的概率，就应向采购部门索取与所有部件相关的记录，再判断部件交付是否会延误。

典型性启发法

在图 2-4 中,这辆车的品牌是什么?在哪里生产的?是马自达、丰田还是起亚?实际上,图示为宝腾公司生产的轿车,宝腾是马来西亚的品牌,其产品在孟加拉国组装。你可能不相信这么漂亮、结实的轿车竟然是由马来西亚或孟加拉国设计和生产的。

图 2-4 这辆车的品牌是什么?在哪里生产的?(图片由 Areo7 提供)

下面介绍另一个例子:请根据以下项目描述,估算项目成功的概率。

项目由一位具有十年行业经验的项目经理管理。他拥有项目管理专业人士(PMP)证书,并熟练使用《PMBOK®指南》中定义的过程来指导其管理实践。

基于这些信息,你会将其归为管理良好的项目,并根据该项目的类别来判断项目成功率(Tversky and Kahneman, 1982)。通常,这种典型性启发法会帮助你做出正确的判断。然而,它有时会导致重大错误。例如,我们会认为新开发的软件未经验证,不可靠,哪怕质量再好也不用它。

与这种启发法有关的一种偏见是合取谬误。这里举一个合取谬误的例子:一家公司正在评估是否升级现有的网络基础设施,并有以下两个陈述。

A. 通过提供更大的带宽和更先进的监测工具来提高新的网络基础设施的效率和安全性。

B. 新的网络基础设施将更加高效和安全。

陈述 A 似乎比笼统的陈述 B 更有道理,因此发生的概率更高。然而,在现实中,陈述 B 发生的概率更高。合取谬误表明,人们会认为越详细的描述就越有可能成功。这种谬论会极大地影响你管理项目的能力，因为如果你必须从许多建议的项目中选择一个项目，你可能倾向选择那些细节最多的项目，哪怕它可能没有最高的成功率。

另一个与典型性启发法有关的偏见是忽略回归均值。在发生一些极端事件之后，人们认为还会发生类似的极端事件。这种现象在投资和销售中极为常见。如果你获得了一笔巨大的投资回报或签署了一项重大的销售协议，你会预期类似的事件还会发生，并成为未来的趋势。然而，它可能只是一个独立事件，一切都会恢复到正常状态。那么，如何才能减轻典型性启发法的负面影响呢？你可以尝试用不同的方法对过程或对象进行分类。例如，如果你要估算在施工过程中需要多长时间来挖掘地基，那么可以将这项任务分成不同的类别，如住宅建筑的地基挖掘和公共设施的地基挖掘等。这样，就可以分门别类地进行估算。

锚定启发法

你是否经常发现你想要的商品在打折？例如，你想要的西服打折了，其价格从 399 美元降至 299 美元，并贴有"促销"标签。"真便宜！"你想，于是就买了这套西服。然而，从商店的角度来看，原价 399 美元只是参照点或被称为"锚"，商店可能永远不会按这个价格出售这套西服。但通过贴上 399 美元和"促销"标签，这家商店就可以 299 美元卖出更多的西服。例如，另一家商店以 199 美元出售同一套西服，或者第一家店的西服卖 299 美元但不"打折"，如果只关注单一信息，那么你会认为买 199 美元的西服更值。

> 锚定是人类在做决策时依赖某一特征或信息的倾向。

在对某件事进行量化分析时，我们总会采用一个参照点。这被称为锚定启发法，这个方法在很多情况下都非常有效。不过，和前面提到的其他启发法一样，它往往会带来难以克服的偏见。其中一种偏见与在定义初始值后就很难再调整有关。在从事研究工作时，我们一旦确定了某一个数值或参照点，就不会明显偏离这个值。

与锚定启发法有关的另一种偏见被称为"聚焦效应"（Schkade and Kahneman, 1998）。当决策者过于重视事件的某一方面时，就会产生聚焦效应。例如，工作满意度通常与工资和职位联系在一起，而实际上，工作满意度是由更多的因素决定的，包括工作环境、地点等。

锚定启发法的一个问题是，一旦形成锚就很难被改变。我们建议你，在分问题时使用多个参照点。当你买西服的时候，要多方询价，不仅考虑百货公司的西服，也可以到沃尔玛或折扣店里找合适的西服。当你考虑项目成本时，可以将上述例子作为参考。

行为陷阱

假设你正在管理一个软件开发项目，其中包括开发用于创建三维视图的功能模块。四名团队成员将用一年时间开发该模块。当你把工资和差旅费、电脑、假日聚会及其他开支累加起来时，这个模块的开发费用可能高达 100 多万美元（如果团队成员只是坐在蒙大拿州乡下某个地方的办公室工作的话，你就幸运了！如果他们在曼哈顿开发这个模块的话，开发成本可能要增加三倍）。幸运的是，项目进程顺利，都在进度和预算范围内，一切似乎都很完美。在浏览行业网站时，你无意中发现，你原本可以只花 1 万美元就能买到性能更好的同类产品。可是，你的项目此时已经完成了 90%，花费了 90 万美元。你应停止原来的项目去买现成的解决方案，还是再投入 10 万美元继续原来的项目？

当心理学家提出这个问题时，有 85% 的人选择继续原来的项目（Arkes and Blumer，1985）。如果不说明已经投资了 90 万美元，那么只有 17% 的人选择继续原来的项目。这是一个经典的案例：要么"砍掉走人"，要么"死磕到底"。

这种现象被称为"沉没成本效应"，它是众多行为陷阱中的一个（Plous，1993）。当你在进行理性活动，但理性活动不受待见，自己也难以坚守时，这个陷阱就会出现。在项目管理中，我们可以找到各种各样的行为陷阱。沉没成本效应属于投资陷阱的范畴。在 1986 年的电影《金钱坑》里，汤姆·汉克斯扮演的沃尔特·菲尔丁在购买他梦寐以求的房子时，就遭遇了投资陷阱。虽然他买房子的花费很少，但翻修房子的成本越来越多。实际上，他的投资并不划算。一旦知道了房子的真正成本，理性的人就会绕道而行。

以下是你要避开的其他几种行为陷阱。

时间延迟陷阱

时间延迟陷阱出现在项目经理无法平衡长期目标和短期目标时。如果你希望以牺牲软件的架构、单元测试和技术文档为代价来加快软件产品的交付，那么即使准时交付给客户第一个版本的软件（很可能有缺陷）也将危及软件的长期可靠性。所有项目经理都会用这种手段，即牺牲长期目标来满足短期目标。项目经理通常把责任归结为组织压力、客户关系或其他原因。这个问题其实是基本心理陷阱造成的。正像你为了省几块钱或因为没空去做牙齿保健，在几年后却花费更多的钱来治疗牙科疾病一样。或者在假期购物时经常刷信用卡，最后欠了一屁股债。

退化陷阱

与投资陷阱类似，当与项目相关的预期成本和收益随时间推移而变化时，就会出现退化陷阱。在新产品开发过程中，成本会不断增加。同时，由于营销不力，又很少有客户购买该产品。在这种情况下，最初的分析结果不再有效。退化陷阱在维护"传统"产品的过程中很常见。软件公司应该更新旧软件还是开发新软件？对旧软件进行升级会便宜一些。然而，随着时间推移，新软件推出迟缓导致的代价会更高。汽车制造商应该继续沿用旧平台还是投资数亿美元来开发新平台？

↘ 框架效应和心理账户

作为项目经理，你可能经常坐飞机。由于油价经常波动，因此航空公司会收取燃油附加费。它们会采取两种方式：

（1）当燃油价格上涨时，每次收取 20 美元的燃油附加费；

（2）告知消费者机票已经包含燃油附加费，当燃油价格下跌时宣布可享受 "20 美元折扣"。

消费者实际上并没有发现这两种方式在价格上的差异，但是感受会截然不同。特维尔斯基和卡尼曼（1981 年）将其称为框架效应。他们认为，决策框架是我们认知问题的方式。这些框架受个人习惯、偏好、性格、不同的表达方式或描述问题的语言所左右。

我们不仅将不同的框架应用于选择，而且也应用于我们选择的结果。下面的例子有 3 种情景：

情景 1：你参与了一个价值 3 亿美元的建筑项目，并发现了一种可节省 100 万美元的新方法。你要花很多时间和精力设计图纸，进行结构分析，并准备一份报告来说服管理层采纳你的建议。你愿意这么做吗？

情景 2：你参与了一个价值 50 万美元的信息系统项目，并发现了一种可节省 8 万美元的新方法。你至少需要花几天的时间来研究和整理一份报告。你愿意这么做吗？

情景 3：你参与的是与情景 1 相同的建筑项目，你发现了一种可节省 8 万美元的新方法（只需更换一根横梁）。你需要花几天的时间来研究和整理一份报告。你愿意这么做吗？

你可能不会为一个价值 3 亿美元的项目（情景 3）节省 8 万美元而操心，而会在情景 1 和情景 2 中实现你的想法。这是因为人们有不同的框架和心理账户。当买房子时，我们不担心是否超支 20 美元，因为对"买房"这一账户而言，20 美元是一个很小的部分。但是，当我们买一把铲子时，我们对多花 20 美元却很在意，因为对"家用工具"这一账户而言，20 美元可是一个相当大的数额。尽管从技术层面来讲，这些资金都来自同一个银行账户，但是它们是按照不同心理规则运行的两个账户。

↘ 培训项目决策技能

在 2007 年前，位于多伦多的国家电视塔（见图 2-5）一直是世界上最高的建筑，其高度为 1 815 英尺（约 553 米）。在塔的 1 122 英尺（约 342 米）处有一个室外玻璃观光地板。你可以走在玻璃地板上，俯瞰离你脚下一千多英尺的地面（见图 2-6）。一开始踏上地板，你会非常害怕。当你意识到玻璃非常坚固（你会拍打一下，跺一下脚，看看它有多硬），才敢在上面战战兢兢地走几步。当你克服恐惧后，就开始放开胆子在上面行走了。虽然你这么做了，但很多人仍然驻足在玻璃地板的边缘，不敢迈出一步。

几乎所有人都有恐高症。我们害怕跌倒，这源自与生俱来的恐惧。我们心理机制中的这个特点让我们省去了很多麻烦。在加拿大国家电视塔上，你教会了自己如何克服这种困难和偏见，因为本能的恐高心理慢慢被理性所取代，理性告诉自己：在这种特殊情况下是没有危险的。

这个例子说明了一个非常重要的道理：决策是一项可以通过积累经验和接受培训加以改进的技能（Hastie and Dawes，2009）。还记得我们之前讨论过的《星际迷航》电视剧中的瓦肯人吗？他们常将自己的极端理性行为与人类情感导致的非理性行为进行比较。但《星际迷航》的剧情告诉我们,瓦肯人并不是在一开始就是这样的。瓦肯人之前更像人类,在面对严重的内部冲突时,他们教会自己要更加理性,少一些情绪化的行为。你会变得和瓦肯人一样吗?

图 2-5 加拿大的国家电视塔(Wladyslaw 供图)

图 2-6 通过国家电视塔上的玻璃地板观景(Franklin.vp 供图)

项目经理可以通过克服常见的心理陷阱来教会自己如何做出更好的选择。大多数偏见很难改变,需要齐心协力并运用经验才能克服。作为学习的第一步,你首先要知道这些偏见是客观存在的。

本章小结

- 项目失败的根本原因是所有的项目相关方都缺乏判断力。
- 直觉型思维是帮助我们解决许多问题的重要机制。然而，在处理复杂问题时，这种思维会导致误判。
- 决策者会犯心理错误，我们称为偏见。了解不同的认知与动机偏见有助于减少其带来的负面影响。
- 对问题的看法取决于我们的偏好和预期，"我们只看到我们想看到的"，这种心理现象被称为选择性感知。
- 当人们处理复杂问题时，会使用某些简化的心理策略或启发法。通常，启发法会得出不错的结论，但在某些情况下会带来偏见。
- 通过积累经验和接受培训可以提高制定决策的能力。

第 3 章
了解决策分析流程

> 美国人总是会做正确的事，不过要等他们尝试过所有可能之后。
>
> ——温斯顿·丘吉尔

我们想做出理性的选择，想要透明的决策制定流程，也想要纠错机制。这些目标是可以通过决策分析流程来实现的，包括构建决策框架、情境建模、定量分析，以及决策的实施、监督与评审四个阶段。决策分析也完全适用于不同类型的项目决策。

↳ 决策分析流程示例

我们来看一个 NASA 将决策分析应用于复杂项目的例子。美国国会要求 NASA 更加负责任地评估先进技术项目。作为公共机构，NASA 关心的是如何降低支出和成本，从而获得最大的价值回报。但冒险是所有太空探索活动所无法避免的，因此消除一切风险就意味着 NASA 什么也不用做了。（从另一个角度来看，你认为莱特兄弟的首要目标是什么？是保持稳定的净现值还是让飞机飞上天？）为了管理其固有风险，NASA 的许多部门都在应用决策分析方法来提高其选择最佳行动方案的能力（Williams-Byrdeal，2016）。

例如，NASA 勘探任务局为了确定哪些能力和技术将有助于人类探索，开发了一个着眼于多种功能和能力的决策分析流程：

- 自主系统和航空电子。
- 通信和导航。

- 低温液体管理。
- 环境控制和生命支持系统。
- 再入、下降和着陆。
- 舱外活动（太空行走）。
- 消防安全。
- 人类研究和宇航员的健康与绩效。
- 其他。

NASA 的流程包括从主题专家那里获得判断（术语为"向专家征询意见"），以及建立数学模型（这些模型基于从过往任务中获得的经验）。利用决策分析，NASA 试图确定与不同任务和技术相关的风险及相应的成本。运用这一流程产出的成果是，选择将用于未来载人空间飞行任务的技术，并为开发新技术安排资金。

↘ 当决策者搞砸时

每个人都想做出好的决策，但实际上许多项目的决策都是错误的。例如：
- 为什么一家公司决定开发一款实际上卖不出去的产品？
- 为什么项目团队决定使用劣质的材料？
- 为什么管理层任命了一名显然不了解业务的项目经理？

你会说，这家公司不是真的想开发一款卖不出去的产品，不是真的希望使用劣质的材料，也不是真的打算任命一名不懂行的项目经理。可是这些决策的的确确是经过公司决策流程做出来的啊。

做出这种决策的流程往往是不清不楚的，这往往是"闭门造车"，因此很难知道一个决策是如何、何时、何地以及为什么会造成严重的后果。一旦人们做出决策，他们往往会坚持下去，即使越来越多的证据证明决策是错误的。这是一种已知的心理偏见。由于人们倾向保持前后一致，即使后面出现不理智的行为，人们也不想承认之前做了一个错误的决策。结果，糟糕的决策往往会影响他们自己的生活，从而加剧了已经糟糕的处境。这里提供一个更好的方法，那就是决策分析。

↘ 决策分析宣言

决策分析流程可以满足决策分析宣言中的三个基本需要：
- **需要理性决策**。好的决策应实现项目价值的最大化，同时在最大限度内减少支出。好的决策应基于对所有可能方案的公正评估，应有利于整个企业，而不仅满足某一个人或群体的利益诉求。
- **需要透明决策**。你希望知道决策是如何做的，是谁做的，以及如果一个决策是错误的，谁应该对此负责。你希望能够参与决策。
- **需要纠错机制**。如果发现最初的决策有问题，应该能将其识别出来并及时采取纠正措施。

总之，我们需要的是一个流程。与其他业务流程一样，决策分析包含了一套组织可以遵循的程序和工具。

↘ 项目决策分析的"3C"原则

决策分析不是单一的、固定的流程，而是一个具有适应性的框架，组织可以通过定制的方式来满足其特定需求。

> 决策分析流程是一个结构化的完整流程，是帮助组织做出理性选择的一套程序、规则、方法和工具。

如何构建决策分析流程呢？目前还没有确定的方法。不同的公司、项目和决策类型，可以有不同的流程。你的组织可能已经有了类似做法，可能只是未包括决策分析的所有组成要素。例如，组织如何审查项目风险和不确定性？如何在产品发布会上做出决策？

"结构化的完整决策分析流程"意味着什么？任何结构化或成熟的决策分析流程都需要依从三个主要原则，也称为"3C"原则：一致性、全面性和连续性（见图3-1）。

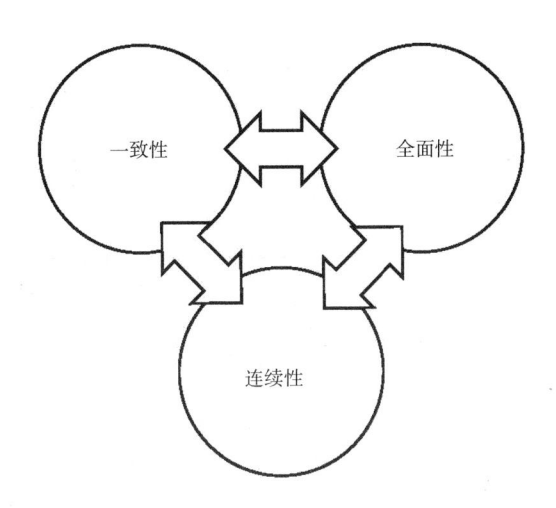

图 3-1　项目决策分析的"3C"原则

一致性

应将决策分析流程标准化，使其适用于类似的问题和机会。缺乏一致性的决策会导致项目的方向出现不必要的改变，而这种改变往往会导致失败。这就要求组织必须采用相同的规则和偏好来对所有相似类型的项目做出决策。

例如，假设一家石油公司在世界各地有许多分公司，都在从事评估勘探潜力的工作。公司没有足够的资源同时到处钻井，所以要做出取舍。各分公司对油井的开发潜力做出评估并将结果上报给公司总部的规划部门，由总部做出资源分配的决策。公司的规划者面临的一个主要困难是，这些信息是由不同的分公司提交的，它们都希望在不同的区域发展自己的业务，而这些区域又在不同的国家。规划者不想在"苹果"和"橘子"中做取舍，因此公司必须确保在组织中使用统一的方法来处理有关开发潜力的数据，否则不可能对潜在的石油储量进行公平的比较，也很难对开发潜力做出最终决策（Rose，2001）。

全面性

决策分析流程应包括对业务情况的全面评估和分析。信息缺失或不完整会导致不正确的决策。

假设你的上司与你一同在看项目进度表，他说："我们对所有备选方案进行了全面的分析，并决定用这个方案。"

在瞥了一眼进度表后，你说："这看上去是一个安排得非常刚性的进度表。

不过，没有考虑任何风险事件，应急储备时间放在哪里？"

"你不要担心应急储备，"他回答，"我们什么都考虑了。如果你还记得，我们之前做过的类似项目都没有出过问题。另外，这个决策已经一层层批下来了，由不得我们说不了。"

项目刚实施了两天，就发生了一件大事，结果项目被迫延迟了。

管理层是否如上文所说进行了全面的决策分析？没有！因为他们仅依靠过去项目的经验，根本没有分析风险和不确定性。一旦分析做得不全面，就会带来缺陷。

连续性

决策分析是在项目流程中对决策进行评价和调整的持续过程。只有通过持续和一致的适应型管理，才能取得高质量的成果。

下面介绍一个未能使用适应型管理的例子。

最近，某团队完成了一个项目并将成果交付给客户。遗憾的是，客户对成果不满意。为什么？在几年前，当项目启动时，有人做了一个错误的决策：以牺牲项目价值的方式来应对成本大幅超支的问题。做出这个决策的人已经离开了团队，所以你很难理解他做这个决策的深层次原因是什么。此外，既然当时评估到了成本问题，却为何没有采取适当的纠正措施呢？

经过进一步的调查，你发现在组织中，一旦有人做出了决策，就不会重新审查决策。此外，当问题浮出水面时，由于已经耗费了大量资源，所以大家不愿意改变方向。最后的结局是，因为团队不能适应不断变化的环境，不能满足客户要求，造成项目失败。

↘ 决策分析流程与《PMBOK®指南》中的项目风险管理过程

你可能要问，决策分析与《PMBOK®指南》中第 11 章 "项目风险管理"有何不同。虽然决策分析和风险管理都用来管理不确定性，但两者从不同的角度进行管理。那么，需要两种管理方法吗？你能想象一个国家有两位总统——一位负责决策，另一位负责管理风险吗？试想一下：两个白宫，两套特勤局班子，两组白宫大厨。我们并不是要面对世界末日，需要这么多政府机构，需要两个白宫帮助我们生存下来。相反，两位总统在履职时可能遭遇窘境，因为如果不进行风险分析就无法做出决策，而无法做出决策也就无法管理风险。

好在你不需要两种（或更多）管理方法来处理相关问题。你可以将决策分析集成到《PMBOK®指南》中的项目管理过程中。决策分析和风险管理过程有很多交集。好的决策分析应该包括风险分析。换句话说，决策分析不仅包括风险分析，还包括更多更广泛的工作。

> 决策分析在很多方面补充和扩展了《PMBOK®指南》中的项目管理过程。

本书没有详细讨论《PMBOK®指南》中的过程。不过，我们会告诉你哪些过程与决策分析并行。我们会提到《PMBOK®指南》中所有的风险管理过程，也会用一张完整且合乎逻辑的图说明这两种方法是如何联系的。

决策分析流程的各个阶段

决策分析流程包括若干阶段，每个阶段又包含若干步骤。我们用一个你从小就熟悉的项目来说明该流程。你也许还记得在卡通片《小熊维尼》中发生的一件事。

一天，小熊维尼到兔子家玩，在喝光兔子家所有蜂蜜后，它准备回家，结果在出门时卡在了门洞里。对维尼来说，这是一个很短期的项目：①拜访兔子；②喝蜂蜜；③回家。维尼在"喝蜂蜜"活动中喝了太多的蜂蜜，这是过度自信心理偏见的一个极好的例子。这个问题导致了看上去微不足道的活动（回家）无法如期完成，因为维尼被牢牢地卡在门洞里。现在，维尼和它的朋友要做一个决策，即必须选择一个解决问题的最佳方案（见图3-2）。

让我们通过决策分析流程（见图3-3），帮助兔子和维尼选出解决问题的最佳方案。

图 3-2　运用决策分析解决问题

	决策分析流程中的步骤	项目风险管理过程（《PMBOK®指南》）
第 1 阶段：构建决策框架	步骤 1.1　识别潜在的问题或机会 步骤 1.2　评估业务情况 步骤 1.3　确定项目目标、成功标准和权衡 步骤 1.4　识别不确定性 步骤 1.5　生成多个解决方案	规划风险管理 识别风险
第 2 阶段：情境建模	步骤 2.1　为每个项目备选方案建模 步骤 2.2　对不确定性进行量化	定性风险分析 定量分析 风险应对规划
第 3 阶段：定量分析	步骤 3.1　确定什么是最重要的 步骤 3.2　量化项目相关风险 步骤 3.3　确定新信息的价值 步骤 3.4　确定行动方针	
第 4 阶段：实施、监督与评审	步骤 4.1　项目实施和监督 步骤 4.2　对决策经验进行评审	监控风险

图 3-3　决策分析流程

第 1 阶段：构建决策框架

构建决策框架来帮助决策者识别潜在的问题或机会，评估业务情况，确定项目目标，进行权衡，制定成功标准，以及识别不确定性。项目经理定义决策范围，根据情况由自己、独立专家或专家小组执行决策。《PMBOK®指南》中的规划风险管理和识别风险过程可以与构建决策框架一起进行。

步骤 1.1　识别潜在的问题或机会

在某些情况下，尤其是在和战略决策相关时，就很难识别出问题和机会。例如，是什么原因导致了组织内各种项目的延误？

在小熊维尼的例子中，问题很明确：小熊维尼被卡住了，它很不开心（兔子也不开心），大家都想让小熊维尼尽快从兔子家的门洞中脱身。

步骤 1.2　评估业务情况

在做决策之前，最重要的是评估业务环境并定义与问题相关的制约因素。业务环境会影响资源的可用性和成本。此外，还要对市场、竞争、价格、公共关系等与问题或机会相关的要素进行评估。在这一步骤中，最重要的是，列出所有可能对问题产生影响的外部因素。

由谁或用什么可以帮助维尼走出困境？当然是由克里斯托弗·罗宾和维尼的其他朋友。聪明的猫头鹰有项目管理经验。此外，地鼠也有工程专业的知识和工具。

步骤 1.3　确定项目目标、成功标准和权衡

项目通常有多个目标，因此也会有多个决策标准，这样一来，分析就会变得非常复杂。决策标准包括项目持续时间、成本、范围、质量和安全等要素。项目经理应该在这些目标之间找到恰当的平衡，并在必要时进行权衡。

在小熊维尼遇到的情况中，成功标准包括：

- 尽快将小熊维尼从门洞中解救出来。
- 在解救过程中不能伤害小熊维尼（安全性）。
- 不能破坏兔子的家。

步骤 1.4　识别不确定性

理解不确定性是决策分析流程的关键。在构建决策框架的步骤中，应识别风险和不确定性。可以从项目成本、持续时间、质量、安全或环境中找出不确定因素。

在解救小熊维尼的项目中，主要有时间和成本上的不确定性。

步骤 1.5 生成多个解决方案

在构建决策框架阶段中，最重要的是生成关键的解决方案。首先，必须明确哪些是不能改变的，也就是说，在特定的决策分析中制约因素是什么。这样就可以确定可行的解决方案。

无论如何，要将小熊维尼从门洞中解救出来，它不可能永远被困在兔子家的门洞中。因此，项目范围是一个制约因素。当然，可以增加更多的资源来加快该项目的进程。

至此，有三个可行方案：
- 地鼠挖地道；
- 地鼠用炸药炸出一条通道；
- 克里斯托弗·罗宾的建议是，让小熊维尼减肥，即等它变苗条后就能从门洞中出来了。

第 2 阶段：情境建模

数学模型可以帮助我们分析和估计未来事件。例如，为了了解结构如何承受特定的载荷，工程师要使用数学模型对建筑物进行结构分析。他们不想等到某一根梁安装到位后才发现它不能承受载荷，因为到那时再改的话就太晚了。在其他项目中也存在同样的情况。

步骤 2.1 为每个项目备选方案建模

项目经理会不断创建项目的数学模型或评估模型。项目进度表就是一个简单的模型。更全面的项目模型包括资源、成本和其他项目变量。

有时，需要精心构建模型。例如，在分析产品生命周期时，模型中不仅要涵盖产品开发，还要涵盖市场和销售工作。

每个模型都包括输入、输出及算法。在项目进度表中，输入参数是指任务的开始和完成时间、成本、资源及与之相关的所有任务。输出包括项目成本、持续时间、开始和完成时间、关键任务、资源分配和其他参数。

一般来说，尤其在项目进度方面，建模是一个非常复杂的过程。应该为每个项目备选方案创建一个模型。然而，这些模型通常都是构建在一个基础模型之上的。

在解救小熊维尼的项目中，需要为每个备选方案制订一个进度表。

根据猫头鹰的提议，地鼠估算了挖掘通道这个方案所需的时间。在现场勘察后，它试着挖了一部分。

地鼠估算这项工作需要两三天。它又基于工时费率和估算时间进行了成本分析。它还考虑了加班费和10%的应急储备。

地鼠估计，如果使用炸药的话能很快将小熊维尼解救出来，但会对兔子家的门和小熊维尼的身体后部有不确定的影响。

克里斯托弗·罗宾提出的减肥方案看上去风险最小且成本最低，但用时最长。

步骤 2.2　对不确定性进行量化

在构建决策框架阶段中识别了项目的不确定性后，就要对其进行量化了。量化不确定性的一种方法是定义参数范围，例如，为每项任务的持续时间或成本定义低（乐观）、中（最可能）和高（悲观）估算。

另一种方法是，列出所有可能影响项目进度的可能事件，然后量化它们的概率和影响。

《PMBOK®指南》在风险管理中建议使用定性风险分析过程来确定概率和影响。

- 地鼠估算挖地道所需的时间存在不确定性，时间范围是2~3天。
- 爆破方案在时间方面的不确定性很小。
- 对于最后一个方案，即让小熊维尼减肥有几个不确定性。没有人知道要等到什么时候小熊维尼才能将它肥胖的身躯瘦下来，否则它无法从门洞脱身。维尼的朋友们还要面临维尼继续偷吃东西的可能。在项目进程中，这种既有高影响也有高概率的风险会大大增加项目的持续时间。

第3阶段：定量分析

在建好数学模型后，根据不同情况，分析可能包括一系列步骤。可应用模拟技术对项目进行分析。通常，这些技术可以为项目经理提供足够的数据来做出明智的决策。

即使有了最先进的分析工具和技术，对分析结果的解释也是由项目经理主观做出的，这会受到第 2 章介绍的心理陷阱的影响。例如，定量分析结果表明，一个项目按时完成的概率是 80%。你可以接受这个概率吗？一些项目可以，而另一些项目不可以。

此外，要与决策者就定量分析的结果进行恰当的沟通，以尽量减少做出有偏见决策的可能。

在《PMBOK®指南》的第 11 章介绍了一些定量方法，如敏感性分析、蒙特卡洛分析和决策树分析。

步骤 3.1　确定什么是最重要的

项目模型可以包括很多变量：大量的任务、资源、风险和其他参数。其中一些会显著影响项目进度。例如，一些风险会导致项目失败，另一些风险则影响较小。项目经理和项目团队不可能集中精力减轻所有风险。因此，团队应首先专注在减轻重大风险上。

为了确定哪些项目参数是最关键的，项目经理可以使用敏感性分析。在本书的第 4 部分我们会详细介绍这一方法。

在解救小熊维尼的项目中，让小熊维尼狂吃导致的风险会对项目持续时间产生最大影响，因此这是一个关键风险。为了减轻这个风险，兔子立了一块警告牌，上面写着"不要喂熊"。

步骤 3.2　量化项目相关风险

在建模阶段，与输入参数相关的项目不确定性需要得到量化。

现在，需要分析所有这些不确定性对项目的综合影响。分析的目的是创建项目的风险全景。需要知道以下信息：

- 项目在给定时间内按预算完成的概率。
- 项目的成功率或完成的机会。
- 项目的持续时间、成本和其他参数的最低、最可能和最高估算值。

可以将一些分析技术应用于定量分析。

以下是运用构建决策框架阶段确定的成功标准形成的解救小熊维尼项目的分析结果，包括三种可行方案：

- "挖出一条通道"。破坏兔子家的概率是100%，伤害小熊维尼的概率也很高，而且需要几天才能完成。
- "炸出一条通道"。破坏兔子家的概率是100%，伤害小熊维尼的概率很高，不过项目马上完成的概率也很高。
- "让小熊维尼瘦身"。破坏兔子家的概率是零，伤害小熊维尼的概率也是零（尽管这会在一段较长的时间里令小熊维尼非常沮丧），完成时间有很大的不确定性。

步骤3.3 确定新信息的价值

评估新信息的价值是一种有效的决策分析技术。

例如，地鼠要估算挖掘方案所需的时间，以便将小熊维尼从门洞里解救出来。地鼠可以试挖一下，虽然这样做会费时费钱，但通过获得有价值的新信息，即通过试挖获得的信息，就可以评估挖掘方案是否可行。

步骤3.4 确定行动方针

在某些情况下，根据风险分析的结果，很容易选择最有效的方案。只要确定了成功标准，就可以很容易地选择最佳方案，而无须更多步骤。

然而，在多数情况下，选择备选方案并非易事。有时，只有具备某些条件，才会出现相应的情景。通常，制定决策要考虑多个标准，这样就会使得选择最佳方案的工作变得异常复杂。

在解救小熊维尼的项目中，决策需要考虑多个标准。小熊维尼的安全是第一要务，因此，不能用爆破的办法。挖掘方案也被否决，因为它没有足够的安全保障，并可能对兔子家造成重大破坏。因此选择瘦身方案，尽管时间是个问题。有趣的是，在20世纪70年代早期制作的俄罗斯版的小熊维尼卡通片中，小熊维尼的朋友认为小熊维尼不能承受减肥带来的痛苦，所以决定合力把它强行从门洞中拽出来，在拉拽过程中对兔子家造成了很大的破坏。为什么会有这样的差异呢？也许，卡通片制作者的预算有限，他们认为让角色强行把小熊维尼拽出去这个方案更经济，因此是一个更好的选择吧。

第 4 阶段：实施、监督与评审

第 4 阶段有 2 个步骤。

步骤 4.1　项目实施和监督

现在，已经做出了决策，正在实施选定的方案。但如果在项目中发生不可预见的事件，导致实际与计划偏离怎么办？所幸，有一个对所选项目备选方案进行评估的模型（在步骤 1.5 中创建），因此项目经理可以更新该模型，进行新的分析，然后做出决策。不断跟踪项目绩效并分析所有潜在的威胁和机会是非常重要的。通常，如果要在同一项目内做出新的决策，就需要重新开展构建决策框架的工作。

跟踪项目绩效有助于预测项目可能发生的情况，即使某些活动只完成了一部分。在项目开始前，只有一个信息输入来源用于决策分析流程，那就是历史数据，要么根据某些客观记录，要么基于过往经验进行的专家判断。在项目开始后，项目经理可以利用实际的项目绩效信息来做决策。

适应型管理如此强大的原因之一就是，通过学习早期成果进而不断改进决策流程。

小熊维尼的朋友通过不断测量维尼慢慢缩小的腰围，来估算它什么时候苗条到可以脱身出来。最后，当它们的测量表明时机成熟时，就设法把维尼救了出来，同时，兔子家和维尼都毫发无损。

步骤 4.2　对决策经验进行评审

你需要知道你的分析和决策是否正确，否则你会再犯同样的错误。

显然，在这种情况下，这个决策是正确的。然而，有些事本可以做得更好。例如，可以在一开始就立起"不要喂熊"的警告牌，而不要等到兔子给小熊维尼提供食物之后。

↘ 大决策和小决策

当询问项目管理人员为何没有在其组织中运用决策分析流程时，他们通常会给出以下某个回答：

- 我们不知道决策分析流程意味着什么。
- 我们已经有了其他流程,如项目管理流程,不需要再搞一个流程。
- 决策分析流程不适合我们的组织或项目类型。
- 我们的项目很小,我们只需要根据经验和直觉做决策就行了。
- 我们计划在未来实施这一流程,但现在太忙了。
- 决策分析流程需要大量资源,包括培训,但我们目前不想在培训上花钱。

有趣的是,大多数项目经理从这个清单中选了多个而不是一个答案。第三个回答,即"决策分析流程不适合我们的组织或项目类型"是最常见的。大多数项目经理认为决策分析流程只适用于大型项目。在他们看来,直觉决策对于小型项目来说已经足够用了。可是,小型项目和大型项目有什么区别呢?为一家大型石油公司钻探一口耗资 200 万美元的油井是一个小型项目吗?也许吧。但一个价值 200 万美元的软件开发项目可绝对是一个大型项目。因此,大和小都是相对于特定的行业或组织而言的。

我们也赞同:小型项目不需要像大型项目那样进行复杂的分析。然而,我们强烈建议,对任何规模的项目都不要单纯依赖直觉决策。

> 项目决策分析的第一法则:流程必须简单。

如图 3-3 所示,我们为战略决策开发了决策分析流程。做战略决策或个人决策与做项目决策有所不同。应该为项目管理定制流程。在本书的后续章节中,我们将介绍如何将决策分析流程的各个步骤应用于项目中。表 3-1 提供了如何根据不同的决策类型定制决策分析流程的建议。

表 3-1 适用于不同类型项目的决策分析流程

决策类型	适用的决策分析流程	建 议
在项目进行中的小型战术决策	试着从逻辑上处理信息,回答几个简单问题: - 问题是什么 - 我们想实现什么 - 不确定性是什么 - 备选方案是什么 - 如果实施每个备选方案会发生什么	你可以使用本章介绍的流程中任何易行易用的部分。例如,你可以从构建决策框架开始进行一些简单的分析

续表

决策类型	适用的决策分析流程	建 议
小型项目的重要决策或大型项目的战术决策	你可以使用本章介绍的流程中任何易行易用的部分。例如，你可以开始进行构建决策框架的一些简单分析	这是组织迈向决策分析流程正规化发展的第一步
项目的战略决策	应用本章介绍的决策分析流程来全面评估备选解决方案	如果整个项目取决于这个决策，那么全面的决策分析流程将非常有用
企业的整体战略决策	使用一致、全面和持续的决策分析流程对项目组合中所有项目进行决策	企业范围的决策应该基于对备选方案的全面分析，并持续监督结果

无论如何请记住，流程应该尽可能简单。如果你的组织还没有准备好，你就为组织构建一个完整流程的话，就会毁了整个组织。另外请记住，在99%的情况下，项目决策分析只会被当作一种简单的理性思维训练。

本章小结

▶ 决策分析流程是一套综合的程序和工具，有助于项目经理做出合理的选择。决策分析不是一个单一的、具体的刚性流程，而是一个具有适应性的流程框架，可以根据组织的具体需要来定制。

▶ 决策分析可与包括项目管理在内的其他业务流程相结合。

▶ 决策分析的基本原则是一致性、全面性和连续性。决策分析意味着对业务情况进行全面、可重复的分析并评估所有备选方案。

▶ 决策分析流程的四个主要阶段是：①构建决策框架；②情境建模；③定量分析；④实施、监督与评审。

第4章
决策论导论：什么是理性选择

不同的组织和个人会用不同的偏好和原则来制定政策方针。我们把这些偏好和原则称为"决策原则"。一个组织的决策原则就代表了其对风险的态度。

本章首先介绍理性决策的意义，然后介绍预期价值和预期效用理论，提供如何制定合理决策的一整套理论（或规则）。最后介绍前景理论，这是一种理解决策的描述性方法。

↘ 决策原则

决策原则是组织在选择策略时使用的一整套原则或偏好。组织对风险的态度是其决策原则的关键组成部分。

每个决策原则都反映了组织对其目标的态度。该原则由客户需求、企业文化、组织结构和投资者关系等多个要素组成。通常来说，决策原则不是书面规则，而是不成文的规则。决策原则随着时间推移和组织变化而变化，并被管理者所理解。尽管决策原则通常是非正式的，却很难被改变，哪怕高管也很难改变它。

> 决策的艺术和科学是指运用决策原则做出理性选择。

除了组织对风险的态度，决策原则还包括对成本、客户满意度、安全、质量和环境等因素的态度。当组织做出选择时，它会重视某些因素，轻视其他一些因素。问题在于，不同目标之间的工作经常会发生冲突。例如，要在短期内实现股东价值最大化，就可能与长期的研发和创新工作冲突。

组织可以承担多大的风险？如何防范风险？如何平衡承担风险与组织目标的关系？下面以辉瑞制药公司为例来说明（辉瑞是世界上最大的制药公司）。

图 4-1 为截至 2018 年 1 月，辉瑞的项目和产品管道，包括处于临床试验和药品注册流程中各阶段的药品（Pfizer，2018）。新药的开发流程充满了风险和不确定性。在研究人员开发的药品中只有少部分能够真正用到患者身上。药品必须经过大量的测试和临床试验，最后还要通过繁杂的食品和药品管理局（FDA）的审批流程。FDA 受到严格的公众监督，因此它们是风险规避型的。一般情况下，如果有丝毫迹象表明药品有严重的副作用，该药品就不能通过 FDA 的审批流程，这就会极大地影响制药公司的投资回报底线。

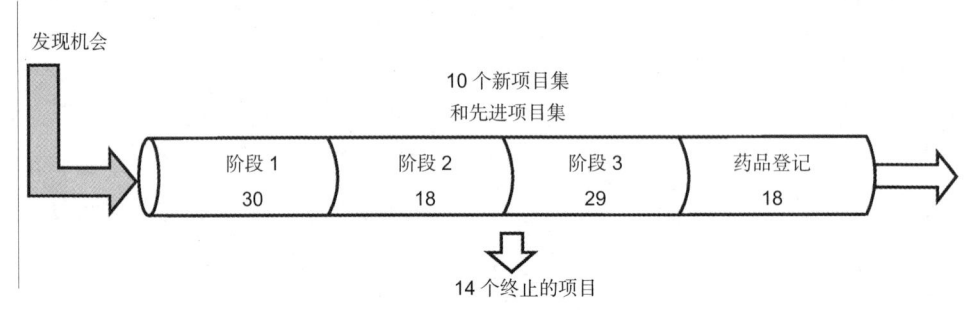

图 4-1　辉瑞公司的项目和产品管道（截至 2018 年 1 月 30 日）

从辉瑞的例子得知，不同的公司愿意承担不同程度的风险，这取决于它们的决策原则。通常来说，风险容忍水平受到决策原则的影响，而决策原则受企业盈利目标的影响，当然，企业还要实现其他目标。

> 决策原则是用于选择备选方案的一整套原则或偏好。

当然，药品审批流程不适用于其他产品，如斧头或铲子。每家企业都存在风险和不确定性，但有些企业的风险要比其他企业大得多。设计和制造园艺工具会有一些风险，但相对较小，因为没有斧头和铲子管理局来审批你的产品。从药品研究提案到最终批准，制药公司需要投入大量的时间和金钱。如果在产品管道中待开发药品较少的话，像辉瑞这样的公司就可以通过支付高昂的价格来收购一家有前景的公司。

不同的公司对风险有不同的态度。初创制药公司往往比老牌制药公司更不愿意承担风险。老牌制药公司更具承担风险的能力。

另一个例子是马里奥·普佐的小说《教父》，唐·维托·柯里昂奉行的企业决策原则重视以下方面：

- 盈利能力。
- 公司雇员的安全，特别是管理人员的安全。
- 组织结构，包括明确界定的角色、责任和报告关系。
- 与当地社区建立良好关系。

而对以下方面不太重视。

- 竞争对手的安全。
- 法律和法规。

唐·维托·柯里昂的决策原则是什么？也就是说，他对风险的态度是什么？他是一个冒险者还是一个规避风险的领导者？

哪种选择是理性的？

所有决策者都希望做出理性决策。在介绍如何做出理性决策之前，我们先来理解"理性"一词的含义。Reid Hastie 和 Robyn Dawes（2009年）将理性定义为"选择与价值间的相容性"，并指出"理性行为是将结果价值最大化的行为"。理性选择是决策者选择价值最大化的方案。只有对照组织的决策原则，才能判断决策是否正确或理性。决策原则会有很大的差异，你认为的理性决策可能对你的朋友（在另一家公司工作）来说是完全不理性的。这不仅适用于组织，而且也适用于个人、项目团队甚至国家。要记住非常重要的一点：当你和项目团队一起工作时，应该基于前后一致的决策原则来制定决策。

回到《教父》的例子，唐·维托·柯里昂的决策是理性的还是非理性的？答案是，他是一个理性决策者，因为根据我们对"理性"的定义，他遵循企业的决策原则。换句话说，他总是遵循其组织所依据的基本原则。从社会学的角度来看，仅仅通过分析是无法告诉我们决策原则是好还是坏的。

预期价值

预期价值是评估多个备选方案的一种方法。先从一个简单的例子开始，这是一个由单一目标驱动的决策。一家大型制药公司有两个选择：

1. 投资 2 亿美元研发一种新药。该药获得 FDA 批准的概率是 80%。如果药品获批，公司将获得 8 亿美元的利润（80%的概率）。如果未获批，该公司将损失 2 亿美元的开发成本（20%的概率）。

2. 收购一家已经拥有获批药品的公司。估计这笔交易可以获得 5 亿美元的利润。

> 预期价值是所有产出结果的概率加权平均值。通过将每种可能的产出结果乘以其发生的概率，然后将所有结果累加起来。

可以用决策树来描述这个问题（见图 4-2）。再通过一个简单的算法来进行比较。只需将事件的产出结果乘以对应的概率即可。在第一种情况下，公司有赚取 8 亿美元的机会（FDA 批准药品的概率是 80%）。因此，预期价值为 8×80%=6.4 亿美元。如果 FDA 拒绝批准该药上市（20%的概率），公司将损失 2 亿美元的开发费用，预期价值为 –2×20%= –0.4 亿美元。从概率的角度来看，该公司可以从开发的新药中获利 6 亿美元，即 6.4+（–0.4）=6 亿美元。这个数字（6 亿美元）就是新药开发项目的预期价值。现在将这个预期价值与备选方案进行比较。如果公司自行开发新药的预期价值是 6 亿美元，而收购另一家公司的预期价值是 5 亿美元，那么自行开发就比收购的预期价值高。如果目标是实现收益最大化，公司显然应该选择自行开发新药。图 4-2 中的箭头说明了这种选择。结果也可以为持续时间、成本和收入等。如果用货币单位定义产出结果，则预期价值被称为预期货币价值（Expected Monetary Value，EMV）。

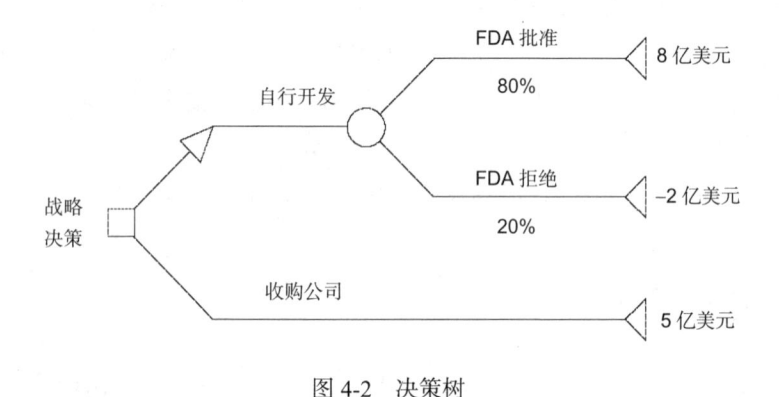

图 4-2 决策树

应使用事件发生的概率来综合考虑两个结果，因为一种药品不能同时被 FDA 批准和拒绝。预期价值只是一种计算方法，不能代表实际发生的事件，它使我们能够将风险和不确定性纳入对可能发生事件的决策分析。

实际上，制药公司采取了一个类似的流程。当然，它们使用的基本估值模型要复杂得多，会有更多的备选方案、风险和不确定性，因此决策树会变得很庞大。在第 15 章中，我们将用决策树进行定量分析。

圣彼得堡悖论

在大约 300 年前，瑞士学者尼古拉斯·伯努利提出了一个有趣的悖论。他设计了一个游戏，游戏规则如下：

1. 抛掷硬币。如果是反面的话，你就可以拿到 2 美元。
2. 第二次抛硬币。如果还是反面，你就可以拿到 4 美元。如果是正面，你就什么也得不到，游戏这时结束。
3. 如果第三次还是抛到反面，你就可以拿到 8 美元。如果是正面，你就什么也得不到，游戏这时结束。
4. 第四次可以拿到 16 美元，第五次可以拿到 32 美元，依此类推。

理论上，你可以无限期地抛下去，会赢得很多很多钱。根据预期价值法，你可以赢得无数的钱，如表 4-1 所示。

表 4-1　伯努利抛硬币游戏

次数	报酬	概率	预期价值	游戏的总预期价值（每个回合后的预期价值之和）
1	2 美元	50%	1 美元	1 美元
2	4 美元	25%	1 美元	2 美元
3	8 美元	12.5%	1 美元	3 美元
4	16 美元	6.25%	1 美元	4 美元
……	……	……	……	金额趋近无穷大

你会去玩这个游戏吗？在现实中，大多数人在玩游戏时都不愿意花很多钱去冒险。如果他们赢了一阵子，当收益越来越多时，那么他们继续玩的可能性就会变小。这个悖论在于，人们为什么不试图赢得无数的钱，况且不花钱就能玩。他们唯一的风险仅仅是回到游戏开始状态而已。

这个游戏听上去很熟悉，流行的电视节目《谁想成为百万富翁》就是它的翻版。你会说两个游戏是不一样的，因为答案不是随机的。随着问题的增加和收益的增多，除非你是天才或非常幸运的猜测者，否则你可能需要大胆的猜测才能获胜。人们有时候想抓住机会，给出一个随机的答案，但他们往往没有这么做，只想见好就收拿钱走人，而不是继续玩下去。人们喜欢看这种比赛，不仅因为它有趣，也因为它反映了人类心理中这一独特方面。

1738 年，尼古拉斯的表弟丹尼尔·伯努利在《圣彼得堡帝国科学院评注》一书中提出了解决这个问题的方案。这个游戏被命名为"圣彼得堡悖论"。伯努利建议，我们需要考虑金钱的价值或效用，并估计这笔钱对某人有多大用处。效用反映了决策者对各种因素（包括利润、亏损和风险）的偏好。

效用是一种非常主观的衡量标准。效用与客观标准（如财富或时间）之间的关系是什么？伯努利认为，"两倍的金钱并不能带来两倍的好处"。金钱的有用性或效用可以用图 4-3 中的曲线表示。可以看到，随着金钱的增加，挣更多的钱带来的效用会下降。如果你每年挣 100 万美元，那么再给你 1 万美元就不如把这 1 万美元给某个每年挣 10 万美元的人更有价值了。

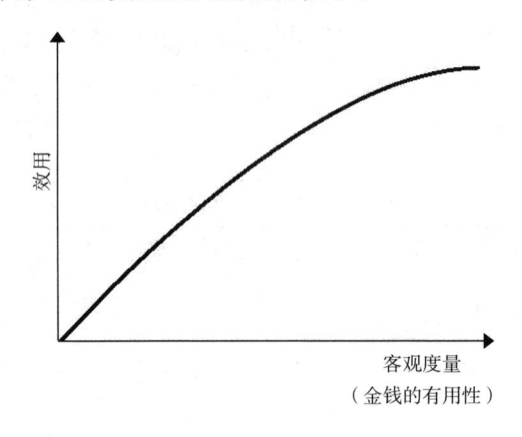

图 4-3 效用函数

效用是能够度量的。可以用图说明效用函数。效用轴的刻度为效用单位（Util）。该函数代表个人或组织的风险偏好或风险原则。风险原则是决策的一部分，反映了个人或组织对风险的态度。

风险承担者与风险规避者

我们讨论了组织和个人是如何在风险原则的指导下成为风险规避者或风险承担者的。风险原则是其总体决策原则的一部分。下面用效用函数来加以说明（见图 4-4）。

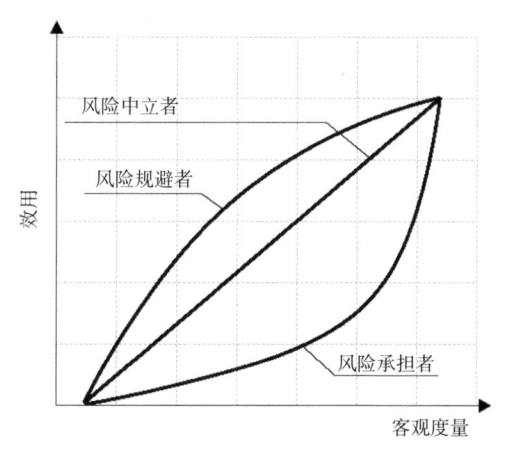

图 4-4　运用效用函数解释风险行为

1. 风险规避者的效用函数是下凹的。购买保险的个人或组织表现出规避风险的行为。风险规避者期望项目的预期价值大于所付出的代价。

2. 风险承担者（如赌徒）会投入更多的资金来应对风险，其效用函数是上凸的。

3. 风险中立者则有着线性的效用函数，其行为可以用预期价值方法来定义。

当投入一定数量的资金时，大多数个人和组织都是风险规避者。而投入少量资金时，就会成为风险中立者或风险承担者。这就解释了为什么一个人会同时买保险和彩票。

一个极端冒险者的例子是虚构的詹姆斯·邦德。当世界即将被一个恶棍统治时，谁会穿着游泳裤抄起一把刀跳进一个鲨鱼出没的池子里来拯救我们？没错，是邦德！是詹姆斯·邦德！根据邦德的风险原则，情况越危急，他承担风险的可能性就越大。

预期效用

效用函数可以与定量分析一起使用,以反映在选择备选方案时的风险原则。下面将效用函数应用在之前讨论过的制药公司的战略决策中(见图 4-2 中的决策树)。

医药公司的风险原则用图 4-5 中的效用函数表示。通过这张图,可以得到与每个产出结果相关的效用。图中的箭头显示了"收购公司"这一结果获得的效用。投入 5 亿美元"收购公司"获得的效用值为 4.5。在通常情况下,应尽可能用数学公式而不是图来描述效用函数。

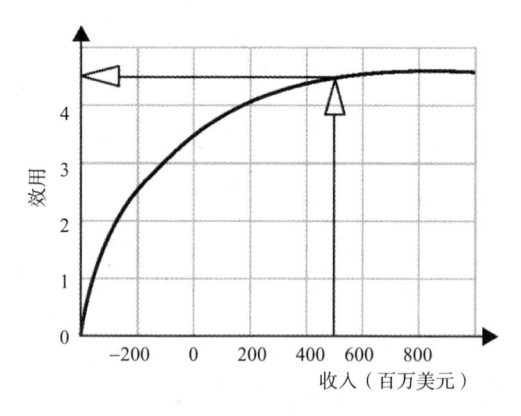

图 4-5 运用效用函数选择备选方案

表 4-2 显示了每个产出结果的情况。预期效用与预期价值相似,只不过它使用的是与产出结果相关的效用,而不是直接使用产出结果。预期效用等于将与每种可能的产出结果对应的效用乘以其发生的概率,然后将所有结果累加起来。

表 4-2 预期效用计算

结果名称	结 果	效 用	概 率
自行开发药品 (被 FDA 否决)	−2 亿美元	2.5	20%
自行开发药品 (获得 FDA 批准)	8 亿美元	4.6	80%
收购公司	5 亿美元	4.5	

第 4 章　决策论导论：什么是理性选择

在上述例子中，"自行开发药品"未获批准的预期效用为 0.50，获批的预期效用为 3.68，两者相加后的预期效用为 4.18，而"收购公司"的预期效用是 4.5。因此，根据效用理论，应该选择收购公司。

在这个例子中，我们看到了一个有趣的现象：使用预期价值方法，公司应该选择"自行开发药品"；而采用预期效用方法，应该选择"收购公司"。这是为什么？因为这家公司是风险规避者，公司不愿意承担自行开发药品失败的风险。预期效用方法考虑了公司的这一风险原则。

↘ 预期效用理论

希腊哲学家和数学家欧几里得拓展了平面几何假设。这些假设包括所有适用于平面几何的必要假设，整个理论就是在这些假设的基础上推导出来的。冯·诺依曼和莫根斯特恩在决策科学中做了同样的事情。

冯·诺依曼和莫根斯特恩在其著作《博弈与经济行为理论》中提出了预期效用理论，该理论解释了人们在做出理性选择时应该如何行动。他们提供了一套假设或公理，这成为决策分析理论的逻辑基础。该书中有大量的数学方程式。在这里，我们不做数学讨论，只讨论他们的一些基本思想。

> 预期效用理论用于理性决策的公理。这些都是决策的理想条件，希望可以在一定程度上解释实际行为。

1. 决策者应该能够根据所产生的结果来比较任意两种方案。

2. 理性决策者应该选择至少在某一方面能实现价值最大化的方案。例如，项目 A 和项目 B 有相同的成本和持续时间，如果项目 A 的成功率大于项目 B 的成功率，那么应选项目 A。

3. 如果你喜欢一个 10 周而不是 5 周的项目，并且喜欢一个 5 周而不是 3 周的项目，那么你应该更喜欢一个 10 周而不是 3 周的项目。

4. 结果相同的备选方案是无法进行比较的，必须基于不同的结果才能进行比较和选择。如果项目 A 和项目 B 有相同的成本和持续时间，但成功率不同，那么在两个项目之间进行选择应该基于成功率这一唯一不同的因素。

5. 决策者应该总是喜欢在最好的结果和最坏的结果间进行博弈。如果项目

A 可以保证 100 美元的收入，而项目 B 有两种可能的结果，即颗粒无收或收入 1 000 美元。如果颗粒无收的概率是十万分之一，那么应该选择项目 B。

这些公理虽然只是常识，却是决策论的重要组成部分。冯·诺依曼和莫根斯特恩从数学上证明了违反这些原则就会导致不合理的决策。

预期效用理论的延伸

许多科学家认为，冯·诺依曼和莫根斯特恩的公理限制了我们做选择的方式。实际上，人们并不总是遵循公理来做决策，原因如下：

- 人们会做出理性决策，却不一定像冯·诺依曼和莫根斯特恩所设想的那样。人们可能没有关于备选方案的完整或详细的信息。此外，人们往往不会估计每种方案的优缺点。
- 即便人们做出了理性决策，这些公理仍有一些例外情况。

自从他们的书出版以来，尽管有这样和那样的问题，但科学家们一直为预期效用理论提出各种解释，并做了大量的研究。目前，还没有唯一的、被完全接受的预期效用理论。预期效用理论是解释理性行为的一系列理论。Leonard Savage（1954 年）对预期效用理论进行了扩展，提出了对产出结果进行主观概率评估的学说。他进行了总结，如果某一类型的项目从来没有完成过，那么很难确定该类项目的成功概率。根据他的理论，此时对概率进行主观判断是有意义的。

如何运用预期效用理论？

预期效用理论的公理旨在为理性选择做出定义。实际上，项目经理可能永远不会直接运用这套公理。如果你要选择项目的分包商，你要做的最后一件事才是打开冯·诺依曼和莫根斯特恩的书，翻看十几页的数学方程式，在几个星期后再看一遍，从而得出你的结论。（结论可能还是错的！）这样做本身就是很不明智的。

当你对建筑物的墙壁进行测量时，你不会考虑欧几里得的公理，但你的确使用了从其公理中得出的方法和技术。与预期效用的情况相同，当你试图理解如何将项目价值最大化时：

- 你可以在众多的项目管理书籍中选择一本描述最佳实践的书来读。
- 你的顾问可以推荐一些实用的项目管理技术。
- 你可以使用本书中介绍的定量方法。
- 在做决策时,尽量避免心理陷阱。

请记住,所有这些活动都依赖决策科学这个基础,预期效用理论只是其中的基础之一。

效用的目标导向解读

什么是目标导向的效用?如何用与其相关的方法帮助项目经理?项目管理的目标是,实现客户要求的目标或标准。例如,目标是在给定的期限和预算内交付软件。同时,客户并未提供软件的详细需求。换句话说,实现这一目标的可能性是完全不确定的。项目经理的工作就是提高目标实现的可能性。预期效用最大化也就是将实现某个目标的概率最大化。这些公理也提醒项目经理,应选择能最大限度提高目标实现概率的方案(Castagnoli and Calzi,1996;Bordley and LiCalzi,2000;Bier and Kosanoglu,2015;Bordley 等人,2015)。在面向目标的方法中,效用评估的重点是制定基准或目标,这些基准或目标能帮助我们更容易地识别和跟踪项目。可以使用第 13 章中介绍的方法来完成这些工作。

决策制定的描述性模型

冯·诺依曼和莫根斯特恩认为,预期效用理论是行为规范理论。正如在第 1 章中指出的,规范理论不能解释人们的实际行为,只能解释人们在做理性选择时应该如何行事。

心理学家们试图建立描述性模型来解释人类的实际行为。赫伯特·西蒙建议,人们可通过寻找备选方案来满足某些需要,而不是最大化效用函数(Simon,1956)。作为项目经理,你不会通过审查之前的所有项目来选择分包商,从而实现效用最大化。相反,你会选择一个最能满足当前需求(包括质量、可靠性和价格较优)的分包商。

卡尼曼和特维尔斯基提出了一种行为理论,有助于解释许多心理现象,他们将其称为前景理论（Prospect Theory）（Kahneman and Tversky，1979）。他们认为，一个人对待风险的态度不同于他对待损失的态度。作为项目经理，请你做个选择。

A. 一个有 100%概率获得 10 万美元净现值的项目。

B. 一个有 50%概率获得 20 万美元净现值的项目。

你很可能选 A。换个方式问你，在下面的两个选择中你更喜欢哪一个？

A. 肯定会损失 10 万美元。

B. 有 50%概率损失 20 万美元。

你很可能选 B，这也是在参与调查者中最常见的回答。

这种"厌恶损失"效应可以通过下面这个图来说明，见图 4-6。卡尼曼和特维尔斯基用价值取代了效用，即用收益和损失来定义效用。收益一侧的函数和效用函数类似（见图 4-3），而价值函数还包括图中左侧的损失部分。与收益曲线相比，损失曲线更为陡峭。在图 4-6 中，你可以看到 10 万美元的损失带来的感受要比 10 万美元的收益带来的感受要强烈得多。

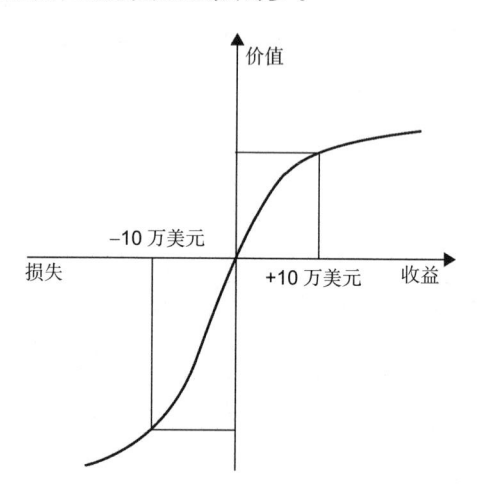

图 4-6 前景理论中的价值函数

与预期效用理论有所不同，前景理论认为，如果人们在面临收益时，就会做出规避风险的选择。而在面临损失时，就会做出追求风险的选择。这一切都取决于决策者在提出或做出选择时的参照点。

由前景理论解释的另一个有趣的现象叫作禀赋效应（Endowment Effect），即"一旦把东西给了我，它就是我的了"。人们对其拥有的东西赋予了更高的价值，对其不拥有的东西却并非这样。在项目管理中，这些东西可以是资源。它解释了，为什么大多数项目经理明明可以选择更好的材料，却仍然使用他们之前购买的材料这一现象。

前景理论还对零风险偏见做出了解释，即人们有将小风险降为零的偏好，而不愿将较大的风险降为相对较小的风险。在项目风险分析中，了解这种偏见很重要，因为项目经理通常喜欢避免小风险，而不是投入精力减轻更大、更关键的风险。

本章小结

- ▶ 不同的组织和个人在选择备选方案时有不同的决策原则或偏好。
- ▶ 理性选择是决策者实现价值最大化的一种选择，即根据决策原则做出合理的选择。
- ▶ 预期价值有助于人们在不同的方案中做出选择。在大多数情况下，它帮助你做出良好的决策。
- ▶ 预期效用理论是一整套理性行为理论。预期效用有助于将风险原则纳入决策流程。
- ▶ 卡尼曼和特维尔斯基的前景理论是被广为接受的预期效用理论的替代理论。它对人们如何做出决策提供了一个更为准确的解释。

第 5 章
项目管理中的创造力

> 创造力是将看似不相关的事物进行联系的能力。
>
> ——William Plomer 南非作家（1903—1973 年）

创造力是项目管理成功的重要因素，这个说法听上去有些令人费解。心理学家发展了各种理论来解释创造性思维的过程。我们提出有创意的解决方案的能力会受到创造性障碍的制约，如墨守成规、不能从另一个角度看问题或害怕"遥不可及"的方案。从文化和组织的方面来看，与企业文化有关的因素也会在很大程度上限制项目管理中的创意过程。

⤷ 创造力与决策制定

正如你所知道的那样，本书是关于决策分析流程的，我们相信能帮助你做出更好的项目决策。但创造力适用在哪里呢？决策分析是否影响了原创的、不墨守成规的或有创意的解决方案呢？

创造力不仅与技术创新有关，也与管理项目的方式有关。一起来考虑以下几个问题。

- 你有一个雄心勃勃的项目开发计划，但你手中的资金有限，如何明智地使用这些资金？
- 你如何激励一个经历了许多痛苦和失败的项目团队？
- 你如何在不冒犯客户的情况下处理那些没有止境的客户变更？

我们通常认为，创造力主要与艺术、科学和技术有关。本书讨论它与项目管理的关系。我们认为人类的创造力，也称"破框思考"，能够改进项目决策流程。

创造力中的心理学

如何将创造力应用于项目决策中？虽然很难给出创造力的正式定义，但它可以被描述为找到另一种方式来执行项目的能力。项目至少具有三个属性：①至少对当前项目来说是新的；②可行的；③有价值的。

对创造力的了解和研究是心理学中一个新的、不断发展的领域。科学家们提出了许多理论来解释它。其中一个解释认为，创造力是自我实现的一个功能。心理学家亚伯拉罕·马斯洛（Maslow，1987；Davis，2004）提出了人类需求层次，它是一个描述人类所有动机的模型。在需求层次的下层是基本需求，即生理需求和安全需求，上层是尊重需求和自我实现（见图5-1）。从根本上说，自我实现是通过对实现一些独特事情的渴望来挖掘自身潜能。

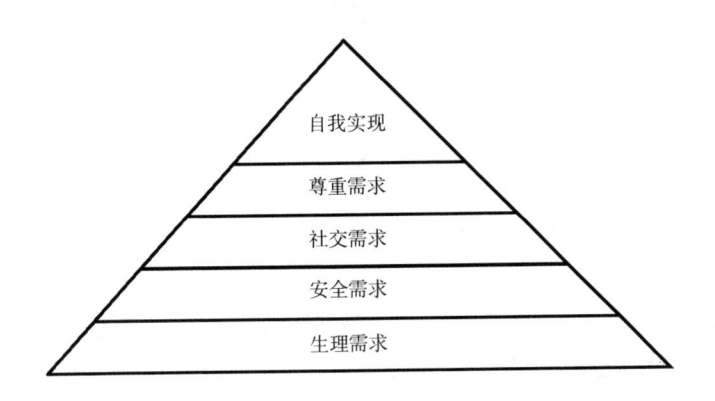

图 5-1 马斯洛的需求层次

一些心理学家认为，创造力与某种能力有关，这种能力可与对象或概念建立新的心理联系。当人们学习一个新概念时，他们的头脑会产生变化。他们会把这个概念和他们已经知道的东西联系起来。创造力更丰富的人会产生更多的变化。变化的范围取决于一个人的经验、知识、环境及一些与生俱来的能力。

当项目经理思考一个问题时，通常会提出一系列解决方案（见图5-2）。通过将当前问题与在过往项目中出现的类似问题联系起来，就可以生成一些解决方案。有时候，解决方案可能与个人经历、对其他业务领域的了解甚至一些故事和轶事有关。（正如你所记得的，我们在第3章中围绕小熊维尼被困在兔子门洞中的故事进行了结构化分析，以此来说明应如何做出选择。）一般来说，可用的参考信息越多，找到有创意的备选方案的机会就越大。

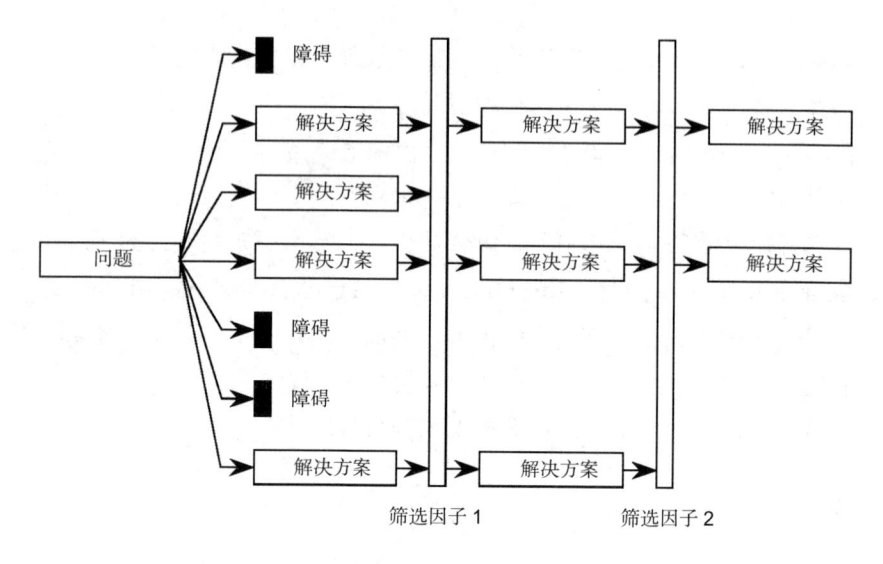

图 5-2 在创意过程中的障碍和筛选因子

你的创意多吗？你的创造力足以让你领导项目和正处在悬崖边上的公司吗？有很多技术可以用来生成和选择备选方案，其中一个非常简单的方法就是筛选法。

假设你想出了许多有创意的备选方案。例如，你至少有五个想法可以解决如何利用现有资源按时完成项目的问题。在创造性决策方面，筛选因子是用于筛选解决方案的一组条件。如果解决方案不满足这些条件，就不能通过筛选，在以后的阶段也不会被采纳。筛选法的例子如下：

1. 这个方案有助于按时完成项目吗？
2. 考虑到项目的制约因素，这个方案可行吗？

人们通常会采用某种心理策略来做出直觉选择，心理学家将其称为"排除式启发法"（Tversky，1972）。我们将在第 19 章中讨论这个方法。两者的区别是，"排除式启发法"用直觉排除某些方案，而筛选法利用正规化的分析方法。要非常小心地设置筛选因子，以避免阻挡好的解决方案。

丹·布朗的畅销书《达·芬奇密码》（2003 年）很好地说明了创造性思维过程。该书中的虚构人物符号学家罗伯特·兰登参与了一个揭开古老秘密的项目。谁会对他的创意过程感兴趣？

第 5 章　项目管理中的创造力 | 59

- 兰登利用有创意的类比提出了大量备选方案。其中一些方案是"遥不可及的",然而,兰登在做出最后判断之前仍会考虑它们。
- 兰登应用了筛选法。当他解决难题时,他会不断尝试各种解决方案。在这些尝试中,他会分析这些解决方案是否真正可行。
- 兰登有能力提出如此多的有创意的方案,因为他拥有符号学家的广博知识和经验。
- 警方和各种影子人物的追捕给兰登带来了巨大压力,这刺激了兰登的创造力。在这个故事中,寻找有创意的解决方案不是为了满足好奇心,而是涉及生存问题(见图 5-3)。

图 5-3　寻找有创意的解决方案

创造力障碍

作为人类,尽管我们天生就有想出有创意的解决方案的能力,但这个能力往往会受到限制。一些障碍会阻止我们想出创新的点子。增强创造力的方法是消除或减少创造力障碍。Clemen 和 Reilly（2013 年）对这些障碍进行了分类。

1. 框架与认知障碍

以下类型的障碍会影响我们对初始问题的认知。

1.1 刻板印象

一张拍摄于 1978 年的微软公司成员合照在互联网上流传开来。照片中有 11 名微软公司创始人，包括联合创始人比尔·盖茨和保罗·艾伦。请看图 5-4，照片中的大多数人都很年轻，留着长长的头发，看上去，他们所在的根本不像一个很有前途的企业。照片的标题是"你会投资这家公司吗？"通常，我们试图将所有可能的解决方案都纳入一个已设定的标准中。如果某解决方案不符合这个预定标准，哪怕是最好的方案也会被抛弃。如果你是一个投资者，微软的员工是否符合你设定的一家有成功潜质公司的标准？可能不是，更何况他们也不符合成功企业家应有的形象，因此许多投资者错过了投资微软公司的大好机会。

图 5-4　你会投资这家公司吗？

1.2 默认假设

假设你正在管理一个软件项目，你自然而然会关注软件的性能，因此花费了大量精力来确保它比任何竞品都运行得快。然而，软件的运行速度可能不是最重要的因素，因为硬件性能一直在提高。在你完成这个项目的时候，大多数计算机的硬件功能已经很强大了，而软件运行速度此时几乎可以忽略不计。在一开始，你就做了一个假设——软件运行速度是最重要的，遗憾的是这个假设并不正确。

1.3 只见树木，不见森林

作为管理者，我们必须处理大量涉及各种组织和管理职能的文档类工作。虽然有些文件可能是不必要的，但通常这些文件包含了大量重要的项目细节，这绝对是你需要知道的。遗憾的是，你需要分析的信息量太庞大了，以至于你无法看见有创意的备选方案。

1.4 无法从另一个角度看待问题

许多项目经理都从自己的角度处理问题。即使他们认为自己正在尽一切可能满足客户的需求，实际上却并非如此。不同的项目相关方有着不同的目标和观点，真正有创意的解决方案应该尽可能满足他们的需求。如果你无法理解项目相关方的真正需求，那么你将无法找到有创意的解决方案。

2．基于价值的障碍

这种类型的障碍与个人的职业价值观和取向有关。在某些情况下，这些价值观限制了我们寻找有创意的解决方案的能力。

2.1 害怕"遥不可及的"方案

我们经常会否决一个好的方案，因为我们认为它风险太高或不可能实现。有时候，甚至害怕自己想出另一个方案，因为我们不想让人知道自己很愚蠢。但没有高风险或"遥不可及的"方案怎能体现创造性思维能力？提出有风险的方案也是一门学问，可以帮助我们更好地理解和构建问题。

2.2 "不作为"偏见

大多数人有保持现状的倾向，也叫惯性。然而，决策意味着至少应该考虑不同于现状的选择，否则，就根本不需要做出决策。考虑到不同于现状的备选方案是持续改进流程的一部分，所以这也是管好项目的基础之一。

2.3 对批评的回应

在花费了相当多的时间和精力之后，你自认为想出了一个好建议，却被你的上司拒绝了，他说："这是多么愚蠢透顶的想法！"此时，你会有什么反应？像大多数人一样，你可能再也不花费心思考虑什么"创造性"建议了。遗憾的是，姑且不论这是不是一个糟糕的建议，你对这种批评的反应已经意味着你的创意之路走到头了，不仅对该项目，而且对你将来参与的所有项目都是如此。

你不应该因为受到批评而让你的创造性思维受限。如果有可能的话，继续在工作中尝试你的创意，增加一些支持信息并修改演示文稿。另外，请询问你的经理或上司以了解他们为何拒绝你的创意，让他们知道你愿意接受建设性的批评，并学习如何使用这些建议来改进你的方案。如果你不这样做的话，就可能再也找不回自己的创造力了。

3. 文化、组织与环境障碍

Michael LeGault（2006 年）在他的书《思考》里提到了一个奇怪的现象：美国人在做出判断时经常会受好莱坞的影响，这可不是看待事物的好方式。在另一个例子中，小说家丹·布朗在《达·芬奇密码》中谈到与基督教有关的问题（作为丈夫和父亲的耶稣）时，克服了文化障碍或禁忌。他的书肯定是有争议的，然而，他用创造性的观点对一些极具争议的问题进行了解读，结果大获成功。

我们生活和工作的环境会影响我们的创造性思维，在某些情况下还会阻碍我们选择有创意的方案。在项目管理中，工作环境主要是指企业文化。企业的工作环境可以激发或阻碍创造力。同事之间缺乏信任，在项目团队中及不同项目相关方之间存在沟通障碍，以及过度的官僚作风都会极大地制约项目参与者生成有创意的备选方案的能力。决策分析流程看似一套官样流程，实际上可以通过它促进组织的创造力。我们将在第 7 章中讨论企业文化在决策中的作用。

在科幻电影中，时空旅行者经常旅行到另一个平行宇宙或维度，那里的居民无法看到自己的真实情况。遗憾的是，类似的"现状围墙"（Bounded Reality）效应不仅发生在科幻电影中的角色身上，而且也发生在项目团队的成员身上。如果项目经理和团队成员在一起工作很长一段时间后，在这个"现状围墙"内就会产生"盲区"。这些盲区使他们无法获得更宽广的视野。换句话说，他们无法提出有创意的解决方案，因为已经进入了例行公事这一困局中。

这种效应与选择性认知相似，人们只是将新信息放进已有的心理意象中，而不去理解它真正的含义。类似的效应也可能与不同的项目相关方有关，包括客户、不同的项目团队或项目发起人等。最糟糕的情况是，组织的管理层身处一个现实中，而其他人则身处另一个现实中。通过引入外部顾问、提拔人员或允许人们在项目团队中扮演不同的角色，均有助于消除此类障碍。

另一个与组织环境相关的障碍被称为"草率决策"（Premature Closing）（Heuer，2016）。通常，项目经理必须迅速做出决策——有时在几天内，有时在几小时内，有时甚至是在一瞬间。在这种情况下，项目经理根本没有时间或信息来进行适当的分析并产生有创意的备选方案。常常会有这种情况：项目经理刚做完初步决策，影响初步决策的新信息就出现了。

通常来说，项目经理不能改变决策，因为组织会施加压力以使项目计划和愿景保持一致。例如，你能想象这样一种情况吗？你刚从你的经理那里申请了更多的资源来完成你的项目，第二天，你却说不需要额外的资源了，你会反过头找你的经理撤回资源吗？也许不会。在这种情况下，一个有创意的备选方案被扼杀了。支持创造性思维的企业环境应当是：只要理由正确就鼓励改变，哪怕这个改变会推翻之前的决策。

本章小结

▶ 寻找有创意的项目备选方案是项目经理的基本技能之一。
▶ 创造力理论涉及各种心理过程，包括自我实现的概念、先入为主的心理活动以及生成心理联系的概念。
▶ 创造力障碍会阻碍决策者找到能够解决问题的有创意的解决方案。
▶ 通过设置各种障碍，企业文化可以显著影响你做出创造性项目决策的能力。这些障碍包括"盲区"和"草率决策"。

第 6 章
群体判断与决策

群体判断不同于个体判断。虽然适用于个体的基本启发法和偏见也适用于群体，但有一些偏见是群体独有的。经群体讨论（如头脑风暴）做出的决策，可能比由个体做出的决策更好。博弈论是关于在竞争环境中人类行为的数学理论。在项目中各个相关方之间也存在博弈关系。

群体决策心理学

项目经理不是在真空里工作的，项目管理的重大决策也不是由某个人做出的，而是由参与项目的各个相关方经过讨论做出的。例如，项目经理及项目团队成员会一起与客户沟通，最后制订合理的项目计划。

如果决策是由群体做出的，那么群体是否也会像个体一样犯一些心理错误呢？例如，在本书第 2 章中介绍的适用于个体的启发法，包括可得性启发法和典型性启发法，是否也适用于群体呢？简单来讲，答案是肯定的：个体的启发法和偏见确实适用于群体。这些偏见在群体中甚至比在个体中表现得更为明显（Plous，1993）。例如，在估算某个活动的持续时间时，如果你独自一人工作，你可以用某个值，如 4 天，作为参照点或"锚点"，然后估算持续时间的区间为 3~5 天（这就是在第 2 章中介绍的锚定启发法），见图 6-1。换成一群人来估算，可能用相同的参照点（4 天），但估算持续时间的区间会更宽，为 2~6 天。

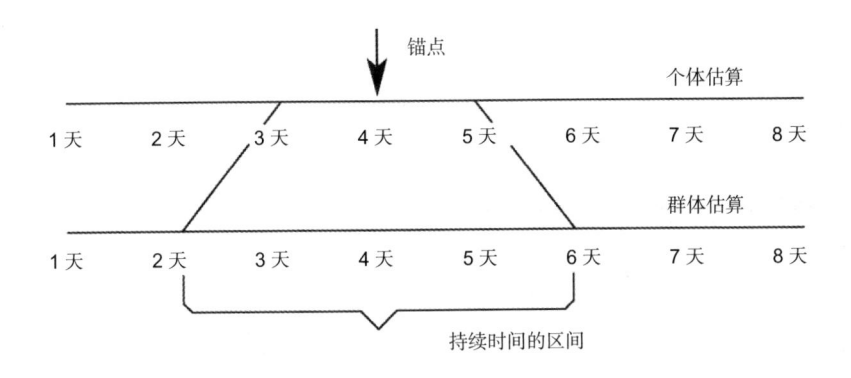

图 6-1　估算活动持续时间的区间

一些偏见是群体特有的，其中有一种被称为群体极化（Group Polarization）（亦称风险放大。——译者注）（Moscovici and Zavalloni，1969）。在群体参与和讨论的情况下，人们更有可能做出更具风险的决策。群体极化导致群体比个体更敢承担风险。这种效应会对项目管理产生很大的影响。例如，在与同事们讨论后，项目经理可能更倾向采用扩大项目范围这一冒险行动。

群体极化带来的不仅仅是风险放大的问题。小组讨论也会放大小组成员的偏好或倾向性。如果某个项目成员已经对某件事有了看法，在经过一番讨论后，他对这个问题的看法可能更能得到认可。在一个实验中，模拟的陪审团获得的有罪证据少得可怜。在经群体讨论后，该陪审团变得更加宽容了。与此同时，获得更多有罪证据的陪审团却变得更加严厉了（Myers and Kaplan，1976）。

在了解这些知识后，我们就可以追问，群体讨论是否真正提高了决策质量？换句话说，几个脑袋就一定比一个脑袋更聪明吗？心理学家的回答是肯定的，不过要有一定的条件。条件取决于问题的类型和难度。有些问题适合群体解决，有些问题则不是。Reid Hastie（1986 年）列出了适合群体解决的三类问题。

1. 工作量判断类问题。这类问题涉及估算项目成本、持续时间和其他参数。在这类决策中，群体通常比个人更准确。心理学家估计，群体判断的准确性比个体判断要高出 23%～32%（Sniezek and Henry，1989，1990）。

2. 在项目管理中的逻辑分析类问题。这类问题涉及探寻复杂的业务或技术解决方案。通常来说，群体的表现优于个体。然而，高技能或经验丰富的个体成员通常优于群体。

3. 共识判断类问题。这类问题涉及获得与项目相关的事实和数据。群体的表现优于一般个体。然而，团队中表现最出色的成员通常会与团队的表现相当或超过团队的表现。

综合判断

项目团队的成员经常会有不同观点。是否可以根据每个成员的判断，用数学方法来算出群体判断？换句话说，我们能将团体不同成员提供的成本和持续时间估算汇总后求平均值吗？这样做会有用吗？在心理学家和决策科学家对这个问题进行了广泛的研究后（Goodwin，2014），得出了结论，如果团队成员具备类似的专业知识并在相同的环境中工作，就可以这样做。然而，简单地将很多个人判断进行平均可能导致重大错误。这就像将医院所有患者的体温进行平均，会发现这个体温平均值是"正常值"一样。为什么？因为发烧者的体温很高，而死者的体温很低。

有最好的方法来获得群体判断吗？答案是，在一个团队中组织讨论，以团队作为一个整体来做出决策。例如，最高法院的法官们对一个特定案件会有不同看法，在汇总了各自的看法后，他们一起做出了一个共同的裁决。问题在于，并不是每次群体讨论都能达成共识。

群体互动技术

对群体判断和决策的研究证实了我们根据直觉得出的结论：群体讨论可以形成更好的决策。现在，让我们看看可以使用哪些技术来促进这些讨论。根据团队成员相互沟通的方式，可将其分为5类。

1. 达成共识。团队成员进行面对面讨论，所有成员最终接受其中的一个判断。这是在项目团队中最常见的技术之一。团队成员应定期会面来讨论某些问题，并最终达成共识。这个方法的问题在于：一些团队成员往往也是管理者，他们很可能在讨论中占据垄断地位并显著影响团队最终的判断，这就会变成了"我们一起讨论，最后我说了算"。

2. 德尔菲法。德尔菲法有助于避免"我们一起讨论，最后我说了算"的情况出现。团队成员不是以面对面的方式进行沟通，而是以匿名的方式提出他们各自的观点。经过几个回合的讨论，直到达成共识。应用德尔菲法时需要有一个主持人，他向专家小组发出问题，并收集和分析回复，以识别共同点和不同点。德尔菲法是由非营利性机构"全球政策智囊团"兰德公司（RAND Corporation）在冷战开始时开发的，用来预测技术对战争的影响。该方法得名于"德尔菲的预言"。

3. 辩证法。在使用这种技术时，成员被要求讨论那些可能在他们的判断中造成偏见的因素。对某一特定主题持有不同意见的小组成员应尽可能相互了解，交换意见，通过检查每个人立场上的不同点来解决分歧。

4. 独裁。进行面对面讨论，最后以其中一个成员的判断作为群体判断。有趣的是，在 Sniezek 和 Henry（1989 年）的研究中，由独裁技术做出的判断比用任何其他技术做出的判断都更为准确。当需要特定知识或专业经验才能制定商业或技术问题的解决方案时，独裁技术会很有用。此时，关键要找到对相关主题最有发言权的人，并在他的指导下进行讨论。

5. 决策会议。这项技术已被证明是分析复杂问题的行之有效的方法。决策会议包括组织专家进行 1~3 天的面对面会议，会议由决策分析师主持。分析师作为中立的观察员，在会议期间应用决策分析方法和技术。分析师汇集专家判断并构建计算模型。极为重要的是，分析师要在专家讨论的同时建模，以便专家能够在讨论中审查模型的进展情况。通过对模型进行审查，专家们能够对问题形成共同的理解，然后做出决策。从本质上讲，分析师运用了本书中描述的决策分析流程：构建决策框架，创建模型并在决策会议中同步进行分析。

头脑风暴

头脑风暴是一个创建各种创意清单的良好技术。从理论上讲，头脑风暴可以由个体开展，但由小组开展的效果更好。在项目管理中，头脑风暴是一种非常有效的方法。头脑风暴适用于下述问题的决策：在复杂的业务情况下，最好的行动方案是什么？产品有哪些特性？可以先行开发新产品的哪个功能？本项目潜在的威胁和机会是什么？

在运用头脑风暴时会用到很多技术和工具（Clemen and Reilly, 2013）。这些技术的主要目的是，使小组成员的思维更具开创性。规则如下：

1. 无须对创意进行详细分析。
2. 所有创意都受到欢迎,哪怕是"遥不可及的"的创意,小组成员应提出尽可能多的创意。
3. 鼓励小组成员在其他成员的创意的基础上提出延伸创意。

心理学家发现,如果几个人事先独立处理一个问题,然后分享和讨论他们的创意,头脑风暴就会更有效(Hill,1982)。许多有效的头脑风暴技术都遵从这个原则。

图 6-2 描述了在项目决策分析中较优的头脑风暴技术。每个小组成员在其中承担一个特定角色。这些角色早在会议之前就定好了,因此可以确保,在整个流程中,每个参与者在心理上都做好了准备。应至少设定六个角色。当然,有些角色可以合并。

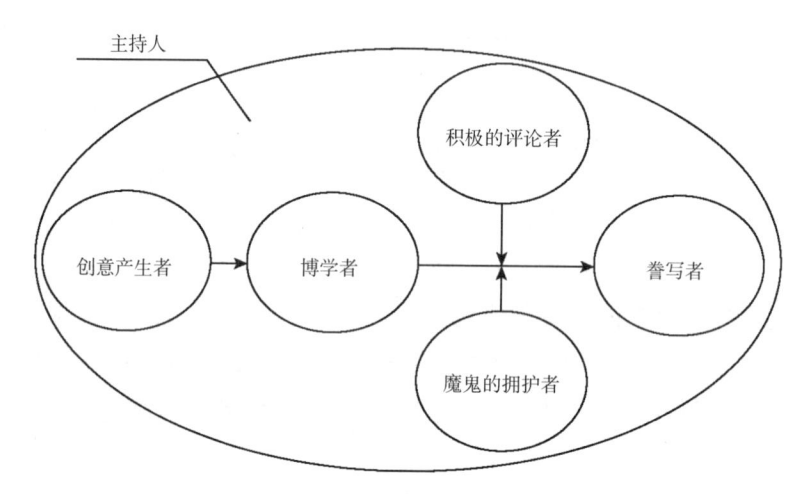

图 6-2 头脑风暴技术

1. **创意产生者**。产生尽可能多的创意,但不做评价。
2. **博学者**。根据自己的事实性知识提供更多关于创意的信息。
3. **魔鬼的拥护者**。对提出的创意进行批评。
4. **积极的评论者**。在创意中寻找积极因素。
5. **促进者或主持人**。组织讨论,并确保所有参与者按其角色行事。
6. **誊写者**。记录创意,然后用易于理解的形式将其分发给每个小组成员。

在使用这一方法时应遵循两项重要规则。

1. 每个人都可以偶尔超出自己的角色范围。然而,在讨论某一特定话题或进行头脑风暴时，保持自己的角色是很重要的。

2. 开 2~4 次会议，每次都设定较短的会议时间（15~30 分钟），中间有 1~2 天的间隔时间。严格遵守时间要求。给每次会议留出时间，其目的是，让参与者有机会更多地思考这些创意。在下次会议时，可以变换角色。

另一种头脑风暴技术称为名义小组技术（Delbecq 等人，1975）。在一开始，每个小组成员写下尽可能多的创意。在会议期间，成员们介绍各自的创意，小组成员共同评估这些创意，并由主持人记录下来。经讨论后，每个小组成员对这些创意进行排序，然后将这些创意放到一起，用打分的方法对其排序，最后选出最佳创意。

> 有效的头脑风暴是一门艺术，需要实践才能取得良好效果。

如果你和你的团队以前没有用过头脑风暴，你就不应期待第一次会议会出现奇迹。但不要气馁，因为运用好头脑风暴需要一定次数的演练。如果你认为集思广益将对你的项目有益，建议首先用不太重要的项目问题进行练习，然后再进行复杂问题的讨论。主持人的作用非常重要，因为缺乏经验的主持人会阻碍好的想法。好的主持人为讨论定下积极的基调，并能鼓励有创意的想法。

促进讨论的工具

许多工具可以用来帮助进行战略规划、集思广益、流程改进和会议管理。在讨论流程中，你可以记录想法和结论，创建图表和流程图。这样，无论团队成员在哪里，都可以与其分享。除了如因果图和决策树这样的分析工具，还可以用其他工具来协助组织会议，创建流程和会议记录，促进在线讨论，定义团队行动等。

近年来，思维导图工具在项目管理中的应用越来越普及。思维导图的软件销售商已经售出了数十万个许可证，这可不是昙花一现，显然，项目经理已经意识到了思维导图工具的益处。

思维导图是用来表示与中心主题相关联的想法、活动、风险或其他事项的图形。在思维导图中，中心主题往往用一个图像来表示，再以该图像为中心向外辐射出很多"分支"，重要性较低的主题和创意被列为其相关分支下一级的"子分支"。图 6-3 中的思维导图是根据《PMBOK®指南》中的风险分解结构改编的（见附录 C）。

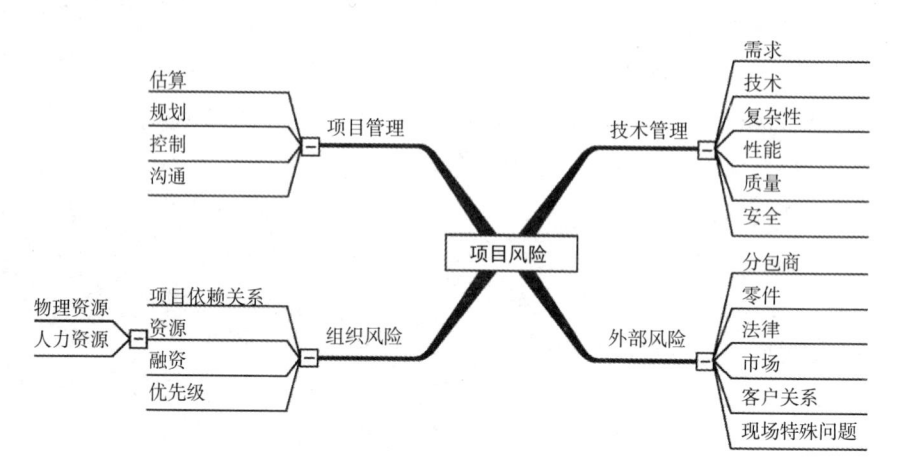

图 6-3　项目风险分解结构的思维导图

思维导图用一种结构化的方式来整理创意，然后再对其进行总结。你可以在附录 A 中找到这个工具和其他工具的供应商清单。

当我们谈及项目管理工具时，大多数人会想到软件工具、模板和核对单。你大可不必使用昂贵或花哨的软件来帮助讨论。一些简单的实物工具就足够了。除了传统的大张白纸或黑板，许多项目团队还使用电子白板，在电子白板上写的信息会被自动记录并传到计算机里。

博弈论

在柴可夫斯基的歌剧《黑桃皇后》中，剧中人物赫尔曼说："生活只不过是一场游戏。"今天，我们可以从现代博弈论的角度来看待决策分析。现代博弈论是研究人类在竞争环境中如何做出决策的数学理论。换句话说，博弈论研究的是，当每个选择的成本和收益取决于其他个体的选择时，如何制定最优决策的数学理论。当然，彼时的赫尔曼没有学过现代博弈论，也没有想到这一点。但他认为"生活只不过是一场游戏"是正确无疑的。博弈论有助于分析我们在生活中如何处理常见的冲突，如股票市场、政治、战争、选举和商业活动，还有谈判、拍卖、兼并、投资及项目管理。

> 博弈论研究的是，一个人如何根据他人的选择来采取相应行动。

博弈论始于冯·诺依曼和莫根斯特恩的经典著作《博弈论和经济行为理论》。兰德公司运用博弈论来帮助其制定核战略。你还记得电影《美丽心灵》吗？这是小约翰·福布斯·纳什的传记，他是一位数学天才，在博弈论和经济学方面取得了惊人的成就，后来患了精神分裂症。1994 年，纳什（见图 6-4）因其在博弈论方面的贡献，与 John C. Harsanyi 和 Reinhard Selten 共同获得了诺贝尔经济学奖。十一年后，Robert J. Aumann 和 Thomas C.Schelling 也获得了诺贝尔经济奖，获奖理由是，"通过博弈论分析，加深了我们对冲突与合作的理解"。2012 年的诺贝尔经济学奖颁给了加州大学洛杉矶分校的 Lloyd Shaple 和斯坦福大学的 Alvin Roth，也为了表彰他们对博弈论的贡献。

图 6-4　2006 年的小约翰·福布斯·纳什（皮特·贝基 摄）

为什么有些项目能成功地促进合作，而另一些项目饱受相关方冲突之苦？下面，我们通过一个非常简单的例子来介绍博弈论。

你是 IT 项目经理。你的客户想发起一个他认为很重要的变更。你意识到这个变更将对项目整体产生重大影响，并可能使项目推迟。这是潜在冲突的一个来源吗？可以妥协吗？作为项目经理，你的决策受到其他相关方所做的选择和行动的影响。反过来说，所有项目相关方的决策也受你的决策影响。项目进程取决于这场"博弈"的结果。

博弈论提供了解决这些问题的数学方法。举几个简单的有关博弈论的例子。Schelling（1971年）提出了"床垫困境"。在一条双车道公路上，因前车掉下来一个床垫，后车被迫减速，结果导致其中的一条车道变得拥堵。问题是，谁应该停下来挪走床垫？堵在后面的人只知道有情况，并不知道原因。堵在前面的人可以看到床垫，但想尽快从交通堵塞中脱身。当人们遇到床垫堵路时，处在交通堵塞最前面的人绕开床垫花的时间比挪走它花的时间要少。如果他把床垫挪走，则会为其后的每个人节省大量时间，但他的代价是，自己为此花费了更多的时间。

在项目管理中也会遇到"床垫困境"。在一个软件项目中，如果你的团队没有足够时间来开发测试工具，那么你是否会开发一个测试工具呢？这时，你已经完成了项目，并不需要这个工具，它只会被用来测试别人的软件。我完成了软件开发，为什么要费心给别人开发测试工具，帮别人测试未来的软件呢？在心理学中，这种效应被认为是一种心理陷阱，该陷阱被称为集体陷阱（Collective Trap）。

另一个例子是，决定什么时候买火车票。你要乘坐的火车班次是有限的。如果太晚去车站买票可能就没票了。如果太早到车站可能要花很长的时间排队。所以，你会考虑何时到达车站，既可以有更高的概率买到票，又可以花最少的时间排队。你的选择将取决于其他人决定什么时候到达车站。博弈论有助于从数学中找到解决这类问题的答案。

博弈论中有一个重要概念被称为"纳什均衡"（Nash Equilibrium），它以纳什的名字命名。纳什均衡是博弈中的解决方案。在博弈中，没有任何博弈者可以通过单方面改变自己的策略而获益。换句话说，如果每个博弈者都选择了一个策略，在其他博弈者保持其策略不变的前提下，没有一个博弈者可以通过改变自己的策略而获益，那么当前的一组策略及其相应的收益就构成了纳什均衡。在火车票博弈的例子中，当每个人都用排队时间最少的方式抵达车站时，就达到了纳什均衡。

作为项目经理，你很可能不会直接用到博弈论。博弈论在项目管理中的应用仍在研究中，我们认为，很快就会有一些实用的解决方案和工具供项目经理选择。如果你想阅读更多关于博弈论的知识，你可以通过本书的延伸阅读部分找到一些参考资料。

第6章 群体判断与决策

> **本章小结**
>
> ▶ 个体层面的心理启发法和偏见可以应用到群体中。
> ▶ 群体极化偏见会导致群体做出更大风险的决策。
> ▶ 通常,群体讨论比个体做出的决策更好。在项目管理中,集思广益有助于我们更好地评估业务情况,确定风险和机会,并选择更好的行动方案。
> ▶ 一些软件和实物工具可以帮助和促进我们进行讨论,其中包括用于记录结构化想法的思维导图软件。
> ▶ 博弈论是研究人类在竞争环境中如何做出决策的数学理论。适用博弈论的情况在项目管理中经常出现。

第 7 章
允许你做决策吗？有关决策分析与企业文化

我们制定和实施项目决策的能力受到组织环境的影响，尤其受到企业文化影响。在许多组织中，项目团队无法参与重大决策，也没有因为做出了好决策而得到应有的奖励。这会对组织中的项目生产力和质量造成极大的破坏。

> 错误的决策是强加在你我身上的负担。

我们把这种现象叫作"沮丧员工综合征"（Frustrated Employee Syndrome，FES），它会给企业文化带来严重的负面影响。高级管理者往往在问题非常严重时才认识到"沮丧员工综合征"带来的负面影响，而这时再去处理就很困难了。

↘ 什么是"沮丧员工综合征"？

读完本书，你可以成为项目决策的专家，但你有机会应用所掌握的专业知识吗？你所在的组织是否允许你做出决策？组织会听取你的建议吗？换句话说，你的上司还会继续替你和团队做决策吗？留给你的似乎只有一个选择：无论你同意与否，执行项目计划吧。

> "沮丧员工综合征"是企业文化中的毒瘤，它影响决策、效率和生产力。

在项目中总会有制约因素。你会经常因为某些技术原因而无法执行某些任务。有时，制约因素与市场条件、安全或环境问题有关，而这些制约因素往往都是管理层强加的人为因素（其实根本没有必要）。这样做就会造成好的方案在决

第 7 章　允许你做决策吗？有关决策分析与企业文化　　75

策制定流程中被剔除。

　　这种制约因素不是孤立问题，而是这个痼疾中许多症状中的一个，它会感染整个组织。"沮丧员工综合征"会影响公司的"中枢神经系统"，动摇企业文化的根基。当项目团队的管理者和成员无法为重大项目决策做出贡献，或者由于表现主动和做出正确决策却得不到适当奖励时，"沮丧员工综合征"就会显现出来。因此，组织会失去以合理成本产出高质量、有创意项目的能力。

　　相反，没有"沮丧员工综合征"的组织有以下特点：

- 让级别尽可能低的员工做项目决策，经过项目参与者的协商达成一致，从而形成最优的决策方式。
- 具有成果驱动式的组织环境，组织为有价值的项目贡献提供有效的激励（未必是金钱）。
- 项目团队成员拥有自主权。
- 项目团队成员对项目做出承诺，并与其他人分享愿景和目标。
- 在团队内部之间、组织内部之间，以及与客户之间保持有效沟通，在项目团队内部成员相互信任并进行角色轮换。
- 团队成员非常乐于合作。

"沮丧员工综合征"真的那么普遍吗？一个机智的回答是，如果"沮丧员工综合征"不流行，那么斯科特·亚当的迪尔伯特漫画（迪尔伯特漫画主要讽刺"沮丧员工综合征"。——译者注）就不会那么有趣和受欢迎了。遗憾的是，许多组织都感染了"沮丧员工综合征"。多数高管也熟悉"沮丧员工综合征"，只是叫法不同而已。令人费解的是，大多数人并不认为"沮丧员工综合征"是一个重要问题或值得关注的现象。

↘ 为什么"沮丧员工综合征"是个问题？

　　当人们做简单的体力劳动，如挖战壕，搬原木或盖屋顶时，你只要用小小的激励就能让他们把工作做好。然而，当进行创造性思考和决策等工作时，激励就变得很难了。在这些情况下，需要用不同的激励方法来激励项目团队。对每类工作都要有相应的激励方法，以激励个人努力提升其工作水平。但在许多组织中，激励制度的设计是错误的，不仅不能起到激励效果，反而导致员工产生挫败感，进一步发展为"沮丧员工综合征"。表 7-1 所示为一个软件项目的例子，其中按照不同的优先级列出了项目经理和团队成员希望得到的激励因素和激励措施。

从表 7-1 可以看出，单纯的经济奖励并未出现在前五名之中，比其更重要的激励因素是"责任""成就""工作本身"和"认可"等。

表 7-1　表彰和激励（来源：McConnell，1996 年）

项目经理	团队成员
责任	成就
成就	认可
工作本身	工作本身
认可	责任
成长空间	进步
人际关系	薪金
进步	成长空间
薪金	人际关系
公司政策及行政管理	地位
工作安全性	技术提升机会
技术提升机会	公司政策及行政管理
地位	工作条件
个人生活	个人生活
工作条件	工作安全性

如果组织不能理解员工的动机，就很容易被"沮丧员工综合征"感染。然而，"沮丧员工综合征"是很微妙的，不会立即导致公司的失败——这一特点往往会让高管们误认为缺少激励措施不是问题。让我们用一个简单的模型来说明"沮丧员工综合征"是如何影响一个组织的。

↘ "沮丧员工综合征"是如何传播的？

大多数初创企业没有"沮丧员工综合征"，如果有的话，企业很快就会倒闭。当一个组织经历了成长的痛苦并开始扩张时，会有更多的人加入组织，流程也越来越多，人与人之间以及项目团队之间的关系变得更加正式和复杂。通常，"沮丧员工综合征"发生在从初创企业发展为成熟公司的阶段。如果管理者不熟悉"沮丧员工综合征"潜移默化的影响，或者不去关注它，组织就会被悄悄地感染。通常，"沮丧员工综合征"的感染发生在收购时期。如果有"沮丧员工综合征"的公司收购了没有"沮丧员工综合征"的组织，并将自己的企业文化强加给规模较小的组织时，"沮丧员工综合征"很快就会感染新收购的组织。

下面故事的主人公是一位刚从大学毕业的年轻工程师，他刚入职一家设计公司。

- 第一天，经理问他："你想做什么？""我想设计一个美丽的城市，有漂亮的建筑、宽阔的林荫大道、公园和运河。"工程师回答。"太好了，"经理说："但现在需要你设计一个楼梯。"
- 三年后，经理又问了他同一个问题。"我想设计一座漂亮的建筑，有公寓、大堂还有喷泉。"工程师回答。"太好了，"经理说："但现在需要你设计一个楼梯。"
- 又过了三年，经理再次重复了他的问题。"我想设计一套漂亮的公寓，有很大的窗户和漂亮的浴室。"工程师回答。"太好了，"经理说："但现在需要你设计一个楼梯。"
- 接着又过了三年，经理再问工程师："你想做什么？""我想设计一个楼梯。"工程师回答。

通常，当一个组织被"沮丧员工综合征"感染后，喜欢创造性环境的人要么离开组织，要么就像上面那位年轻工程师一样，变得没有任何想法，职业生涯也因此止步不前。

"沮丧员工综合征"造成的另一个影响是，迫使人们关注一些小的技术问题，因为这些问题是他们唯一能够施加影响的事情。管理者往往隐藏重要的信息，也不和团队成员交流更多的项目信息。这样一来，管理者和团队成员的目标就会出现分歧。随着时间的推移，双方的目标会变得完全不同。例如，软件公司管理者的目标是开发一个简单快捷的应用程序，而程序员会有不同的目标——希望引入一种新的编程工具来改进产品。遗憾的是，该工具很难使用，并会使代码变得更为复杂，以至于对应用程序的性能产生了不利影响。程序员却坚持要这么做。为什么？他认为，这种新的编程工具在架构上是合理的或可延展的。实际上，他只想证明选编程工具是自己唯一能说了算的决定而已。

当高层管理者未能意识到企业文化有问题时，他们的行为就会表现得不够理性。当销售额下降时，他们就想通过改组销售团队的方法来解决问题。当这个方法不奏效时，他们就会转而"瞄准"开发流程，即增加额外的且不必要的开发步骤。例如，如果管理者认为公司内部存在沟通问题，他们就会增加会议次数和会议时间。然而，这种做法起到的作用往往只是分散人们对工作的注意力。如果会议逐渐占用了午餐或休息时间，参会人员就会越来越感到无聊和恼怒。当这种方法也不起作用时，管理者又转而关注市场状况、竞争和其他组织不可控的外部因素。这样一来，公司内部就没有人承担责任了。

当所有做法都行不通时，管理者就开始对管理层进行重组。经过一两次重组，情况不但没有任何改善，反而变得越来越糟糕。重组本身也是一个项目，也会像其他项目一样染上"沮丧员工综合征"。管理者在没有与项目团队成员协商的情况下就做出重组决策，这只是又增加了一个官僚决策而已。最后，在"沮丧员工综合征"显著降低公司绩效后，公司就会采取一些方式。大公司要么出售或转让一个被"沮丧员工综合征"感染的部门，要么成为一个低效组织，靠一些老客户和项目苟延残喘。可悲的是，那些在不知不觉中拼命工作以传播感染的高管们又会接到新的任命，他们自始至终都不知道，这个濒临死亡的公司恰恰就是决策功能失效的牺牲品。

↘ "沮丧员工综合征"的三个常见误区

"沮丧员工综合征"误区比比皆是，以下是最常见的三种。

误区一："我们的公司没有'沮丧员工综合征'赖以生存的环境"

一些高管说，他们的公司既不是网络公司也不是初创企业，他们经营公司多年，现有的企业文化很有效。实际上，所有的公司都会被"沮丧员工综合征"感染。企业文化是人际关系而不是组织类型、规模或行业的结果。此外，大公司比小公司更容易滋生忽视表彰和激励因素的环境。《财富》杂志每年都发布最佳雇主的排名表（*Fortune*，2018），在排名所依据的评分标准中，首当其冲的就是企业文化。

误区二：公司实施的组织流程往往会导致"沮丧员工综合征"

组织流程，如项目管理使用的流程（包括决策流程），实际上与"沮丧员工综合征"没有直接关系。但在某些情况下，高层管理者会以这些流程为借口来弱化表彰和激励制度，从而引发"沮丧员工综合征"。

例如，公司会建立分级报告制度。这个制度本身并没有什么问题，所有组织流程良好的公司都应该有这样的制度。但如果管理者利用等级制度取代团队决策，即对于每个小决策，哪怕是团队中的个人有一个创意都需要上级批准，就会染上"沮丧员工综合征"。

误区三：没有"沮丧员工综合征"的企业文化会导致无政府状态

一些管理者认为，如果允许项目团队自主决策，或者鼓励独立工作或每个团队成员自治，甚至允许角色轮换，就会失控。出于同样的原因，他们还认为，向团队成员提供尽可能少的信息是正确的。大多数成功组织的经验表明，没有"沮丧员工综合征"的环境并不会导致无政府状态。这样的公司反而可以被管理得更好，因为每个人都参与了决策流程，因此决策信息透明，也很容易权衡决策。在现实中，"沮丧员工综合征"导致无政府状态的主要原因是，管理者和项目团队成员没有相同的目标。管理者想做一件事，开发部门想做另一件事，而销售部门又想做一个完全不同的工作。因为下属都在各自进行所谓的"创造性"工作，所以管理者就不知道公司的总体经营状况了，这种状态才是典型的无政府状态。

↘ "沮丧员工综合征"的根源

"沮丧员工综合征"不像流感那样是一种自然现象，而是管理行为的结果。常见的问题有："他们到底在想什么？为什么管理者认为破坏企业文化会改善企业经营状况？"

你能想象一个没有"沮丧员工综合征"的世界吗？企业的生产力如此之高，以至于人类已经在火星上定居下来，根除了癌症，扭转了气候变化，让天空变得更蓝。唯一的遗憾是，斯科特·亚当再也找不到素材来画迪尔伯特漫画了。

首先需要注意的是，管理者并没有刻意破坏企业文化。相反，"沮丧员工综合征"的根源在于人类的判断和决策心理：在管理中的过度自信和选择性认知（"我只看我想看到的"），无法认识到个人的局限和错误，包括在前几章中讨论的其他几种偏见。在附录 B 中列出了这些偏见的清单。虽然良好的管理实践和培训可以减少这些偏见的负面影响，但并不能完全消除"沮丧员工综合征"，这就像不能摆脱瘟疫或阻止头发生长一样，因为它们都是我们赖以生存的世界中的一部分。

↘ 治疗"沮丧员工综合征"

即使最高管理者意识到组织已经被"沮丧员工综合征"感染，治疗流程也是极其困难的，如果缺乏有力的组织干预，就无法将其消除。对企业文化的变革尤其困难，原因很简单，受"沮丧员工综合征"感染的组织通常不支持任何形式的措施，更不要说采取完全改变组织内部运作流程的措施了。通常，在由新的管理者发起变革以提高竞争力时，才能带来成功的组织变革。但请记住：只有当治疗涉及组织中的每个人，而不仅仅是管理团队时，它才会起作用。

如果管理者想要重振企业文化，就要进行重大的组织变革，而且往往也要进行密集的培训。

1977 年 3 月 27 日，两架波音 747 客机（分别为泛美航空公司的 1736 航班和荷兰皇家航空公司的 4805 航班）正准备从西班牙加那利群岛的特内里费机场仅有的一条跑道起飞（Aviation Safety Network，2019）。荷兰皇家航空公司的机长 Jacob Veldhuyzen van Zanten 是一级飞行员，也是该航空公司官方杂志广为宣传的首席飞行员。当荷兰皇家航空公司的飞机等待起飞时，泛美航空公司的一架飞机也在同一条跑道上滑行。由于大雾，荷兰皇家航空公司的机组人员未能看到泛美航空公司的航班在跑道上滑行。

在准备起飞时，荷兰皇家航空的机组人员得到了控制塔台的许可——准许执飞指定航线。Jacob 机长显然误认为这是起飞许可。荷兰皇家航空公司的飞行工程师担心泛美航空公司的航班还没有离开跑道，就马上向机长做了报告。在几秒钟后，工程师再次说出了他的担心，但都被 Jacob 机长否决了，工程师对机长的决定没有提出进一步的质疑。在起飞后不久，荷兰皇家航空公司的 4805 航班撞上了泛美航空公司的 1736 航班，造成 583 人死亡，61 人受伤。特内里费空难是人类航空史上死亡人数最多的一次空难。

随后的调查报告表明，沟通问题和天气状况是造成空难的主要原因，同时也查明了造成空难的另一个原因。有专家认为，荷兰皇家航空公司的机长 Jacob 已经养成了一种管理风格，这种管理风格削弱了驾驶舱中的决策流程。飞行工程师显然在挑战机长的权威时犹豫不决，因为 Jacob 不仅比他的级别更高，而且是该航空公司最有经验的飞行员之一。

在特内里费空难之后，航空业改变了驾驶舱中的决策流程。不强调机组人员间的等级关系，而强调需经机组人员一致同意后再进行决策，这被称为机组人员资源管理（Crew Resource Management，CRM），现在，这成为所有主要航空公司的标准培训（McAllister，1997）。CRM 培训源于 NASA 的一次研讨会。1979年，霍普开展了一项重点改善飞行安全的专项工作。NASA 的研究发现，大多数航空事故的主要原因是人为失误，而人为失误的主要来源是驾驶舱中的决策失误。如今，CRM 培训包括广泛的知识、技能和态度，包括沟通、情境认知、解决问题、制定决策和团队合作。

令人遗憾的是，项目管理行业在认识团队成员共同决策的重要性方面仍落后于航空、消防安全和其他行业。此外，大多数人认为项目经理是管理者也是最终的决策者。这直接导致了"沮丧员工综合征"。

正如你所记得的，培训可以帮助我们提高决策技能。因此，训练项目团队成员一起工作、一起做决策、一起分享收获，有助于防止"沮丧员工综合征"。如果你有健康问题，你会咨询医生。如果你的组织患了"沮丧员工综合征"，就要联系项目管理顾问，对你的组织进行重新培训，并消除"沮丧员工综合征"的症状。

如果你在一个染上"沮丧员工综合征"的组织中工作，又不是高管，那么你就会处于非常尴尬的境地。你对改变这种情况无能为力。最好的做法是，提高管理者对这种情况的认知，但你胆敢这么做的话，可能就要更新你的简历了。另一个极端做法就是保持低调，期待管理者意识到这种情况并采取行动。

或许，最明智的做法是，集中精力改善项目中的特定环境，在你的权力范围内，集中力量为你和团队创造可能的最佳环境。即使组织中的其他部门感染了"沮丧员工综合征"，这个策略仍然可以帮助你免受其害。

本章小结

▶ "沮丧员工综合征"是一种企业文化疾病。它限制了决策,不能为项目贡献者提供足够的激励。

▶ 许多高层管理者没有意识到他们的组织感染了"沮丧员工综合征",因为"沮丧员工综合征"的负面影响可能需要很长时间才会显现出来。

▶ 通常,项目管理者应当成为决策流程的促进者,而不是主要决策者。

▶ 即使组织感染了"沮丧员工综合征",也可以做一些事情来改善工作环境。尤其应让你的项目团队从优化的决策制定流程中受益。

第 2 部分
构建决策框架

第 8 章
识别问题并评估情况

决策分析流程涉及多个参与者，其中包括决策者、决策委员会或审查委员会、主题专家和决策分析师。评估业务情况涉及收集和分析与决策相关的数据。有一些工具可用来识别问题和评估业务情况。

↘ 都有哪些角色？

在回顾决策框架（决策分析流程的第一阶段）之前，我们来看看都有哪些角色。每类电影中都会有一系列不同的角色。例如，谍战片中的角色有：

- **英雄**。他管理的项目可不是一般人能够胜任的（大多数项目经理也是如此）。
- **恶棍**。他的第一个小项目就是摧毁银河系，他有办法做到这一点，却不知道为何要这么做（许多项目发起人也是如此）。
- **英雄的女朋友**。她是英雄的项目相关方之一，然而，她可能完全不知道自己在项目中的利益是什么（许多项目相关方也是如此）。
- **间谍工具大师**。他为英雄提供了极其昂贵的技术，一般英雄只用一次，也不用付费。

项目决策分析中的角色也有着与此相似的典型特点。

- **决策者**。决策者是掌管钱袋子的人。他可以是项目经理、行政经理甚至是公司的首席执行官。这个项目完全依靠此人所做的决策。令人疑惑的是，我们总是搞不清谁是决策者。项目经理是否有权购买项目管理软件？决策是由更高层级的人做出的吗？对于某个特定决策，尤其是战略决策，明确谁是决策者是非常重要的。

- **决策委员会**。由主题专家组成的小组，负责协调组织内的决策分析流程。决策委员会负责提出备选方案，并提交给决策者。决策委员会有多种名称：评审委员会、评审指导委员会或决策委员会等。决策委员会可以包括决策者、项目经理、行政经理、产品推介人和主题专家。通常，如果项目团队的人数较少，那么每个人都可以成为决策委员会的成员。我们已经有了决策者，为什么还需要决策委员会？如果你还记得第 6 章的内容，就知道群体比个人更能做出好的决策。
- **主题专家**。这些专家可能是也可能不是决策委员会的一分子，但其为决策分析流程提供了有价值的建议。
- **决策分析师**。决策分析师有助于指导决策委员会和主题专家完成决策流程。决策分析师帮助构建决策框架，建立价值评估模型，实施定量分析，并应用适应型管理方法。可同时由几个人各司其职，例如，专业建模人员建立估值模型，决策流程促进者在会议期间担任主持人。

大型组织在进行复杂决策时必须有这些不同的角色（承担相应的责任）。实际上，在大多数项目中，这些角色是结合在一起的，大多数团队成员会同时有几个头衔。不过，让尽可能多的来自不同领域的人参与决策流程也是非常重要的。

在决策委员会和主题专家开始分析之前，你要做好两件事。

1. 项目团队应该认识到，主题专家可能在某个项目方案的选择上有个人利益关系，这会引起动机偏见。

2. 运用激励措施激励决策委员会的成员和主题专家，这些措施要与项目成功挂钩。

↘ 识别问题与机会

识别问题与机会这一步骤并不像看起来那样微不足道。当你开始一个新项目时，首先找出问题的真正原因或根本原因是非常重要的。需要提及的是，我们的认知与动机偏见会导致我们很难找到问题的真正原因，也很难发现解决问题的机会。

下面，我们举一个例子。你已经开发出了一项潜力巨大的技术，但你并不清楚市场是否有需求。不管怎样，因为你很喜欢该技术并想实现投资回报，所以你想尽快把它推向市场。这就是所谓的技术驱动型开发。你很有动力学习技术然后将它推向市场，但你不会分析人们是否真的需要它（行业需求）。有时，甚至有可能根本没人需要该技术。在新产品开发中，一个常见的困境是采用技术驱动还是市场需求驱动。很多项目失败的原因是，未能识别真正的机会（或根本没去识别）。

唉！很遗憾没有神奇的工具可以帮助你识别项目的问题与机会。动机或认知偏见可能让人无法识别问题或机会，认识到这一点至关重要。请运用第 5 章介绍的技术来克服创造力障碍，尽可能地鼓励团队参与，运用头脑风暴和专家访谈技术。

↘ 评估业务状况

这一步需要做的是收集数据，识别它与决策的相关性，并确定哪些信息对决策的影响最大。对于不同类型的项目，与业务情况有关的信息种类也会有所不同。因此，应该为特定项目的需求创建一个清单。

在项目启动阶段应审查的事项包括：

- 可用资源，包括物质和人力资源。
- 人力、材料和用品的费用。
- 竞争。
- 市场状况，包括市场趋势。
- 组织为本项目提供的专门知识。
- 组织为本项目提供的业务流程和最佳实践。
- 适合本项目的组织绩效制度和企业文化。
- 法律和监管环境。
- 在某区域或国家开展业务的地点。
- 客户关系。
- 天气和其他环境因素。
- 项目融资。

在项目启动和项目进程中，当需要做出关键决策时，评估相关业务的状况非常重要。

第 8 章 识别问题并评估情况

我们既不是从事间谍活动的专家,又不是间谍。与项目经理相比,电影中的间谍在评估现场情况时,表现出既快又准的高超能力。例如,在詹姆斯·邦德系列电影《诺博士》中,当詹姆斯·邦德抵达牙买加金斯敦时,他首先评估了当地资源的可用性及能够帮助他完成任务的人。他会见了中情局特工费利克斯·莱特和他的助手夸雷尔。他收集了与任务有关的场地信息。他还特别选了几个地方测试信号。根据这些信息,他预测了最后一次与邪恶的诺博士遭遇的时间和地点,并制定出相应对策。实际上,评估现场情况是詹姆斯·邦德在每部电影中都要做的事(见图 8-1)。

图 8-1 詹姆斯·邦德在评估现场情况

肖恩·康纳利在阿姆斯特丹拍摄电影《永远的钻石》(罗布·米埃梅特 摄)

↳ 几种工具和技术

以下几种工具和技术可以用于识别问题与机会及评估业务状况。

思维导图。 当涉及构建决策框架时,可以用思维导图做几乎所有的工作,该工具能记录思维过程的每个步骤，然后用结构化的方式呈现出来。这也正是在决策流程中要做的工作。

流程图。商业环境总是在变化。流程图有助于反映这一过程。你可以用菱形块（代表"如果"）来定义，例如，如果商业环境朝某一方向发展，那么你接下来将采取的具体措施。

因果图。《PMBOK®指南》中的因果图通常运用在质量管理和风险管理中。如果你试图找出问题的根本原因，因果图就很管用。因果图是由石川馨创建的，也被称为鱼骨图（见图8-2）。

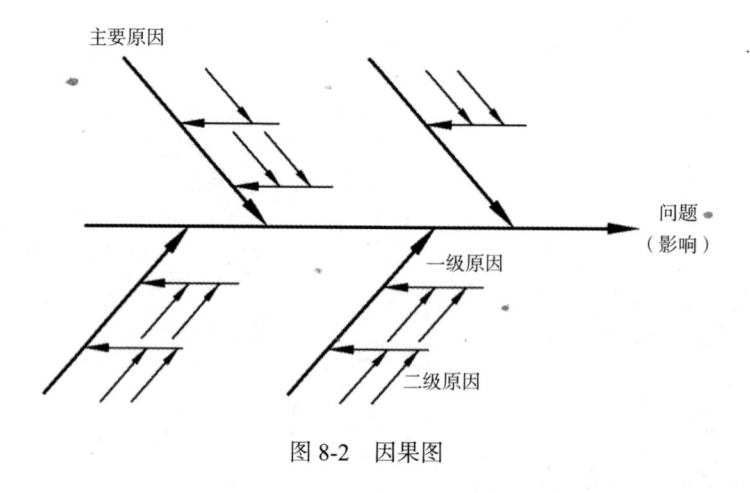

图 8-2　因果图

力场图。力场图呈现了在中心主题或问题上的支持力量和反对力量（见图8-3）。

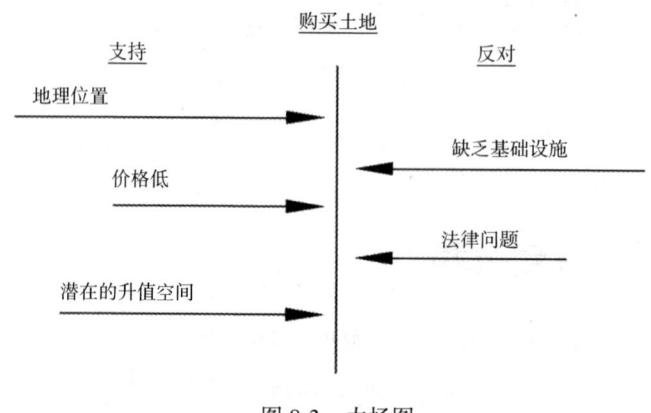

图 8-3　力场图

本章小结

- 参与决策流程的人包括决策者、决策委员会（也称为审查委员会）、主题专家和决策分析师。在小项目中，可以将角色进行合并。
- 识别问题与机会并不是一个简单的流程，特别是在新产品开发中。
- 评估业务状况包括收集信息，然后分析和确定与项目相关问题的优先级。
- 思维导图、流程图、因果图和力场图都是构建决策框架的有效工具。

第9章
定义项目目标

一个项目可能有几个目标，因而也会有几个决策标准。要选出可行的方案，决策者就要做出权衡。与目标保持一致对实现项目目标来说非常重要。可以通过设定基本目标的层级结构或方法目标的网络结构来确定项目目标并做出权衡。

决策制定中的不同目标与不同标准

《比尔科中士》是一部令人捧腹大笑的电影（由史蒂夫·马丁主演，1996年），后来又被拍成了电视连续剧（由菲尔·西尔弗斯主演）。在美国陆军服役期间，比尔科参与了一些运营和项目活动（实际上更像逃避现实），包括赌博，组织体育比赛，出租军用车辆，甚至在军营里建立一个日托中心。显然，比尔科的目标与他的雇主美国陆军完全不同。在电影中，虚构的军事组织巴克斯特堡的主要目标之一是设计和开发坦克，而不是帮比尔科敛财。

识别项目目标似乎是一个微不足道的流程。通常，项目经理会跳过这一步，因为他们认为一切都很清楚：项目必须在预算内按时完成，并满足需求。然而，项目目标之间往往会相互冲突，应仔细平衡这些目标才能做出正确决策。

在《PMBOK®指南》中，项目管理的一个重要步骤是"建立清晰和可实现的目标"。它将项目目标定义为指导工作的方向、要达到的战略地位或目的。在项目整合管理中的制定项目初步范围说明书的过程中，要求识别项目目标。

在做决策时，项目经理需要使用各种指标来确定哪些备选方案能最好地实现项目目标。这些指标被称为决策标准。以比尔科中士为例，因为比尔科和美国陆军有不同的目标，所以也有不同的决策标准（见表9-1）。

表 9-1　美国陆军和比尔科中士的不同目标和不同决策标准

	比尔科中士	美国陆军
目标	1. 比尔科所在部队的财务业绩 2. 娱乐和赌博	1. 提高备战能力 2. 坦克原型的设计与生产
决策标准	1. 经济收入 2. 娱乐和赌博的服务质量 3. 不要搬到格陵兰岛	1. 军事训练质量 2. 在预算内按时完成坦克开发项目

事实上，用目标冲突的方法来制造笑料，可以让喜剧的票房源源不断。如果你想制作一部成功的喜剧，可以按照下面这个简单的步骤如法炮制：

1. 编一个故事，最常见的喜剧故事涉及约会、离婚、抢劫银行或遭遇外星人。
2. 为故事的每个角色定义不同的目标。
3. 请史蒂夫·马丁来当主角。
4. 然后，轻轻松松地让你的会计数钱就行了。

令人遗憾的是，糟糕的项目管理对那些遭受其恶果的人来说从来就不是一部喜剧。因此，与项目目标保持一致必须成为项目管理者的要事。若一个项目有多个目标，项目经理就应该选择多元化的决策标准来制定决策。这个流程被称为多标准决策，可以选取下述标准：

- 净现值、回报率和项目成本等经济指标。
- 项目持续时间的指标，如总持续时间、完成时间和某阶段持续时间。
- 资源指标，包括物质资源和人力资源。
- 项目范围指标，如已完成的功能数量。
- 质量指标，如缺陷数量。
- 安全指标，如事故次数。
- 环境指标，如排放污染物的水平。

并非所有工作都可以被量化。例如，很难对工作环境或商务沟通的改善进行量化。不过，这些要求也应该纳入决策标准中。

↘ 与项目目标保持一致

为什么我们会有不同的目标并采用不同的标准来做出选择？有两个主要原因：

1. 项目必须满足不同的条件和制约因素，如在预算内完成，准时交付并按规格完成。
2. 项目相关方会有不同的预期，因此他们可能有不同的目标并采用不同的决策标准。

目标冲突的一个例子是，长期目标和短期目标间的差异。一家公司应尽快完成一个软件开发项目呢？还是延长时间来改进软件架构，以便更好地实现未来的软件升级呢？

在《PMBOK®指南》中，也介绍了一些目标冲突的例子。例如，一家电子制造公司的研发副总裁希望使用最先进的技术，制造副总裁希望实现世界级的运营，营销副总裁却专注在一些新功能上。这不是件坏事。当不同的相关方有不同的目标时，只要项目经理能够对它们进行适当的平衡，项目就会因此受益。

通常，项目目标的冲突不会在一开始就出现。即便如此，个人、群体、项目团队和部门还是会在项目进程中产生冲突。目标冲突的典型例子通常关乎股价。高层管理者的目标是提高和维持公司股价而不是提升公司的项目绩效。

个人目标可能与组织目标不同，因为项目团队中的每个成员都会有不同的个人企图和动机。如果一个人想在组织里步步高升，就会规避风险，不碰那些有风险的项目，如新产品开发的项目。参与有风险的项目越少，受到的指责也就越少，越有利于晋升。结果就是，整个组织都不接受有风险的项目，也就无法获得更大的潜在收益。

> 决策分析流程不能解决项目相关方在项目目标上的差异。然而，这一流程会将期望与目标的潜在差异暴露出来。

这个情景听起来熟悉吗？因为目标不同，所以个人的成功标准（晋升）和项目的成功标准也就不同。

还有许多目标不一致的情况。通常，项目发起人和项目团队的目标会有所不同。此外，在项目进程中，项目目标和决策标准也会发生变化。

决策分析是一门权衡的艺术

通常，我们都无法同时实现所有目标。因此，必须做出权衡。在充分了解项目目标和决策标准的情况下，项目经理就可以知道在何时采取行动并做出合理的决策：牺牲一个目标（通常只是其中的一部分）来实现另一个目标。

决策分析是如何帮助项目经理确定目标和做出权衡的？实际上，对于大多数项目来说，并不需要进行复杂的定量分析。这里，我们提供三个简单的建议，你可以在项目启动阶段进行，也可以在你需要做出关键项目决策的任何时间段内进行。

1. 识别项目目标，包括项目相关方的目标，并考虑这些目标的不同之处，根据这些目标来确定决策标准。
2. 对这些目标进行排序。确定哪些目标是最重要的。
3. 确定可行的权衡方案。诚然，权衡方案是非常主观的，但决策分析方法提供了一个框架，使得这些权衡方案更具逻辑性和一致性。

决策分析中涉及了许多工具，可以使用这些工具来实施这些步骤。确定项目目标的常用方法之一就是项目目标分解结构。

项目目标层级结构

正如你看到的那样，项目都有一些目标，它们之间可能存在着复杂的关系。梳理这些关系最简单的方法是画一张图，图中应包含目标、排名及相互关系。

一般来说，有两类目标。

1. 基本目标是项目必须要完成的目标。例如，提供娱乐服务和利润最大化是比尔科想要实现的基本目标。

2. 方法目标是有助于实现基本目标的方法。例如，通过"组织高尔夫球锦标赛""销售比尔科啤酒"或"出租军车"这些方法能帮助比尔科实现基本目标。

如何区分基本目标和方法目标？最简单的方法是应用 WITI 测试（Clemen and Reilly, 2013），即为什么这很重要？（WITI 是"Why Is That Important"这句话的首字母缩写。——译者注）这个问题也可以变为："为什么比尔科要向士兵们出售杂志？"如果答案是"利润最大化"，那么利润最大化就是比尔科的基本目标。

目标之间的关系可以用层级结构（基本目标）或网络结构（方法目标）来表示（Keeney，1996）。图 9-1 是用于目标分析的一种结构图。假设你参加了一个相亲活动。任何一个参加过这种活动的人都知道，如果这个活动组织得不好，结果可能是令人沮丧的。找到合适的对象是基本目标。现在，你问自己："这个活动对我而言意味着什么？"你的答案可能是，想找到一个和你兴趣相投，有吸引力，有相近的文化、宗教或社群，没有坏习惯，独立并富有的人。

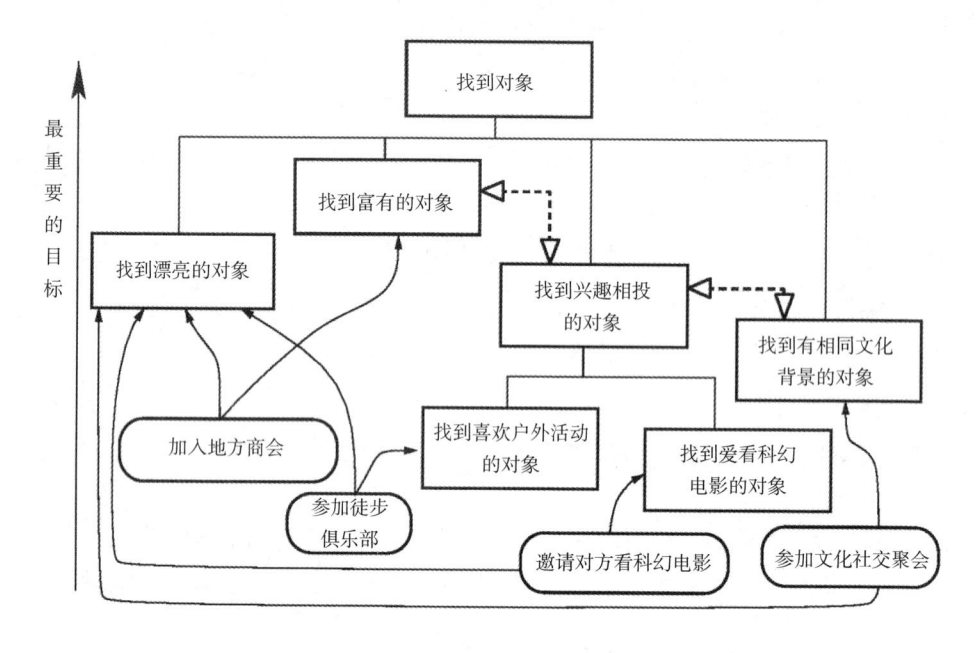

图 9-1　项目目标层级结构

每个目标都可能有其他更具体的目标。例如，如果你想找与你有共同兴趣的人，请注意你的对象可能喜欢也可能不喜欢足球。在图中，用矩形表示基本目标。

在创建了这个层级结构之后，问自己一个问题："我如何才能实现这些目标？"它将帮助你提出方法目标。例如，如果你想找与你有共同文化偏好的人，那你可以参加一些活动，如音乐会、歌剧演出、狩猎俱乐部或巫术崇拜者集会。在图中，用椭圆表示方法目标。

接下来，我们对这些目标进行排序，并将最重要的基本目标放在图的顶部。然后，确定权衡方案。如果你想同时实现这几个目标，就可能根本无法完成这个项目。在"找对象"的例子中，如果你遇到一个兴趣相投的人，就不要太看重对方的财富了。需要提及的是，你在找对象时可以这么做，但不要在已染上"沮丧员工综合征"的公司惹麻烦（作者想表达的是，你在找对象时自己可以做主，而染上"沮丧员工综合征"的公司是不允许你自己做主的。——译者注）。这些权衡可以用图上的虚线来表示。

尽最大可能实现项目目标

项目目标有时可能无法实现。例如，需求可能不明确，并随着时间推移而变化。项目经理的目标是，最大限度地实现项目目标（Keisler and Bordley，2015）。这相当于将项目客户的预期效用最大化（如第 4 章所述）。当需要实现多个项目目标时，可以运用多属性效用函数来寻求解决方案，以便同时满足多个目标（Bordley and Kirkwood，2014）。

本章小结

- 大多数项目都有许多不同的目标，其中一些目标可能相互冲突。
- 项目目标与选择项目备选方案的决策标准或指标有关。
- 项目相关方会有不同的预期，因此会有不同的项目目标。目标冲突可以纳入项目整合管理中进行管理。
- 构建决策框架包括：①识别项目目标和决策标准；②设定目标权重；③进行权衡。
- 可以用图形来表示基本目标的层次结构和方法目标的网络结构，图形有助于分析目标并权衡目标之间的关系。

第 10 章
生成备选方案与识别风险

可以使用以下几种技术来识别风险并生成备选方案：文件审查、信息收集技术（德尔菲技术、SWOT 分析和其他技术）、假设分析和各种图解技术。风险模板可用于识别风险的流程。风险应对规划用来确定，当风险一旦发生时，将选择何种做法。风险登记册有助于监督和管理项目风险。

↘ 识别风险与不确定性

项目的方方面面都具有不确定性。在两周后，你是否还是项目经理？这还真不好说。你今天还是项目经理，或许你明天中了 1 000 万美元的彩票，就马上退休到棕榈滩度假去了呢（也不要太安逸哦）。在启动项目前，你需要确定潜在的不确定性，识别对项目造成影响的风险事件，并生成针对各种情景的应对方案。可能影响项目计划的不确定性包括：

- 活动期限和费用。
- 活动之间的滞后期。
- 分配到不同活动上的资源。
- 资源费率。
- 风险影响。影响活动的事件的不确定结果，如成本增加 30%~45%。
- 日历。如某些日期因天气原因而不可用。
- 工作分解结构。在某些条件下执行或不执行任务。

《PMBOK®指南》将识别风险定义为项目管理的核心过程之一。按照其所述："识别风险是一个持续迭代的过程，因为在项目生命周期中会不断有新风险被识别。"《PMBOK®指南》提供了一些用于识别风险的工具和技术，它们也可用来生成备选方案：

- **文件审查**。对与当前和过往项目有关的项目文件进行审查。如果计划与需求不一致，就会有潜在的风险。
- **信息收集技术**。包括头脑风暴、德尔菲技术（见第 11 章）、访谈、决策会议和 SWOT（优势、劣势、机会和威胁）分析。
- **假设分析**。通过审查在项目初始假设中不一致或不准确之处来识别风险。
- **图解技术**。包括流程图（见第 8 章）、因果图（见图 8-2）、影响图（见图 12-4）、事件链图（见图 17-4 至图 17-9）和思维导图（见图 6-3）。

↘ 生成备选方案

我们往往会忘记提出备选方案，也只有在担心主计划不起作用时才会考虑备选方案。这一做法在许多虚构英雄的行为中得到充分体现：蝙蝠侠、超人和蜘蛛侠都很少制定备选方案。他们在抓捕犯罪分子和恶棍时，只是一味地追击，直到将对方绳之以法。即便是詹姆斯·邦德，他也很少考虑备选方案，虽然他分析形势的能力令人敬佩。其实，可以把恶棍的藏身之处变成社区中心，而不是把它变成燃烧的废墟。也不要将犯罪分子绑在导弹上并将其发射到空中，可以让他们在社区里向青少年介绍吸烟的危害。哈姆雷特以双向选择而著称，他总有两个备选方案："生存还是毁灭，这是个问题。"

遗憾的是，项目经理从超人那样的超级英雄而不是哈姆雷特那里得到了太多的灵感。如果你想选择最好的方案，问问自己，遇到这种项目情景，有什么备选方案。这个非常简单的习惯会大大减少糟糕的决策。在这个阶段，最重要的是创造力，同时也要认识到创造力障碍带来的问题。我们已经在第 5 章讨论过这个问题。

可以通过以下几种方式生成备选方案。首先，找到所有不能改变的参数。如质量和安全。在实际项目中，常常先在质量和安全上做出让步。其次，开发出与成本或持续时间相关的备选方案。最后，利用战略表（见图 10-1）。战略表是为每个目标进行备选方案分析的有效工具，它可将每个备选方案关联起来。

成　本	质　量	范　围
采购材料	在每个项目阶段进行测试	提前澄清需求
降低人力成本	使用质量保证工具	定期向客户展示产品
限制燃料成本	聘请更多的质量保证分析师	使用需求管理系统

图 10-1　用于识别项目备选方案的战略表

激发创造力以找出问题和机会。我们可以使用一组筛选因子（见图 5-2）。筛选图是分析问题和机会的有效工具。下面介绍技术驱动型初创企业在开发新产品时使用的筛选因子清单。

- 创意不能是全新的。不要成为技术上的先行者，因为技术先锋很少在商业上获得成功。与之相反，尝试为当前问题提供改进型解决方案。
- 创意要有可扩展性。能够围绕这个创意构建出一系列产品和服务。
- 创意不要太小了。对于所有小创意来说，要么别人已经有了，要么花费大量资金来生产和销售不划算。
- 创意要有技术门槛，别人很难模仿。

↘ 风险分解结构

可以将一切事物进行分类。我们从未遇到过的外星人已经被放进科幻类电影中了——片中的外星男人和女人肤色幽绿、个头矮小、身材苗条、长着大大的脑袋。我们对事物进行分级或分类并不是一种嗜好，而是为了帮助我们了解问题的本质。例如，风险可以归属不同的类别，如外部和内部风险，或者组织和技术风险（见附录 C）。这种层次结构不仅在识别风险时有用，而且在定量分析风险时也有用。当运用事件链法进行分析时，风险分解结构是主要输入之一。

↘ 风险模板

《PMBOK®指南》建议使用"核对单分析"作为识别风险的主要技术。该技术能帮助你创建一组标准的风险清单，该风险清单可以适用于很多项目。你可以拿着这个风险核对单，逐个条目检查并问自己："这个风险会发生在我的项目中吗？"这么做可以减少可得性启发法的负面影响。如果你受到可得性启发法的影响，就会只记得最近发生的事件或与重大事故相关的事件。

《PMBOK®指南》建议利用"历史数据"来创建风险模板。遗憾的是，没有通用风险模板可以适用于所有行业和所有类型的项目。很多模板，包括《PMBOK®指南》中的模板都是通用型的模板，它可能与你的具体项目有所不同，但你可以把它作为创建自己风险模板的基础。然后，定期审查和更新自己的定制风险模板。

在与项目管理相关的书籍中也会有许多风险清单的例子，也可以把它们用作模板。肯德里克（2015 年）提出了一种更好的模板类型：风险调查问卷。每个风险下面都有 3 个选项，项目经理可以根据风险在项目中出现的频度进行选择：①在任何时候，②大约一半的概率，③少于一半的概率。这么做有助于项目经理定性了解风险发生的概率。

附录 C 中提供了 3 个风险模板。附录 A 中列出的一些软件工具也可以帮助你创建新的风险模板，并保留已有的风险模板，有效利用这些模板可以帮助你进行定性和定量风险分析。

↘ 风险应对规划

假设你已经识别了风险，进行了分析，并将结果准确无误地报告给了决策者，接下来项目启动了。如果风险真的发生了，你会怎么做？你的行动取决于你预先制定的风险应对规划。这个规划非常重要，因为用于应对风险的未来措施会影响项目的成本和持续时间。

《PMBOK®指南》建议在定性和定量风险分析之后规划风险应对。我们还没有介绍定量分析，但建议你在决策分析流程中的建模阶段规划风险应对。《PMBOK®指南》和本书有矛盾吗？没有！因为大多数定量分析方法，包括事件链法和决策树分析，都需要将风险影响的详细信息作为输入。无论如何，你都要根据分析结果来更新初始风险应对计划。这是寻求最有效解决方案的迭代过程。

《PMBOK®指南》介绍了几种针对威胁和机会的应对策略。我们从威胁讲起。假设你负责机场的安全，突然收到恐怖分子试图将炸药偷偷带到飞机上的情报。这时，你会怎么办？

1. 规避。彻底消除风险。关闭机场并取消所有航班，这是一个非常可靠但极具破坏性的解决方案。另一个解决方案是澄清情况。这也许是一个错误的情报。可以通过澄清需求和获取更多信息的方法来消除在项目早期识别的许多风险。

2. 转移。将风险责任转移给第三方。采取安保措施阻止恐怖分子袭击飞机，但他们可能转而袭击火车、公共汽车或住宅。

3. 减轻。降低风险发生的概率或减轻其产生的影响。通常，完全消除风险是很难的，也没有必要这样做。可以采取额外的安全措施，例如，加强对乘客和行李的检查。如果你采取这一策略，就要创建风险减轻计划。需要定义在风险发生时应采取哪些行动。

4. 接受。被动接受是一种"不作为"的策略。当风险的概率或影响微不足道时，就根本不用应对它。如果不相信有恐怖分子，就可以接受风险。在主动接受策略中，需要创建资源储备，例如，预先安排更多的安保人员来应对未知的威胁。

现在，从恐怖分子的角度来看这个问题。恐怖分子正想方设法将炸药带到飞机上并将其炸毁。为了更好地掌控局面，了解对手的行动是非常重要的。恐怖分子会做些什么来提高其成功的概率呢？

1. 开拓。创造条件确保机会肯定实现。恐怖分子采用一种有创意的炸弹制造技术（可食用的炸弹或袜子炸弹），让专用的安全检测设备无法探测到。

2. 分享。恐怖分子依靠第三方来更好地抓住这个机会。例如，寻求安保人员的协助。

3. 提高。为了提高该机会的成功概率，恐怖分子会减少在安检过程中被查出的概率。他衣着考究，举止得体，与大众印象中的恐怖分子形象完全不同。

4. 接受。恐怖分子可能选择不做任何额外的事情而通过随机应变来提高其成功的概率。

如何制定风险应对策略取决于决策者的风险态度（在第4章的决策原则中有所提及），即组织或个人愿意接受风险的水平。

例如，美国和以色列的机场安保很严，因其风险承受能力极低。其他国家的机场安保工作不尽相同，但都体现了不同的风险承受能力，并反映在安保流程中。

风险登记册

现在，你已经为项目创建了一个风险清单，它是什么样子的呢？较为简单的风险清单是一个包含风险名称、风险描述和应对措施的文件或电子表格。在决策分析流程的情境建模阶段，还会增加风险概率和影响等信息（将在第 13 章介绍）。这份文件被称为风险登记册。

许多组织都有很多可能影响不同项目的风险清单。这些风险信息可以由不同的人员在不同的时间更新。此时，风险登记册被保存在数据库中（见附录 A）。除了风险描述和应对措施，风险信息还可以包括：风险类别、根本原因、触发因素、责任者、与风险相关的项目活动、当前状态、与风险相关的历史信息及批准和修订的日期。例如，当你在生产航天器时，如果发现一条关键管道出现了裂缝，这个裂缝会危及安全，那你最好把这个信息记录到数据库中。这样的话，该裂缝就会被关注，被跟踪，并最终被负责它的人修复。此外，要根据定性和定量风险分析的结果，仔细地更新风险登记册。

本章小结

- ▶ 头脑风暴、访谈、文件审查、图解技术和其他一些方法有助于识别风险和不确定性，并生成备选方案。
- ▶ 战略表和筛选图是易用的生成备选方案的技术。
- ▶ 组织定义风险模板并将其用于识别风险。
- ▶ 四种应对威胁的策略是规避、转移、减轻和接受，四种抓住机会的策略是开拓、分享、提高和接受。
- ▶ 将识别风险的结果记录在风险登记册中。对大型组织和复杂项目而言，风险登记册是一个庞大的数据库。

第 3 部分

情境建模

第 11 章
估算中的心理因素与政治因素

导致估算错误的三个原因有：政治因素、心理因素和技术因素（与流程相关）。内部的政治因素在估算错误中起了很坏的作用，因为公司的规划者往往有意做出不切实际的估算，以确保他们的项目能获得批准。乐观偏见、计划谬误、π法则和其他认知偏见也会造成估算错误。许多简单的技术可以用来改善估算，如避免胡猜、收集相关历史数据，进行真实性检查与对标，以及独立评估。

↘ 如何估算？

现在，我们来探讨项目决策分析和项目管理中最重要的主题之一：估算。针对这个主题写的书不计其数，很多顾问靠这个业务获得了不菲的收入。你买了多少款估算软件却没能用起来？无法统计吧！可是，我们仍然无法提供准确的项目估算结果。

从本质上讲，估算是对未来的预测。令人遗憾的是，我们不太擅长做预测。我们很难预测天气这样的自然现象，更难以预测涉及人的流程，因为人会具有一定的知识、行为偏见。项目管理就是这些流程中的一个。

估算是决策分析和建模中极其重要的一个步骤。如果没有对项目的持续时间、完成时间、成本、资源、成功率和其他参数进行正确评估，就不可能选择最佳的方案来落实项目。

在专业项目或个人生活中，为什么在许多活动上实际消耗的时间要比最初的估算长得多？下面，我们通过分析一个软件开发项目的例子，来说明在项目中是如何做估算的。假定程序员熟悉任务范围，但还没有开始估算。下面是程序员和项目经理在启动会议上的对话。

项目经理问程序员："完成这个工作包需要多长时间？""嗯……大概……要五天吧。"程序员回答。项目经理又问："你确定吗？""是的，如果一切顺利的话，大概需要五天"。

在几小时后，项目经理将这个估算信息输入项目进度表。在完成进度表后，该进度表俨然成了一个包含上百项任务和十几个里程碑的鸿篇巨制了。项目经理把进度表打印出来贴在墙上。他像艺术家一样欣赏着墙上的作品，心想："在上一个项目快收尾时，我们被搞得手忙脚乱。这次不一样了，一切尽在掌握。"

项目开始了。实际上，项目并没有按时启动，因为三个程序员正忙于解决上一个项目的遗留问题。接着，需求发生了变化。当他们开始讨论任务时，项目已经至少比计划晚了三天。此时的项目进度表已经变得面目全非了，但没有人会真正看它。他们认为，《星际迷航》这部电影都要比挂在墙上的甘特图更为真实。

在延迟了三天之后，程序员着手开始他的任务。他突然想起最初的估算。他想："我应该能在五天内做到，也许还会更快。"星期一，他开始写代码，尽管一切看起来都那么简单明了，却无从下手。星期二，他花了一整天时间学习如何使用新工具。星期三，刚上班，他就参加了一次消防演习，然后花了一小时在停车场里发呆。之后，他又打了几小时电话，回答之前一个项目的问题。他还没开始写代码。星期五，又碰上公司的甜甜圈日，这是消磨时光的最佳日子。这时，我们的程序员已经耗光了他最初估算的时间！

又到了周一，程序员和项目经理会面了。"一切都准备得差不多了。"他信誓旦旦地说。"只是有一点点延迟，因为我必须学习一个新工具，但我已经解决了几乎所有的问题。"程序员在会议上继续说（IT人所说的"几乎所有"实际上是"一半"的意思）。项目经理当然能听懂程序员的这个说辞，但他只能装着没听见，因为他没有选择。在解决了上周发现的几个大问题和一些小问题后，程序员终于在星期五完成了任务，比最初的估算整整多出一周的时间。幸运的是，任务不在关键路径上。遗憾的是，处在关键路径上的任务也在上演着同样的故事。

软件项目不会完全失败或被取消。通常，会找一个"质量和可用性问题"的理由推迟发布。意思是软件可以用，只是不会按原计划完成而已。如果将该软件比作汽车，这辆车可能没装前灯，开启雨刮器时偶尔会反转。此时，客户的抱怨随之而来,他们无论如何也不会大规模使用该软件。软件(Software)因此就成了被束之高阁的"柜中物件"(Shelfware)。

这就是这个"离奇故事"的始末。它始于糟糕的估算和不切实际的项目进度表,最终以丢人现眼而结束。现在,我们来试着了解为何人们会犯这些错误。问题的根源在于人的心理,我们将首先对其进行分析。

↘ 估算时如何思考?

回到程序员和项目经理在一开始的对话。在回答需要多长时间完成工作时,程序员说,"嗯……大概……要五天吧"。你也可以试下,说完这句话应该不用 4 秒钟,包括你在句子中的停顿时间。要知道,我们假定了程序员已经了解任务范围,他只用了几秒钟便做出了估算。下面是他的心理过程:先回忆任务范围,然后回忆以前做过的类似项目(类似的范围或开发工具)。接着,开始将这些任务与当前任务进行比较,然后给出一个大致的答案——4~5 天。程序员几乎是在瞬间进行分析的。但这不是真正的分析,而是基于记忆的直觉判断。

程序员花了 4 秒钟得出一个被人接受的估算。如果估得太短,就不能按时完成工作。如果估得太长,项目经理就会不满意(项目经理不是傻瓜,会有他自己的估算)。这是一个很好的动机偏见的例子,程序员明显带着个人利益在做判断。

当项目经理问"你确定吗"时,程序员并未再进行分析,他只是想知道他的回答是否令项目经理满意。更何况,你可能没有注意到,他没有时间或信息来了解任何潜在的风险,只是委婉地用了"如果一切顺利的话"这个说辞。

用 4 秒钟就能进行深入思考,这真的是令人不可思议。更令人啧啧称奇的是,这样做的估算还可能是完全正确的。要知道,这种估算方法只有在以下情景才会有效,即你做过大量类似工作,同时你牢牢地记住了这些经历。然而,在研发项目或新项目中,这往往是不可能做到的。

↘ 政治因素对估算的影响

为什么人们会常常做出糟糕的估算?至少有 3 个原因:

1. 政治因素和组织压力。
2. 心理问题。
3. 技术问题，包括与实施项目管理流程有关的问题。

Bent Flyvbjerg 和他的同事审查了大量大型交通运输项目（Flyvbjerg 等人，2002）。他们发现，项目策划者往往有意低估成本并高估收益以便使项目获得批准。Flyvbjerg 发现，在十个交通基础设施项目中有九个项目的成本被低估（见表 11-1）。他的研究表明，过去 70 年来，即便使用新的项目管理工具和技术，也未能减少低估成本的情况。

表 11-1　交通运输项目成本估算中的问题统计（改编自 Flyvbjerg 等人，2002 年）

项目类型	项目数量（个）	平均成本超支率
围栏	58	44.70%
固定连接（桥梁及隧道）	33	33.80%
路	167	20.40%
所有项目	258	27.60%

那么，项目策划者是如何进行低估的呢？在预测上做手脚的方法之一是，有意降低风险发生的概率。欧洲隧道公司是一家拥有英吉利海峡隧道的私人公司，在 1987 年上市时，该公司告知投资者，成本上升的风险概率很小，只有 10%。而实际风险很大，实际成本比预测的高出两倍。

英国政治家 Benjamin Disraeli 有句名言："谎言有三种，谎言、该死的谎言和统计。"他发现了概率分析中的一个"有趣"现象。如果允许对某些事件使用不准确的概率，项目经理或规划师就有可能左右决策，这样做出的决策就会给组织或相关方带来灾难性的后果。此外，也很难识别这些活动，他们从来没有说事件不可能发生，只是说事件发生的概率很小而已。

↘ 心理因素对估算的影响与 π 法则

组织中的政治因素无疑在估算中起着重要作用。认知心理学是否也是如此呢？

在估算中一个有趣的现象就是 π 法则，它是指一项活动的实际持续时间（成本）是其原始估算的 π 倍，π 是圆周率（3.1415…），哪怕估算者知道这一法则，也是如此。

无论怎么做估算，即使意识到自己有低估的倾向，我们也总是会低估。这听起来奇怪吗？如果你仔细思考一下就不会了。为什么我们用尽所有时间和金钱，仍然一再迟到？因为我们把太多的活动放进项目中，希望能取得项目成功。这种一厢情愿的想法往往是问题的根源。

> π 法则：一项活动的实际持续时间（成本）是其原始估算的 π 倍，π 是圆周率（3.1415…），哪怕估算者知道这一法则，也是如此。

你也许会问，为什么称为"π 法则"。事实上，这是有意选取的一个数，而不是一个完全准确的数，它强调了这样一个事实：估算中的错误非常严重。另外，这个法则是由程序员提出的，他们希望用这个人人都知道的数学符号来提醒他人。

π 法则与已知的心理问题有关，如计划谬误（Buehler 等人，1994）和乐观偏见（Kahneman and Lovallo，2003）。这些心理问题是如何与估算产生关联的？根据其中的一种解释，人们往往不考虑项目范围外的风险或其他因素。他们还会低估多个风险交织且发生概率不大的高影响风险，因为他们认为每个风险发生的概率都很小。例如，程序员没有考虑四个潜在事件：回答前一个项目的遗留问题，学习新的编程工具，参加消防演习并参加星期五的甜甜圈日活动。

这个问题是由于我们的思维能力有限造成的，通常，如果没有特殊的工具，如数据挖掘和风险管理工具，就不可能考虑到此类事件。

乐观偏见得到了项目管理从业者的广泛认同。例如，一些组织通过执行风险分析来做出准确的估算，从而对乐观偏见进行调整。进行这种类型的调整是个好办法。但是，π 法则有一个有趣的悖论：无法对 π 法则进行调整。换句话说，即使项目经理调整了预计的持续时间和成本的估算，完成项目仍然需要更长的时间，大约是预计时间的 3.1415 倍。这个说法听上去太有意思了，根本不像真的，况且在数学上也不成立，因为它可能导致无限的项目持续时间和成本（3.1415×3.1415×3.1415…）。不过，问题在于，由于确认偏见和其他心理陷阱，项目经理没有对持续时间和成本进行充分的调整，并确保这些参数在预期范围内。如果他们这样做了，另一种偏见——学生综合征——就登场了。

学生综合征

高德拉特在他的《关键链》(2002 年)一书中,提到了"学生综合征"。它是指学生一直到最后一分钟才开始备考的现象,这会浪费给任务预留的所有应急缓冲。

一个很能说明问题的例子是,只有在截止日期临近时,我们才能看到程序员完全专注于工作。因此,设置较远的截止日期可能无济于事,因为无论你怎么设置截止日期,人们都只会在截止日期前的那一刻完成工作。

顺便说一句,我们写本书的时间也比最初估算的要长得多,也没能逃脱 π 法则的魔掌。我们知道这些法则,也了解其他许多心理陷阱,怎么还会有这样的问题?答案是,对错误观念的了解

> 许多人只会在截止日期快到时才开始全力以赴地执行任务。

并不能使我们免于成为错误观念的主体。如果你是职业魔术师,获得了很多行业大奖,被别人视为榜样,你仍然会喜欢看别人的魔术表演。此外,根据偏见盲点的说法,人们往往看不到自己的认知偏见(Pronin 等人,2002)。

估算中的其他认知偏见

当人们进行估算时,经常使用启发法或简化技术来减轻处理复杂信息的负担。我们在本章中只做一般性讨论。

有一种简化技术被称为锚定启发法。回到我们举的估算例子。程序员立刻估出了 5 天时间。这个数字有可能是错的,但通过进一步的估算,也许最终结果与他的最初估算很接近。例如,程序员重新估算的活动持续时间可能为 4~6 天。

可得性启发法也会影响估算。来做一个非常简单的心理练习:

1. 用 3 秒钟回忆过去一年里你参与的所有项目或大型活动。
2. 现在重复步骤 1,但用 15 秒钟。
3. 重复步骤 1 和步骤 2,在 3 分钟后写下结果。

你会发现你能记起的活动没有几个,除非你花一些时间仔细回忆。即便如此,你可能只对最近的项目有更清晰的记忆,也更容易回忆起最成功或最大的项目。如果程序员根据记忆中的项目估算出完成任务需要 5 天时间,并且他只回忆

成功活动，就会低估持续时间。为了说明这一现象，表 11-2 列出了他之前所做的一系列相关活动，其中一个活动是"条形图"。

表 11-2　与当前任务有关的过往活动实例

日　期	活　动	是否能记起	持续时间
2017 年 Q1	饼图	否	10 天
2017 年 Q2	交互柱状图	否	12 天
2018 年 Q1	多线图	有时	7 天
2018 年 Q2	小柱状图	是	3 天
2018 年 Q4	条形图	是	5 天

在估算时，程序员只清晰地记得之前 5 个活动中的后 2 个，因此他认为 5 天就能完成当前任务。而实际上，他可能要花更长的时间。

↘ 对估算问题的深度剖析

还有一些问题将导致预测错误，包括：
- 没有既定的项目估算流程。
- 使用不准确的数据，或者历史数据不完整。
- 预测技术和工具的效率低下。
- 没有能力跟踪实际项目的执行情况，因此无法细化估算值。
- 项目规划人员缺乏经验。

《PMBOK®指南》指出，项目估算涉及两个知识领域〔在《PMBOK®指南》（第 6 版）中，项目估算涉及三个知识领域，除了项目进度管理和成本管理，还有项目资源管理。——译者注〕：

1. 项目进度管理，包括估算活动持续时间、估算活动资源，以及制订进度表。

2. 项目成本管理，包括估算成本，以及制定预算过程。

在项目管理中，建立了估算进度和成本流程的组织可以得出更为一致和准确的估算值。

问题出在哪里？是心理因素还是政治因素？

如何平衡乐观偏见和政治压力是一个有意思的辩论主题，诺贝尔奖得主丹尼尔·卡尼曼和 Dan Lovallo 以及 Bent Flyvbjerg 在《哈佛商业评论》上展开了辩论。卡尼曼和 Lovallo（2003 年）认为，乐观偏见应归咎于不准确的估算。Flyvbjerg（2003 年，2006 年）承认乐观偏见的存在，但认为当政治压力微不足道时，乐观偏见其实才起重要作用。然而，当政治和组织压力很大时，错误估算的问题主要与项目规划人员的有意蒙骗有关。他认为，错误的估算是如此广泛并持续了这么多年，心理因素不太可能起主要作用。

在预测和估算时，很难明确区分认知偏见（如处理信息时的心理错误）和动机偏见（有意的谎言）。例如，在建筑业的大型投资项目中，政治和组织压力在造成不正确的估算方面起着重要作用。在其他行业和小型项目中，政治压力并不那么大。例如，在信息技术等研发项目中，心理错误和心理偏见都是导致估算错误的关键因素。造成这种情况的主要原因有以下两个。

1. 詹姆斯·邦德在《诺博士》《太空城》等电影中装扮成反派的项目团队成员，目的是彻底摧毁其项目。除他外，所有的项目经理和规划师都希望项目成功。因此，他们会对项目有所预期。一旦人们有了预期，他们就会表现出选择性认知，即"我只看我想看到的"。有时，规划师或项目经理一旦发现支持他们估算的依据，就会不再进行数据审查，也会抛弃与他们估算不符的证据。这就是所谓的有选择性地寻找证据。同样，还有一种确认偏见，就是给支持性的证据赋予更多的权重，而忽略可以反驳其假设的证据。

2. 大型项目由很多人进行规划，每个人都有不同的偏见。不同的项目相关方也有不同的偏好和不同的风险原则。因此，很难判断认知偏见和动机偏见是如何综合影响项目的。对一组项目进行判断就更难了。

了解乐观偏见和政治因素之间的平衡为何如此重要？因为只有知道估算错误的原因，才能提出解决方案来纠正这些错误。如果估算错误是由乐观偏见引起的，那么最终的解决方案就是对项目进行系统分析。为了避免动机偏见，项目经理应该分析类似的项目，并使用已完成项目的实际数据对新项目进行估算。在实践中，项目经理经常使用"混合式"方法进行估算，即综合使用历史数据和决策分析方法。

多个心理错误与一个错误估算

在做估算时，人们会同时出现多个心理错误。在电影《新娘的父亲》中，乔治·班克斯（由史蒂夫·马丁饰演）要安排他女儿的婚礼。因为婚礼是一个复杂项目，他和他的家人聘请了专业的婚礼策划人，他们一起组成了项目管理办公室。顺便说一句，如果你的首席执行官还不相信项目管理办公室的重要性，就推荐他去看这部电影。乔治从策划人那里拿到了报价，在他发现自己的预算和活动策划人的报价之间差距巨大时，导演设计了一个非常经典的喜剧桥段。乔治的预算和报价差得太多了，以致让他精神崩溃，最后落得锒铛入狱的下场，这让他自己和他的家人都很尴尬。但真正的问题在于，我们想知道为什么他的估算与现实成本有着天壤之别。

首先，女儿第一次结婚，所以乔治无法找到历史资料可资借鉴。他只好自己来做估算，此时他犯了以下心理错误。

1. 他想尽可能少花钱，因此他的动机会导致一个不切合实际的低成本估算。在做粗略估算时，他忽视了一切可以证明婚礼真实花费的证据（昂贵的蛋糕、大量的客人、支付一个欧洲亲戚的来回机票）。

2. 他用房子成本作为参照点来得出估算值。要知道，房子成本与婚礼毫不相干。因此，对于估算婚礼成本来说这是毫无意义的（仅对电影的喜剧效果有用）。这是一个经典的锚定例子。

3. 他过于自信。婚礼庆典活动将在他的房子里持续一天，而他认为所需的钱是足够的。

乔治·班克斯应该做些什么来避免精神崩溃呢？
1. 问问其他人在婚礼上花了多少钱，并以他们花费的数额作为参照点。
2. 在不忽略任何支出项的基础上，汇总所有已知的费用，得出粗略估算。
3. 通过不断地问"还会有什么支出"来制订必要的应急计划。

办一场婚礼的花费总是比我们计划的要更多，这是因为：（a）来宾数量可能是计划的两倍；（b）食物的需求量可能是计划的三倍还要多，哪怕只提供汉堡包而不是里脊肉；（c）还有很多没想到的东西要花钱（见图 11-1）。如果你将来计划举办一场婚礼，要想做出准确的估算，最好聘请一位专业的项目经理。

第 11 章 估算中的心理因素与政治因素 | 113

图 11-1 预算中的风险和不确定性

↘ 简单的补救办法

那么，如何将风险和不确定性的信息纳入估算呢？

永远不要胡猜

即使只有部分信息，也可以做估算。然而，我们经常用很少的信息甚至根本没用任何信息去做估算。我们把这种做法叫"胡猜"。（如果你不喜欢"胡猜"这个词，就称为"先知"。）例如，开发一种治疗所有癌症的药品需要多少钱？没有可靠的信息来回答这个问题。尽管如此，我们仍会努力回答这个问题，要么是我们不想让自己看上去无能，要么是我们正被管理层或同事逼着这样做。我完全理解坐在项目经理位子上的人，因为他们不想在项目进度表上留下任何问号。

遗憾的是，当我们做估算时，每个人都会马上忘记这是胡猜。相反，受到锚定启发的影响，这个估算还可能成为所有未来项目的"锚点"。你能想象一家报纸的标题上写着"根据 PharmaCo 公司的项目经理估算，开发一种治疗所有癌症的药品只需要 50 亿美元"吗？可以预料的是，人们会用这个金额作为任何未来分析或讨论的参照点。

如果被要求在没有任何信息的情况下做出估算，我们该怎么办？唯一的解决办法是尽可能地获取更多的相关信息。如果没有以前的相关数据，我们可以先完成一个小任务，看看会发生什么，需要多长时间，需要多少资源。例如，你可以先制作一个原型或用来评估的工具。遗憾的是，管理层通常不会同意这一做法，他们会要求你立即做出估算。这样一来，就会给后续问题埋下"地雷"。

收集历史相关数据

大多数项目经理都知道，从以前的项目中收集和分析数据是非常重要的，但在实践中很少有人这么做。如果有一整套完整的相关活动数据，估算将更为准确。在一些行业，这些数据可以通过各种应用程序、表单和工具获得。如果足够幸运的话，你所在的组织会定期收集和分析历史数据，并将这项工作作为其项目和项目组合管理流程的一部分。

但如果你没有这样的工具呢？简单的解决方案是，应用之前项目的进度表，这样，在估算时，你就可以轻松地查阅和检查它们。

下面介绍一个简单的方法来分析信息。

1. 查看之前项目的进度表并回忆类似活动；
2. 记录之前活动与当下活动之间的相关性（见表 11-3）；
3. 使用该表评估当下活动的持续时间。

表 11-3　相关活动的分析

活　　动	持续时间	相 关 性
用户界面的开发	20 天	相关
网站开发	32 天	不太相关
业务分析软件中的图表	10 天	几乎一样
优化用户界面	5 天	相关

收集和分析相关历史数据将有助于减少动机偏见和认知偏见的负面影响，尤其能帮助你解决可得性启发的问题。

真实性检查与对标

真实性检查是一个简单的方法，可以用来提高估算的准确性。目的是将你的估算和已知的项目结果进行比较。下面举个估算电影制作成本的例子。

第 11 章 估算中的心理因素与政治因素 115

正如你知道的那样，电影制作在项目成本和持续时间方面有很大的不确定性，例如：
- 摄影棚倒塌。
- 制片人心情不好。
- 女演员被抓到戒毒所。
- 导演决定改变剧情，杀死主角或让主角复活。

在面对许多不确定性的情况下估算成本是极具挑战性的。电影工作室收集了之前类似影片的预算和预计票房收入的数据，然后确定新片的预算与之前发行的影片是否一致（见图 11-2）。

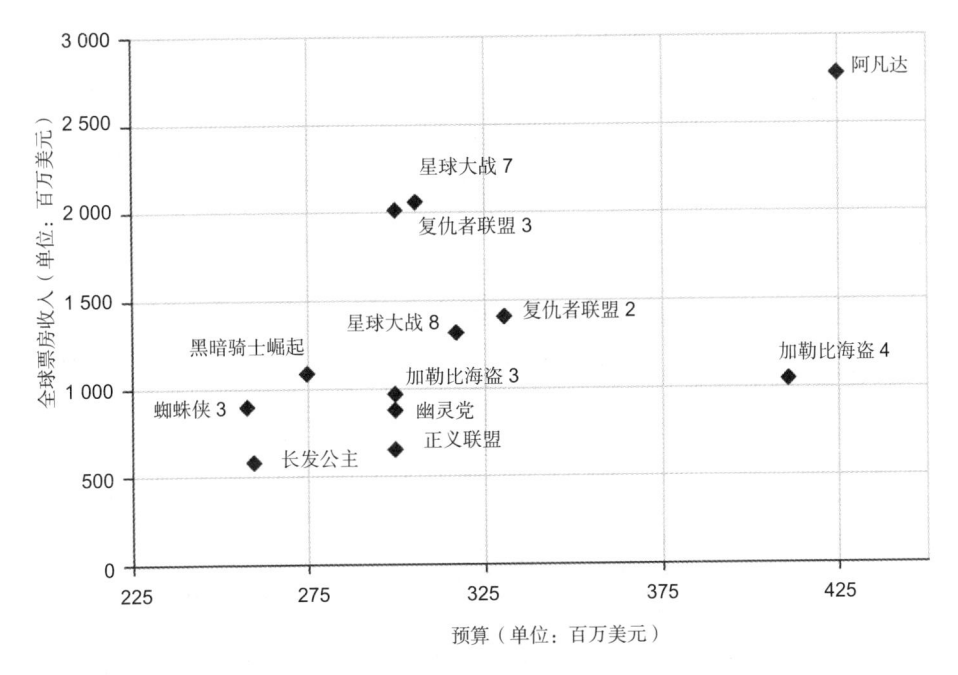

图 11-2 高投入电影的票房收入与对应的制作预算

对标比简单的真实性检查更有价值。对标有助于将业务流程及绩效指标与其他类似流程进行比较。在项目管理方面，对标可帮助你比较各种项目的成本、持续时间及其他指标，如范围、交付成果、净现值和资源利用情况。从理论上讲，可以对任何事情进行对标。
- 油井钻探。
- 导弹生产。

- 脑外科手术。
- 蛋糕烘焙。

此外，任何事情都可以被度量。然而，重要的是要知道是否值得度量，因为需要花费资源收集相关信息。

许多对标工作需要对业务和技术流程进行详细分析。可以使用专门的软件工具来实施对标。通过对标能很容易地估算项目费用和持续时间。对标的结果主要用于为流程改进提供建议。

独立评估

对于一些项目，尤其是那些预算高昂的项目来说，独立评估是一个刚性需求。但是，由团队的不同成员或由不同团队做出的独立估算可能是一把双刃剑。一方面，他们提供了估算的额外视角。另一方面，心理学家知道，由不同的个体进行的评估可能千差万别，难以协调。有时，独立评估与最初的估算一样都会有偏差。

例如，NASA 的太空项目成本往往由该局的独立部门进行独立评估。最重要的是，在独立评估之后，通常还会进行分析，以找出差异产生的原因。

有时，独立评估的结果可能不切实际，因为很难找到熟悉具体项目的独立专家。尽管如此，团队成员或独立专家对估计结果的讨论被证明是有效的，有助于在估算中提供更多的信息。

本章小结

▶ 糟糕的估算会导致错误的战略决策，最终使项目脱轨。
▶ 动机偏见和认知偏见都会显著影响估算。
▶ 政治和组织压力是造成估算错误的两个关键原因，特别是在大型投资项目中更是如此。
▶ 简单的补救办法将有助于减少启发法和偏见的负面影响。不应该在没有可靠数据的情况下进行评估。采用综合的历史数据来改进你的评估，并始终进行真实性检查和独立评估。

12 第 12 章
项目评估模型

项目评估模型可以用来对项目决策进行定量分析。通常来说，项目评估模型包括项目进度模型或经济模型。在项目管理中用到的进度网络分析技术包括关键路径法、关键链法、事件链法和资源平衡。影响图也可以用来创建项目评估模型。敏捷项目管理方法不事先明确所有项目细节，而运用快速迭代的方式交付成果。

▶ 项目模型

你认为谁是最好的项目经理？有人会说，是那些无须拥有实际经历仅用评估模型就能管理项目流程的人。项目经理甚至可以从动作电影中的犯罪分子那里学习如何管理项目，那些犯罪分子似乎总有惊人的能力来精确地策划和实施项目。遗憾的是，在大多数电影中，这些角色也会遇到项目收尾的问题，如项目成果付之东流。例如，抢劫案最终多以一辆满载财物的公共汽车悬挂在悬崖上收场。即便如此，你可能也认为他们应该为项目的顺利实施而获得奖励（见图12-1）。

一个很好的例子是，Frank Sinatra 在 1960 年拍的电影《十一罗汉》和由乔治·克鲁尼、朱莉娅·罗伯茨、布拉德·皮特、马特·达蒙和安迪·加西亚等主演的《十一罗汉》（2001年版）。在 2001 年版的电影中，丹尼是一位经验丰富的"项目经理"。他从新泽西监狱获释不到 24 小时，就着手启动了一个新项目：史上最精心策划的赌场抢劫案。他召集了一个由专业人士组成的抢劫团伙。接着，他开始寻找资金。最重要的是他策划了一个详细的抢劫模型———一个经过精心设计的计划，每个行动都详细到下一步该干什么。抢劫团伙分析了所有可能遇到的问题，并仔细模拟他们的对手——赌场安保团队的行动。如果真正的项目经理能够像丹尼一样精细地管理项目，无疑会在大多数行业引发一场革命。也许，问题在于动机不同：如果抢劫成功的话，丹尼和他的同伙将劫到 1.5 亿美元。

图 12-1　抢劫银行计划中的复杂建模

无论是犯罪分子还是项目经理，事先构建模型并进行分析将有助于在项目期间预测可能发生的事情，并对哪些是最佳选择进行决策。例如，气象学家构建天气模型来预测天气变化，飞机工程师构建新飞机的模型来研究空气动力学，劫匪们制订计划来抢劫赌场。

无论面对何种情景，项目管理模型都包含输入、输出和算法。其中输入包括：

- 项目活动及活动间的关系，包括开始与结束时间、成本、资源和其他参数的估算值。
- 风险及其概率、导致的结果和其他属性。

- 与项目有关的财务信息，包括与财务预测有关的风险和不确定性。
- 与质量、安全和环境有关的输入。

输出包括：
- 项目进度表，包括项目持续时间和成本估算。
- 项目预算。
- 对质量和安全规划的评估。

接下来讨论两个模型：进度模型和经济模型。

进度模型

在《PMBOK®指南》中，进度模型被定义为"结合人工方法和项目管理软件进行进度网络分析并生成项目计划的模型"。进度网络分析采用了进度模型及各种分析技术，如关键路径、关键链和资源平衡，用来计算项目进度。我们将学习如何使用进度模型来得出本书第 4 部分中的一些决策，该部分的重点是定量分析。

经济模型

当犯罪团伙的主谋策划抢劫时，他们关心的不仅仅是时机和进度，还要考虑财务因素。买武器要花多少钱？赤手空拳抢银行的成功率有多大？需要多少钱来贿赂银行安保人员以获取内幕信息和金库密码？最重要的是，如何分赃？抢劫的策划者考虑的是完整的项目生命周期。项目进度表还包括与活动和资源有关的成本。通常，基于金钱标准的决策还需要一个特殊的模型。

经济模型包括项目的现金流分析。财务分析的基础是折现现金流分析。随着时间推移，货币价值会相应减少，因此要将预测的现金流折算回现值才能评估投资价值。经济模型要非常完整，它包括许多细节：各种收入和成本、通货膨胀率、税率及版税等。可以运用通用电子表格工具或专用财务软件创建经济模型。

在决策流程中要用到经济模型，并在分析成果指标和价值衡量标准的基础上做出选择。有两种价值度量可用于折现现金流分析。一种是净现值（NPV），即将未来的净现金流折算为现值。另一种是回报率（ROR），是衡量投资收益能力的指标。

备选方案模型

除了进度模型和经济模型，还可以为项目创建其他模型。你可以分析技术与业务收益、性能、安全、质量、环境及其他问题。本书主要集中在进度模型上。然而，项目决策分析流程，包括定量分析方法，与其他模型有着异曲同工之妙。

如果模型包含与风险和不确定性相关的信息，则被称为概率方法。否则，就是确定性方法。本章将讨论这两种方法的建模技术。有时，需要使用通用价值度量为不同的项目方案创建不同的模型。通常来说，单个概率模型就可以处理大多数不确定性了。

↘ 关键路径法

20 世纪 50 年代，杜邦公司和 Remington Rand Univac 提出了关键路径法（Critical Path Method，CPM）。尽管其有一些局限性，但一直是最受欢迎的规划工具之一。关键路径法采用了确定性方法。

运用关键路径法的步骤如下：

- 通过网络图或甘特图（从左到右）按时间顺序计算每项活动的最早开始和最早完成时间。
- 接下来从右到左，用同样的方式计算每项活动的开始和完成时间，这时计算的是最晚开始和最晚结束时间。
- 最晚和最早时间之间的差值被称为"时差"或"浮动时间"，有时差（准确的说法是时差大于零。——译者注）的活动可以推迟开始，并且不会延误紧随其后的其他活动（推迟的时间不能大于其时差值。——译者注）。
- 总时差为零的活动处于关键路径上。

假设一个银行抢劫头目制订了一个进度表，如图 12-2 的甘特图中所示的四个活动。在这种情况下，"确保逃离通道畅通"这一活动有 3 分钟的时差。劫匪拿不到钱就不能离开银行。"从金库里拿钱"比"确保逃离通道畅通"花的时间要长。因此，关键路径为"闯入银行"—"从金库里拿钱"—"离开银行"。为了缩短项目时间，需要优化这条关键路径，特别是"从金库里拿钱"这个活动。也许劫匪需要考虑用喷灯或炸药了。（你应该还记得，在第 3 章中地鼠为了帮助小熊维尼从兔子家的门洞脱身，提出了一个用炸药炸开门洞的方案。炸门的方案当时没被采纳，在这儿派上用场了！）

问题来了。假设劫匪在"确保逃离通道畅通"时遇到了麻烦，例如，惊动了保安人员，或者后门被锁住而无法打开。这也是你在电影中经常看到的情景。由于会有风险发生，"确保逃离通道畅通"这个活动就变得至关重要。然而，劫匪把其所有的努力都放在了优化处在关键路径中的"从金库里拿钱"活动上，而未能花时间策划"确保逃离通道畅通"活动可能出现风险的应对措施。

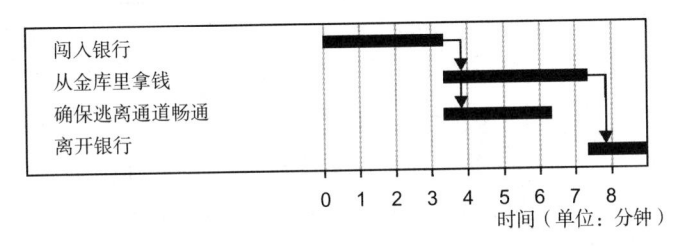

图 12-2 甘特图示例

此外，关键路径法的一个问题是没有考虑资源分配。"确保逃离通道畅通"活动可能要比"从金库里拿钱"活动消耗更多的资源。因而，应对其进行更多的考虑和计划。由于关键路径法存在缺陷，因此抢劫银行很有可能失败。

关键路径法看上去很简单，但在实践中，一些意外情况会使计算变得异常复杂。这些意外情况包括：

1. 活动之间会有不同的逻辑关系。除了"完成—开始"关系（在上一个活动结束后，下一个活动开始），还有"开始—开始""完成—完成"或"开始—完成"关系。此外，活动之间会有滞后。

2. 需要计算在项目进程中的非工作时间。此外，不同的资源会有不同的资源日历。

3. 通常，在项目进度表中包含摘要任务和子任务。如果一个摘要任务是其他任务的前置任务或后继任务，就会使计算变得非常复杂。

4. 在项目进度表中还可能有时间限制。例如，一个活动必须在某个日期开始或结束。这个限制会造成进度冲突。

好在我们可以运用一些项目进度软件来进行关键路径分析。

关键路径法本身就是一种确定性方法。概率分析可以结合关键路径法实现。《PMBOK®指南》提到了在进度网络分析中使用的其他一些确定性方法，其中之一是情景分析，它在不同条件和情景下对项目进度进行分析。

《PMBOK®指南》也介绍了资源平衡，它是另一种进度网络分析技术，可以用在关键路径法中。资源平衡有助于在资源受限时制订项目进度表。

关键链法

关键链法是另一种进度网络分析技术，它源自高德拉特的约束理论。在高德拉特的著作《目标》（Goldratt，2014）中，他将这一理论应用于制造流程。其思路是，通过确定和消除瓶颈来改进制造流程。1997年，他写了《关键链》一书。在该书中，他将约束理论应用于制订项目进度（Goldratt，2002）。作为一种进度网络分析技术，关键链法也被纳入《PMBOK®指南》中。

关键链法的重点是，管理资源约束和缓冲活动。它既适用于确定性方法，也适用于概率方法，因为它结合了具有确定性的项目进度表并通过缓冲来管理不确定性。应用关键链法有2个主要步骤：

1. 创建项目进度表，并用关键路径法算出关键路径。这个项目进度表是确定性的。高德拉特建议使用中值（50%的置信度）来估算活动持续时间。

2. 输入可用资源。因受到资源约束，可能需要重新调整项目进度表，因此会改变关键路径。使用该方法识别关键链，即资源受限的关键路径。

为了管理不确定性，在项目最后的活动后面增加一个总缓冲，并在非关键路径接驳到关键路径处设置接驳缓冲。这些接驳缓冲并不是安排的活动，而是给前置活动可能产生的延误提供保护。不确定性和学生综合征都会导致延误，可通过缓冲来吸收未来事件的不确定性。

在附录A中介绍的几个软件是专门为实现项目管理中的关键链法而设计的。关键链法在组织中得到了越来越广泛的运用。

事件链法

事件链法是另一种用于进度网络分析的概率方法。因其是定量分析方法，因此我们在第4部分再详细讨论。这里仅对其做个简要介绍（Virine and Trumper，2013，2017）。

事件链法基于一个概念，即不管如何制订项目进度表，都有一些事件会对它产生巨大影响。识别和管理这些活动或称"事件链"（一个事件导致另一个事件）是事件链法的重点。为什么我们关注事件，而不关注在不断变化的项目环境中的持续过程呢？这样做是因为当项目中出现连续的问题事件时，通过及早发现和解决这些事件就可以将项目管好了。

事件链法的另一个作用是，减少认知与动机偏见的负面影响。正如我们所看到的那样，我们经常会有意或无意地制订不可能实现的计划。

在事件链法中，首先需要创建一个进度模型，并采用最乐观估算的持续时间。为什么要采用乐观估算？因为大量的认知偏见和动机偏见，包括计划谬误、乐观偏见、过度自信和 π 法则，都告诉我们，人们喜欢进行乐观估算，哪怕他们不想这么做。与其阻止项目经理制订一个过于乐观的进度表，不如接受它并与之共舞。

> 事件链法结合了不确定性建模和进度网络分析技术，其重点是识别和管理影响项目进度的事件和事件链。

其次列出事件和事件链清单，包括在任务或资源上的概率和影响。在此过程中，为避免确认偏见，即我们对项目的预期（成本、持续时间等）会影响我们对事件的识别，需要分别对事件进行识别（各自的时间、会议和专家）。运用事件链图将这些事件可视化。然后进行定量分析，并生成考虑了这些风险事件的新计划。在项目进程中定期进行分析，提供项目持续时间或成本的最新预测。

如果你正在使用关键链项目管理流程，则可以应用事件链法来确定缓冲大小。缓冲时间是考虑了风险和不确定性的持续时间与最初乐观估算的持续时间之间的差异。

虽然事件链法是一种相对较新的方法，但它已被许多组织采用，包括大型企业和政府机构。在附录 A 中，可以找到有关事件链法的软件清单。

↘ 运用影响图建模

影响图是一个有用的图形工具，可帮助人们对问题进行建模。影响图的概念起源于斯坦福大学和门洛帕克战略决策小组（Howard and Matheson，1984/2005；Shachter，1986）。在《PMBOK®指南》的第 11 章项目风险管理中，将影响图作为信息收集的图解技术之一。

决策问题的要素由不同类型的节点表示（见图12-3）。图12-4是影响图的一个例子。它代表了，在项目启动时，需要做出的有关新产品设计和开发的决策。构建影响图应从定义价值度量开始。在本例中，价值度量是项目的净现值。项目启动的决策受到3个不确定变量的影响：资源可用性、需求和解决技术问题的能力。

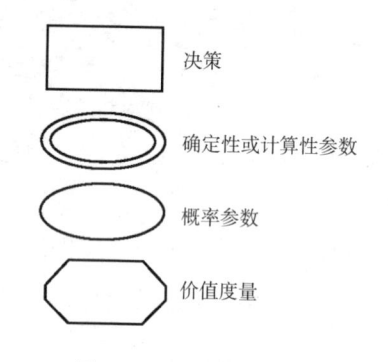

图12-3 不同节点的含义

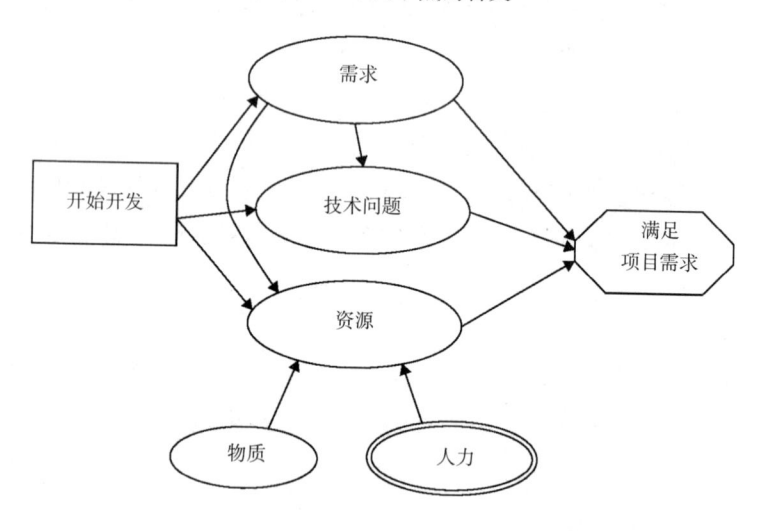

图12-4 影响图

注意，影响图没有反馈回路：前续变量不能依赖后续变量。有些影响图非常复杂，当遇到这种情况时，可以将大图分解为许多小图。

影响图可以转换为决策树。决策树是决策问题的另一种表现形式，我们将在

第 15 章讨论决策树。

通常，使用影响图构建评估模型比使用电子表格或软件创建其他一些模型要容易些。在附录 A 中，可以找到有关创建影响图的软件清单。

↘ 敏捷方法与项目决策分析

2001 年 2 月，17 位软件大师在犹他州的一个度假胜地聚会，大家在一起聊天、滑雪、放松和聚餐。在聚会中诞生了"敏捷软件开发宣言"（Manifesto，2006），制定了软件开发流程的指导原则。以下是该宣言中的一些内容。

- 通过持续不断地及早交付有价值的软件使客户满意。
- 欣然面对需求变化，即使在开发后期也一样。
- 经常交付可工作的软件，相隔几星期或一两个月，倾向采取较短的周期。
- 业务人员和开发人员必须相互合作，这在项目中的每天都不例外。
- 团队激励和创造性环境对交付优良项目来说至关重要，要相信每个人都能完成工作。引用宣言的一句话就是："最好的架构、需求和设计出自自组织团队。"
- 不论团队内外，对于传递信息来说，效果最好且效率最高的方式是面对面的交谈。
- 可工作的软件是衡量进度的首要度量标准。
- 坚持不懈地追求技术卓越和良好设计，敏捷能力由此增强。
- 以简洁为本，它是极力减少不必要工作量的艺术。

成功的商业理念很少是完全新颖的。当一个人能够以这样的方式表达和推广一个理念，从而使这个理念得到大多数人的认同时，该理念就会变得很成功。令人惊讶的是，你略做思索，就会知道我们在生活中一直在用敏捷方法。人类在实现目标的过程中，不可能从一开始就对接下来的每一步给出正确的定义。我们会根据之前的活动结果，不断迭代以解决问题。这与人类的有限理性有关，我们在第 2 章中讨论过这个话题。也就是说，因为我们无法了解生活的所有复杂性，所以只好采用简化的心理模型来解决问题。但随着人类的进步，会不断开发特定的方法来实现计划。

始于 20 世纪 90 年代中期的敏捷方法实际上包含了一系列不同的方法，它是对专注于项目微观管理的"重量级"方法的回应。在本质上，这些需要预先定义所有需求的"瀑布"方法与工程师实际执行工作的方法产生了矛盾。瀑布方法是一种顺序推进的项目管理流程。在这个流程中，项目开发流程就好像瀑布一样在各个阶段（如需求分析、设计和实施）中稳定地向下流动。

敏捷方法在研发项目中越来越受欢迎，不仅在软件开发领域，而且在其他行业也是如此。敏捷方法不是万能的，也不能应用于所有场景。例如，就很难用迭代的方法抢银行，而且抢劫的策划者也不会允许团伙成员充分发挥创造力，因为在抢劫期间天马行空的话会带来意想不到的结果。问题在于，应该用敏捷方法的项目却没能运用该方法。乍一看，不事先定义需求和设计，并用迭代的方式开发产品的做法似乎有违直觉。我们怎么能在不知道最终结果的情况下开发出某种东西呢？自组织团队是否等同于团队无政府状态？这些都是很好的问题，但对于用敏捷方法进行管理的项目，其最终结果证实了这种方法能带来益处（Highsmith，2009）。

决策分析和敏捷项目管理是如何相互关联的？有效的决策分析流程与敏捷项目管理具有相同的基础。

- 消除沮丧员工综合征（FES）的创造性环境是敏捷管理的组成部分，也是有效决策分析的必要条件。
- 识别和管理风险是敏捷管理的基石之一，也是决策分析流程的基本要素。
- 适应型管理和决策审查（决策分析流程的第 4 阶段）也是敏捷方法的一个重要步骤。
- 决策分析流程包括在需求不断变化的环境中改善决策的机制。决策分析包括面向目标的决策（在第 3 章中讨论过）。与敏捷项目管理一样，面向目标的决策是，满足不断变化的项目需求并提高满足这种需求的可能性的流程。

敏捷方法是项目管理中高度理性的概念，因为它可以减少在瀑布方法中可能出现的几种常见的偏见和心理陷阱。例如，在瀑布方法中出现的沉没成本效应会阻止我们放弃一个失败或不符合目标的活动，尽管我们已经在该活动上浪费了许多资源。还有一种心理偏见也与瀑布方法有关，那就是控制错觉，项目经理认为他们控制住了项目局面，而实际上并不是这样。

本章小结

- 各种模型是决策的关键要素，有助于对各种项目备选方案进行评估，并最终确定最佳方案。
- 关键路径法是在进度网络分析中的常用技术。然而，它在管理不确定性和资源约束方面有很大的局限性。
- 关键链法可以制订资源受限情景下的项目进度表，并通过使用缓冲的方法来管理项目不确定性。
- 事件链法可以减少在项目规划中的认知偏见和动机偏见。因此，它可以提供更为实际的项目进度表。
- 在项目团队中的创造性环境、有效的风险管理和适应型管理是敏捷项目管理方法的主要基石。

第 13 章
估算概率

在项目管理中，估算概率可以用主观估算方法，也可以用基于历史数据的相对频率法。认知偏见会对主观估算产生影响，如一厢情愿的想法和对综合事件发生概率的过高估算。可以使用多种方法估算概率。定性风险分析可通过计算风险的概率和影响来确定风险的优先级。

估算概率的方法

对概率的错误估算会给项目带来严重问题，甚至导致项目失败。在构建决策框架阶段（决策分析流程的第 1 阶段）识别风险和不确定性。接下来，在情境建模阶段（决策分析流程的第 2 阶段）估算风险发生的概率。随后，进行定量分析（决策分析流程的第 3 阶段）。

估算概率有两种方法，分别是：

1. **相对频率法**。概率等于某一结果（或事件）的发生次数除以结果总数。这种算法可以基于历史数据或对实际项目进行的绩效度量。例如，如果某位导演有 10 部戏，在第一场演出后有 9 部被取消，那么就很容易计算出该导演的成功率为 10%。

2. **主观法**。专家相信某一特定结果发生的概率。例如，一部新的百老汇演出会成功吗？很难说，因为这取决于多个因素。最终，决策者会做出主观判断，把赌注压在这出戏的成功上。

很多人认为，对概率的主观判断是不准确的。沃顿商学院教授 Philip Tetlock 认为，专家预测通常只比随机概率准一点而已（Tetlock and Gardner, 2015）。然而，如果运用一些启发判断的技术和工具，也许能够减少认知与动机偏见的负面影响，就可以给出相当准确的估算。

主观估算概率

在很多失败的项目中，有一个很有意思也很有启发性的故事，故事的主人公是电影和音乐剧制作人 Leo Bloom 和 Max Bialystock。为了骗取投资者的钱，他们决定制作一部名为《希特勒的春天》的戏剧，这部戏剧的剧情很无聊，观众肯定提不起兴趣，演出当然会失败。为了确保伎俩能够奏效，除了起一个令人生厌的剧名，他们还雇用了最差的导演和最差的演员，并做了一些手脚来搞砸演出。尽管他们为了搞砸演出绞尽脑汁，但第一场演出还是获得了意想不到的成功。这个计划最终败露，Leo 和 Max 被关进了监狱。简而言之，他们的概率估算水平实在太差了。

问题在于，Leo 和 Max 也受到了心理偏见的影响，这种偏见让许多项目经理深受其害。他们过于乐观地高估了项目的失败概率（演出成功就意味着这个"想搞砸的项目"失败了）。他们也没有制订应急计划。事实上，他们在第一场演出前就花光了几乎所有的钱。

保险公司使用了先进的风险分析方法和技术（Simons，2006）来评估其大额赔付的风险敞口。然而，保险公司也不得不依靠专家的主观估计来预测未来的天气。全世界的保险公司都在努力适应一个新的现实：气候变化。业内人士认为，天气模式在近几年发生了变化。如图 13-1 所示，近年来的保险平均损失在持续增长，波动幅度也大幅提高（Statista，2018）。保险公司的成功取决于它能对某些事件的发生概率做出正确的评估，这些事件包括交通事故、房屋火灾、飓风，甚至是运动员（保险额很高）的伤病。那么，保险公司应如何估算气象灾害发生的概率呢？

保险公司使用复杂的数学模型来分析历史天气数据，特别是关于未来飓风的路径和强度信息。然后，根据建筑物的位置、年代和结构，计算出飓风对不同建筑物造成损害的概率。之前，这些模型还管用。但近年来，由于气候变化导致的负面影响激增，保险公司不能仅仅依靠历史数据了。作为应对，保险公司求助专家进行判断。如今，保险公司会雇用一流的气候学家来做出判断。他们预见了什么？显然，未来几年的气象灾害不会减少，这意味着保险赔付额的波动将加剧。

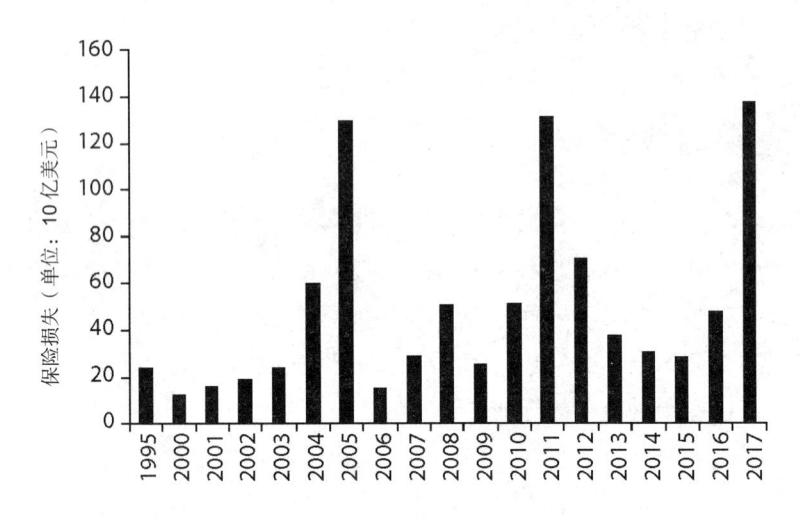

图 13-1　1995—2017 年全球自然灾害导致的保险损失

在项目管理中的大多数不确定性与我们对未来缺乏了解有关。对于这些不确定性，仅凭历史数据和实际项目的度量值还不足以得出概率。例如，飓风某天袭击纽约市的可能性有多大？在开发一款全新的产品时，需求变更的可能性有多大？在这些情况下，只能使用主观法对概率进行估算。当然，可以单独使用主观法，也可以将其与相对频率法结合使用。

⬇ 如何主观估算概率与风险

许多人似乎对禽流感和其他外来传染病感到担忧，虽然这些传染病至今尚未在美国导致任何人死亡。美国国家疾病控制中心（Centers for Disease Control，CDC）估计，自 2010 年以来，常见的流感病毒每年会导致 930 万~4 900 万人患病，14 万~96 万人住院，12 000~79 000 人死亡（CDC，2018）。在 2001 年的"9·11"事件后，许多人拒绝乘坐飞机，而尽可能选择开车出行。因此，从 2001 年 10 月至 2001 年 12 月，交通事故的死亡人数比前一年同期增加了 1 000 人。这个例子说明了，在第 2 章讨论的认知与动机偏见会让我们错误地判断风险，并错误地估算概率。（见附录 B）。例如，由于有与可得性启发法相关的偏见（人们可以通过媒体随时获取航空事故的生动图像），许多人认为飞行比开车危险得多。事实上，在美国，每年最多只有几百人死于商业航空事故，而大约有 44 000 人死于机动车事故。

影响估算风险概率的因素包括：

- 仅凭主观意愿。这会导致高估机会的概率和低估威胁的概率。
- 高估综合事件的概率。如果一个零件存在缺陷的概率是 20%，一台设备上有三个这样的零件，则该设备出现故障的概率是 0.2×0.2×0.2=0.8%。人们认为的数字往往比这要高得多。
- 忽略基本频率（以前事件的概率）。现在问你一个问题，从历史数据来看，某一部件存在缺陷的概率是 1%。在安装前，对这个部件进行测试，识别出有缺陷部件的概率是 80%。现在，你的测试表明该部件存在缺陷，其他部件也存在缺陷的概率是多少？大多数人会说，概率略低于 80%。而正确答案是，概率接近 4%。可以使用贝叶斯定理进行计算（Plous，1993）。

心理学家和神经科学家发现，人类（和其他动物）已经进化出一种特殊的机制来应对风险（Ledoux，2015）。当遇到危险时，位于脑干的一组神经元细胞将应激激素释放到血液中，整个过程不到 1 秒钟。因此，当遇到危险时，我们会感到恐惧。正是因为这个原始机制的存在，当面对风险时，人们往往凭借直觉（情绪）反应，而不是分析。虽然这种影响在我们面临迫在眉睫的危险时最为明显，但在项目进程中遇到更抽象、更不会危及生命的风险时，也是如此。

回到之前戏剧的例子，在《希特勒的春天》成功演出之后，剧作家 Franz Liebkind 用枪指着 Leo 和 Max，扬言要杀死他们，因为他们搞砸了他的剧本。在迫在眉睫的死亡威胁下，Leo 和 Max 的求生系统即刻被激发，在恳求饶命的同时，他们建议 Franz 杀死那些女演员。这是一个情绪如何导致糟糕决策的例子。这个建议未被接受。接着，当局面稍稍缓和之后，他们又建议把剧院炸掉。他们的建议仍然是相当冲动和情绪化的：如果 Franz 接受其中的任何一个建议，他被抓住并在监狱里关很长时间的概率会大大增加。（你别想歪了，我们可不是建议你在项目失败的情况下炸掉办公室或采取其他鲁莽的行动）。

科学家认为，在史前时代，人类就在大脑中"建立"了对危险的反应机制。在被大型肉食动物和各类危险包围时，那时的原始人要做的最重要的事是，对危险进行判断而不是做出复杂的多标准决策。如今，虽然项目经理不会面临被大型肉食动物吃掉的情况，但他们仍然在处理与项目相关的信息时会做出情绪化的反应，例如，是否错过了截止日期，产品能否运行良好，等等。加之启发法和偏见的作用，对风险和不确定性的情绪化反应会影响我们对风险的认知，进而影响我们对概率的估算。此外，情绪也会影响我们的风险偏好或我们对风险的态度（Hillson and Murray-Webster，2007）。情绪是影响效用函数形状的重要因素之一，如图4-3所示。

情绪会影响我们评估风险和机会的能力。许多小企业因为创办者在情感上无法接受损失而关门，尽管创办者有财力继续做生意。他们高估了短期机会（短期成功的概率），低估了长期机会。

项目管理中主观估算概率的方法

心理学家和决策科学家开发了许多方法来对概率进行主观判断。项目经理可以通过请教专家来做好这项工作。但在开始征询专家意见前，你需要做好以下准备。

1. 明确界定的问题（这是在决策分析流程中的构建决策框架阶段要做的）。
2. 明确的项目风险清单或风险分解结构。
3. 项目模型（如项目进度表）。
4. 一整套经过清晰定义的问题（用来征询专家对概率的判断）。

此外，请按照第8章介绍的方法让专家做好准备，这可以确保项目团队了解专家对特定事项的个人利益。

但是，如何构建问题框架，以获得专家的准确评估呢？可以运用多种方法。

1. 提出具体问题。请专家对事件的概率进行具体评估："由于预算问题，项目被取消的概率有多大？"在多数情况下，如果信息不充分，专家很可能不愿意回答这个问题。

2. 问专家两个对立的问题：(a)"项目被取消的概率有多大？"(b)"项目完成的概率有多大？"将这两个估算值相加后的结果应该是100%。换句话说，如果对第一个问题的回答是40%，那么第二个问题的回答就应该是60%。这种方法被称为一致性检查，用它来帮助专家调整判断。

3. 使用概率盘法。概率盘看上去像饼图（见图13-2）。饼图中的每个区域都代表某一结果的概率。想象一下你玩过的"财富大转盘"，很显然，转盘中某区域的面积越大，指针停在这个区域的概率就越大。专家们可以调整区域的面积以使其与概率值相等。概率盘基本实现了概率的可视化，并便于进行一致性检查。就像汽车中的指针式速度表更受欢迎一样，因为与数字式速度表相比，前者的可视化效果更好。

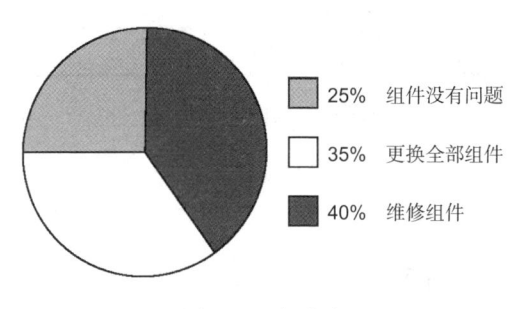

图 13-2　概率盘

将不同的概率估算方法应用于同一个项目会产生不同的结果。当遇到这种情况时，你该怎么办？虽然决策科学并没有给出这个问题的明确答案，不过，你可以邀请其他专家对之前专家的判断进行评估，也可以安排专家展开进一步的讨论。处理这个问题的首选方法是，进一步分解这个问题，即将综合事件分解为简单事件，再分别对简单事件进行评估。例如，针对由于预算问题而取消项目的概率这个问题，可以问两个问题而不是一个。

1. 预算不足发生的概率有多大？
2. 预算不足导致项目被取消的概率有多大？

可以通过使用连续概率或统计分布来定义活动的持续时间、成本及其他项目参数的不确定性。在情境建模阶段要量化不确定性。我们将在第 16 章中介绍连续概率的评估。

↳ 如果决策对概率敏感怎么办？

美国军事学院的 Enest Y.Wong 少校和 Rod Roeder 中校（2006 年）运用决策论重新评审了美国政府在 2003 年攻打伊拉克的决策。他们发现，攻打该国的决策只基于一个标准：存在大规模杀伤性武器（Weapons of Mass Destruction，WMD）。用我们介绍过的分析方法来说：攻打伊拉克的最终决策结果对伊拉克是否拥有 WMD 的概率非常敏感。

如果概率值大于某一平衡点（如 75%），那么决策可能是正确的，反之亦然。但是，如果概率值位于一个区间（如 60%~90%），并且平衡点在这个区间范围内，就很难说应该采取什么行动了。通常，概率估算会极大地影响决策。如果采用的是主观估算概率，其结果可能更不准确。在这种情况下，应该尽可能提高概率估算的准确度。因此，应邀请更多的专家提出建议，进行更多的讨论，获得更多的数据，并使用更先进的技术来协助做出判断。如果攻打伊拉克的决策取决于对其拥有 WMD 概率的估算，决策者就应尽一切努力减少与估算相关的不确定性。

↘ 定性风险分析

定性风险分析中的一项内容就是确定事件的概率。《PMBOK®指南》将定性风险分析定义为"评估项目风险发生的概率和影响及其他特征，对风险进行优先级排序，从而为后续分析或行动提供基础的过程"。即根据概率、对项目目标的影响、时间段、风险可能发生的时间和风险承受能力对风险进行排序。

近来，最令人兴奋的太空探索项目莫过于"新地平线"（the New Horizon）项目了，该项目旨在探索冥王星和柯伊伯带（Kuiper Belt）区域。"新地平线"探测器于 2006 年 1 月 19 日发射升空（见图 13-3），于 2015 年 7 月返回地球。该探测器上携带了 24 磅钚，用于提供动力。根据 NASA 的估算，发射失败的概率极小（1 800 万分之一到 140 万分之一），发射失败会泄漏 2%的钚。

然而，Karl Grossman 认为，NASA 对风险的估算过于轻描淡写。他说："泄漏的概率是 2%，可能是 6%，可能是 20%，也可能是 100%呢。当谈论钚的时候，你要知道，这是人类已知的最具放射性的物质"（Karl Grossman, 1997）。幸运的是，"新地平线"发射成功，没有出现任何意外，然而，关于在太空飞行任务中是否能使用核能的争议仍在继续。

问题是，仅仅确定风险的概率是不够的。还要对风险的影响进行量化。在做决策时要同时考虑概率和影响的综合作用。定量和定性风险分析可以用来分析风险的概率和影响的综合作用。对结果的解读则要看个人或组织偏好，即风险态度和风险容忍度，这也是在第 4 章讨论的决策原则中的一部分。显然，Karl Grossman 的风险承受能力远低于 NASA。

图 13-3 携带"新地平线"探测器的 Atlas V 火箭从卡纳维拉尔角升空
（Credit：NASA/Kim Shiflett，2006）

在许多项目中，特别是小型项目，无须通过定量风险分析的方式来确定哪些是最重要的风险。只需要知道风险发生的概率和对项目目标（如进度、成本、范围等）的影响就足够了。消极影响被称为威胁，积极影响被称为机会。当评估概率和影响时，可以使用概率和影响矩阵来确定风险的优先级（见图 13-4）。黑色区域代表高风险（应优先予以回避或减轻）。白色区域代表低风险。组织根据自己的风险偏好来定义高风险和低风险：组织越厌恶风险，矩阵中的黑色区域就会越多。

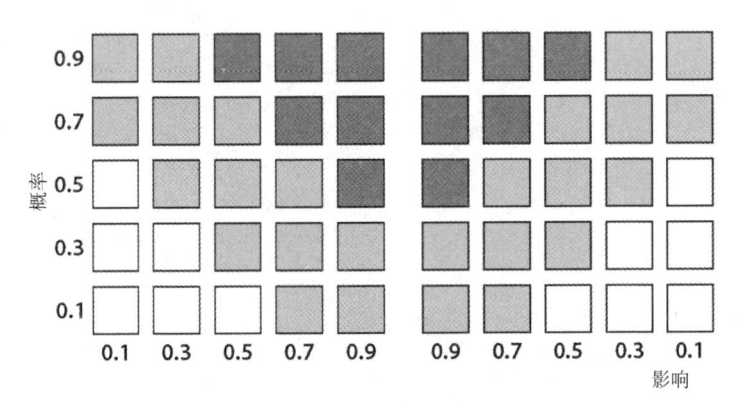

图 13-4 概率和影响矩阵

在之前的戏剧例子中，Leo 和 Max 准确地估算了"演出成功"这一风险的影响，却低估了它发生的概率。此外，他们和大多数犯罪分子一样，都是冒险者。如果用概率和影响矩阵来显示的话，他们的高风险区域会很小。"演出成功"这一风险可能处于灰色甚至白色区域，而不是黑色区域。如果他们对风险的重要性有正确认识的话，就会对演出可能成功这一结果做好充分准备。如果完全忽视这个风险，就会导致他们彻底失败。

以下是另一个考虑因素：Gigerenzer（2015 年）提出了统计思维这一概念。他声称，问题出在对确定性抱有幻觉。我们相信某些与风险相关的信息，如医疗检查。然而，在实践中，这些检查结果是最终健康问题的不确定预测因素。要解决这个问题，必须进行统计分析，分析结果必须得到适当的构建、定义和解读。

现代定量分析技术（如事件链法）可以通过使用敏感性分析来对风险进行优先级自动排序。只要制订了项目进度表和风险分解结构，过程就会变得相对容易。然而，概率和影响矩阵仍然是一个有效的工具，尤其用于对风险进行优先级排序。

正如我们在第 10 章中所讨论的那样，风险登记册包含所有与风险相关的信息，如名称、内容、类别、原因、应对措施、责任人和当前状态等。在确定风险的概率和影响后，再将其更新至风险登记册中。

本章小结

- ▶ 主观估算法通常是估算概率的唯一方法。
- ▶ 如果有可靠的历史数据或实际的项目绩效度量，那么可运用相对频率法。
- ▶ 在评估风险时，我们往往依靠直觉思维。当我们这样做时，情绪会显著影响我们对风险的认知。
- ▶ 如果与有效的评估技术相结合，主观估算的质量就会得到显著提高。
- ▶ 定性风险分析有助于根据风险的概率和影响来确定优先级。定性风险分析的结果可用于进一步分析。

第 4 部分
定量分析

第 14 章
选取最重要的：敏感性分析和相关性分析

确定哪些活动对项目的影响最大，搞清这些活动是如何联系的，以便确定项目的优先级。对相关性和因果关系的判断受到许多偏见的影响，如幻觉关联、无形关联和协变量评估。敏感性分析有助于发现项目中的相关性。

↘ 什么是相关性？为什么要分析相关性？

假设你非常走运，弄到了一张藏宝图，宝贝被藏在一个偏远的小岛上，就像罗伯特·路易斯·史蒂文森的经典小说《金银岛》一样（见图 14-1）。你登上小岛准备挖出宝贝。然而，正如你猜到的那样，藏宝图中的信息是非常隐秘的：宝贝会被藏在不同的地方。从不同的地方挖宝贝，挖到的概率也不尽相同。好消息是你带了几个朋友一起来，这样你们就可以同时在几个地点开挖。你也很清楚，除了挖宝贝，还需要做一系列相关活动，例如，运送所需的用品，寻找水源和食物，搭建避风棚等。这时，问题就接踵而至了：在哪里存放这些额外的资源？哪些是能让你们生存下来并找到宝贝的最重要的活动？在你的项目计划中有很多不确定性，因此这些问题不可小觑。

第 14 章 选取最重要的：敏感性分析和相关性分析

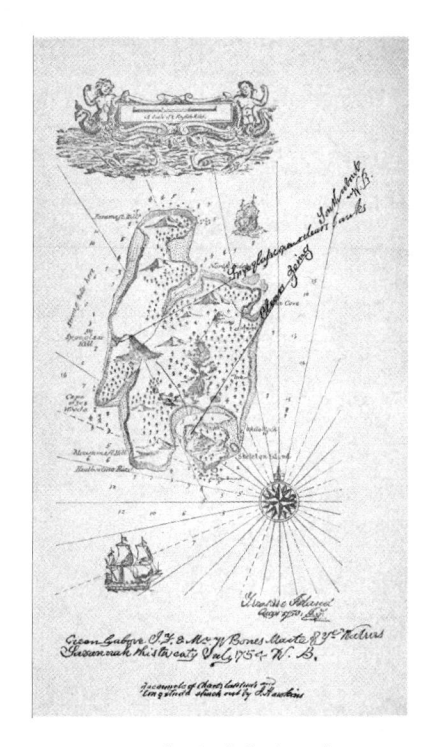

图 14-1 《金银岛》中的藏宝图

项目经理和团队面临的一个问题是，人们很难同时思考不同的事情。项目团队不能同时执行所有的任务并解决所有的问题。应最关注对项目进度和交付成果影响最大的任务。这些最需要关注的任务的风险也最大，需要付出巨大的努力来减轻其风险，而且必须在项目开始前就识别它们。你需要首先分析项目的主要参数（持续时间、成本、完成时间及其他），然后分析每项任务的参数。

很重要的一点是，了解不同活动间的相关性对项目的影响。例如，供应商可能很忙。如果你的项目活动因供应商的组件未按时交付而延误，则使用该供应商组件的其他活动也会被延误。同样，不同项目之间也会存在关联效应，这些相关性将显著影响每个项目的进程。

因此，当你规划项目时，应该确定哪些项目管理活动和程序对该项目最有用。例如，对某团队来说，每天早上进行 10 分钟的协调会非常有用，但对别的团队来说，这么做纯粹是在浪费时间。换句话说，你要找到项目管理活动和结果之间的关系。要做到这一点，你需要：

1. 确定哪些活动对项目的影响最大，然后设置优先级。

2. 了解项目集中的各个项目和项目中的活动是如何相互关联的,并分析这些相关性对项目的影响。

3. 制定具体的项目管理流程和程序,考虑这些相关性的影响,以便团队或组织可以运用这些流程和程序。

▶ 项目中相关性的来源

项目中的不同任务是如何关联的?Schuyler(2016 年)介绍了 3 个来源。

- 共同驱动因素。一个共同因素会影响其他不同的项目参数。例如,项目范围变更会影响一系列的任务。如果问题是由一个资源引起的,那么所有涉及该资源的任务都会受到影响。
- 共同制约因素。如果不同的项目活动在争抢同一资源,那么这些活动存在相关性。例如,如果只有一位开发人员接受了某种特殊工具的培训,有几项任务都需要该开发人员完成,那么所有这些任务都有相关性。
- 共同原因。一个活动的结果将导致另一个活动发生变更。例如,某一具体活动的延误将导致与该活动相关的若干任务延误。

▶ 相关性与因果关系心理学

项目经理通常认为,设置优先级是一项微不足道的任务,可以在没有工具的情况下快速完成。如果这么容易,那么为什么有这么多的项目在开始时不设置优先级,在执行时胡子眉毛一把抓,最后导致错过交期、质量不达标和预算巨额超支呢?答案在于人性,这也发生在其他很多事情上。

下面举一个例子。某项目最近出现了几次重大延误,你决定分析供应商对项目交期的影响。作为调查的一部分,你创建了表 14-1。

表 14-1 协变量评估实例

情况类别	延误交期	准时交付
有供应商参与的项目	8 次	2 次
没有供应商参与的项目	4 次	1 次

快速浏览表 14-1，你可能认为供应商是问题的主要来源，这个项目在供应商参与的情况下出现的失败次数（8 次）最多。你可能被误导，因为第一行（有供应商参与）的失败数量多于第二行（没有供应商参与）的数量。实际上，无论供应商是否参与，项目成功率（25%）都是一样的。在心理学中，这种现象被称为协变量评估，或称对两个参数是否相互关联的分析。如果我们只采用较少的数据，像该例一样，就会很容易得出误导性的结论。想要知道两个参数之间是否有关联，就要考虑所有可用的信息。

另一个有趣的现象是，人们通常更关注有消极影响的事件而不是有积极影响的事件，哪怕积极事件的信息量更多。例如，我们更关注延误的任务，而不是准时完成的任务。实际上，清楚地了解这些积极事件（机会）对规划未来项目是非常重要的（Nisbett and Ross，1980）。

有时，样本少也会误导我们对相关性的判断。这种情况在项目管理中比比皆是，因为组织开展的项目数量通常是有限的。此外，有关人员往往会淡忘在以往项目中发生的事情。过去发生的事情离现在越遥远，就越有可能被忽视，即使它们与当前项目更相关。例如，如果在过去的 3 个项目中供应商出现了 2 次问题，也并不意味着需要更换该供应商。你掌握的信息可能不足以分析这种相关性。你首先需要了解导致问题的根本原因。这有可能是由供应商造成的，也有可能是公司的采购系统在发出采购订单时出现了延误，导致了供货延误。

有时，人们往往会在并不存在的地方虚构相关性。心理学家将这种现象称为幻觉关联（Chapman and Chapman，1971）。例如，将两个事件进行联系：程序员上班总是迟到，他开发的软件的销量也不太好。这两者之间是否有关联？很可能没有。但是，如果经理把注意力都集中在考勤和销售数字上，他会将这两个数字进行关联，并认为软件滞销是由于程序员的马虎大意造成的。

与幻觉关联相反的现象是无形关联，那些人们不期望有而被有意忽视的关联。例如，团队成员一直向高级管理层抱怨某位项目经理缺乏人际关系技能。缺乏人际关系技能的影响尚不明确，在此人管理的项目中，有些项目有问题，有些没有问题。此外，该项目经理为其组织服务了很长时间，一直被高级管理层视为价值贡献者。

该项目经理被认为无法与人合作，这与项目存在的问题之间是否有关联呢？也许有吧。但因为并不是所有由该项目经理管理的项目都有问题，加之该项目经理在组织中具有很高的地位，所以这种相关性就会变得不可见。同时，因为高级管理层不希望在项目经理的人际关系技能与糟糕的结果之间找到相关性，所以他们也没有找到。遗憾的是，无形关联往往会导致更大的问题。在这种情况下，随着时间的推移，项目经理糟糕的人际关系技能会迫使成员离开团队并前往其他组织寻找压力更小的环境，这样一来，就会降低项目团队的效率。

两个变量之间有相关性，并不意味着一个变量引起了另一个变量。换句话说，相关性不等于因果关系。请记住，一个共同原因只是相关性的一个来源而已。我们每天都被各种关于因果关系的不靠谱的说法"狂轰滥炸"。媒体不断公布研究结果，宣传某某食物对健康的益处。"吃这个食物，你的寿命将延长20%。""如果你的饮食清单没有这个食物的话，你的寿命将缩短 20%。"（顺便说一句，它们指的是同一种产品。）

尽管对某些产品来说，这些说法可能是对的。但在多数情况下，研究并没有将对健康产生积极或消极影响的多个因素都考虑在内。例如，对红酒有益健康的研究并未包括因生病而不喝酒的人群。

类似的情况也发生在项目管理中。我们会认为，项目的成功是因为创建并运用了风险登记册。实际上，不足以做出风险登记册产生了积极结果这样的判断。

"因果关系"错觉经常被那些想将东西卖给你的人利用。销售人员希望你相信他们的技术或服务是项目成功的原因。项目管理顾问会在他的简历上写，因为他的参与，总预算 30 亿美元的 23 个项目获得了成功。这也许是真的，但没有这位顾问，项目也可能成功，很难证明或推翻其中的关联。正如你所看到的那样，许多偏见与相关性及因果关系有关。有什么办法能消除这些心理陷阱呢？

↘ 如何提高判断力？

到目前为止，就你所阅读的内容而言，正确理解相关性绝非易事。人们很难判断项目中的相关性。假设你刚刚开发完一款新的软件，你必须决定是否要为你的团队提供正式的培训，或者让团队成员自学后直接使用。从本质上说，你这是在确定培训与项目成功之间的相关性。培训可能令项目推迟几个星期开始，但如果没有培训，项目就可能完全失败。因此，花时间研究这个问题是非常重要的。

Jennifer Crocker 提供了开展这种分析的 6 个步骤（Crocker, 1982）。

1. 确定哪些信息是相关的。在这个阶段，你需要找出应该使用哪些数据来进行分析。你在组织内能获得足够多的数据吗？如果不提供培训会怎么样呢？培训师有所需的经验和教育背景吗？

2. 获取与问题相关的样本或观察信息（如果有可能的话）。这一步是收集数据的阶段。你需要从之前的所有培训中收集尽可能多的数据，然后分析数据以了解培训是如何影响项目结果的。在此阶段，分析表中要有大量数据。

3. 将观察信息进行分类并进行解读。那么，是否应该将数据分为不同的类别，例如，长期培训和短期培训、对新毕业生的入职培训还是对有经验的工程师的培训？怎样才算项目成功？是否有项目成功的类别？在此阶段你需要设计一个表，它类似表 14-1。

4. 估算出正相关发生或不发生的频率。此阶段需要填写表格。

5. 整合估算结果，制定可以用来做出判断的措施。例如，你可以得出一些粗略的平均数。如果进行培训的话，项目在预算内完成的机会为 60%。如果不培训的话，机会只有 30%。

6. 用综合估算做出判断。

如你所见，这是一个无法凭直觉完成的复杂心理过程。遗憾的是，即使经过大量训练，对相关性和因果关系判断错误也极为常见。这是一个非常复杂的过程，有人能进行此类分析吗？答案是肯定的，但要满足以下条件。

- 有可靠的数据。
- 问题十分严重，足以证明将稀缺资源用于这一分析是合理的。如果你对每件事都进行如此详尽的分析，就永远开始不了项目。把做项目变成做项目分析，这就非常荒谬了。
- 幸运的是，有很多工具可以用来提升判断力。

↘ 敏感性分析

敏感性分析研究的是，输入参数的不确定性对输出结果产生影响的程度。如果有项目评估模型，就可以确定模型中的哪些参数最有可能影响项目。这时，只需更改一个参数，如任

> 敏感性分析研究的是，输入参数的不确定性对输出结果产生影响的程度。

务持续时间，同时保持所有其他参数不变，以观察这个变化对结果产生了多大影响，能让结果波动最大的就是最重要的，也是最敏感的输入参数。

例如，你有一个根据单价、燃料成本和人力成本来计算收入的模型。对这三个参数有三个估算值：最低值、基准值和最高值。首先，使用所有参数的基准值计算收入。计算得出的收入为 40 万美元。然后，更改一个参数（如单价）并保持其他参数不变，多次重新计算收入。当我们使用最低单价计算时，收入为 20 万美元；当使用最高单价计算时，收入为 64 万美元。

可以将这些结果显示在图上（见图 14-2）。收入的范围显示为与每个参数相关联的条形图。参数的排序方式为：对收入影响越大的参数越往上一层放。这样排列下来，就让图形看起来像龙卷风，因此该图也被称为龙卷风图。

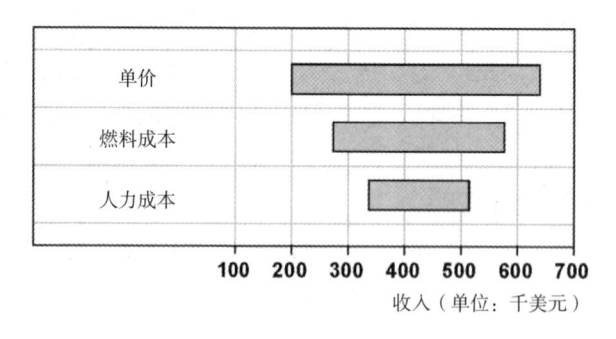

图 14-2　龙卷风图

同样的结果可以用另一种形式来表示，如图 14-3 所示。这个图从形状上看像个蜘蛛网，所以被称为蜘蛛图。龙卷风图的问题在于，很难知道一个参数的增加是如何影响另一个参数的。蜘蛛图解决了这个问题。如果使用最低值、最高值和中间值计算结果，就可以获得输入与输出之间的非线性关系。在上述例子中，燃料成本与收入之间的关系是非线性的，因为燃料成本的增加量超过一定程度后并不会导致收入的进一步减少。

利用敏感性分析，可以确定哪些参数是最重要的。在龙卷风图中，最上端的条块表示最重要的参数，在蜘蛛图中，斜率最大的线表示最重要的参数。

敏感性分析在经济评价中得到了广泛的应用，而在经济评价中构建了项目的量化经济模型。这些模型非常复杂，龙卷风图和蜘蛛图被证明都是非常有用的工具。

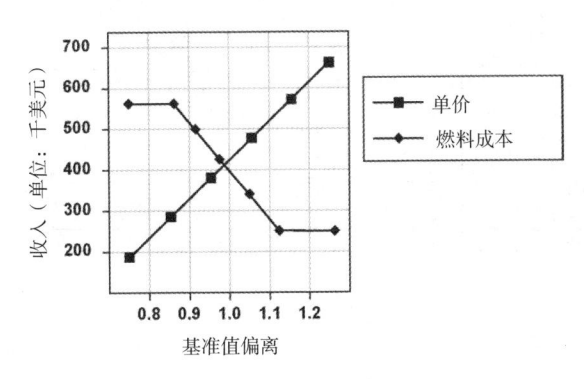

第 14 章　选取最重要的：敏感性分析和相关性分析　　145

图 14-3　蜘蛛图

请注意敏感性分析中的一个关键事实：与任何定量分析一样，敏感性分析的结果"只与模型本身一样好"，也就是说，如果模型中没有考虑一个重要的参数，那么你也无法在龙卷风图或蜘蛛图中看到这个参数。

如何设定输入参数的最低值、基准值和最高值呢？例如，为什么你选择最低成本和最高成本的估算值分别为基准值的 80% 和 120% 呢？从理论上讲，这些估算值应该来自对参数潜在属性的分析。但在实践中，人们通常不会费心了解变量的属性，或者根本无法获得相关数据。为了获得最低估算值和最高估算值，人们只是简单地用基准估算值分别乘以 0.8 和 1.2。这是一个典型的锚定案例，这样做会常常得出误导性的结果。

敏感性分析是《PMBOK®指南》第 11 章中推荐的定量风险分析技术之一。

定量分析相关性

假设你花了大量时间和精力收集数据，获得了团队成员平均经验与人工费率、材料成本、总成本之间的关系，并将这些结果放到散点图中（见图 14-4 中的三种类型）。

图上的每个点都是一个实际的数据样本。以下是我们的发现。

1. 通常，你必须为更有经验的团队成员支付更多的工资（更高的人工费率），这两个变量之间存在正相关关系。
2. 材料成本与团队成员经验无关。

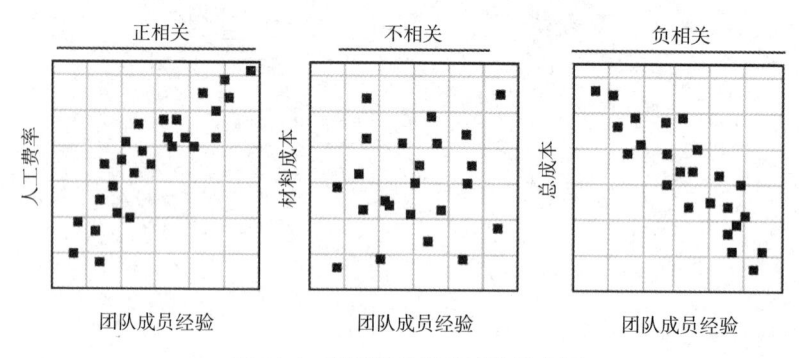

图 14-4 不同相关性类型的散点图

3. 更有经验的团队成员会减少总成本，这两者是负相关的。顺便提一句，这也是项目管理中一个无形关联的典型例子。管理者知道有经验的员工会增加人工费率，但他们不想承认有经验的员工最有可能降低总体项目成本，因为他们倾向关注短期目标（减少每月的工资）而不是长期结果。

可以用相关系数来定义相关性。强正相关的系数（一个参数的较高值总是与另一个参数的较高值相关联）为 1。强负相关的系数为 -1。无相关则相关系数为 0。许多统计学公式可以用来计算相关系数，包括斯皮尔曼等级相关系数。你可以在统计学课本中找到这些公式。用这些公式来计算各种类型的相关系数，如上述例子中的工作经验和成本的相关系数。工作经验的单位为年，成本单位为美元。

一旦知道如何计算两组不同数据之间的相关性，就可以回答两个主要问题：什么是最重要的？不同的项目变量之间如何相互关联？

我们应首先分析与关键任务相关的不确定性。

↘ 关键任务

关键任务是对项目参数（持续时间、成本、成功率等）有着最大影响的任务。关键任务代表了任务参数和项目参数之间的正相关性。因为关键任务是如此重要，所以应该首先分析与它们相关的不确定性。

> 应首先分析与关键任务相关的不确定性。

为了说明关键任务与项目持续时间之间的相关性，我们使用了弹簧近似方法（见图 14-5）。假设甘特图中的每项任务都是弹簧系统中的一个弹簧。当来回移动弹簧时，可发现其中一些弹簧会显著影响整个弹簧系统的运动，而另一些弹簧不会。移动距离取决于弹簧之间的连接（任务之间的链接）及其弹性（分配在任务上的风险和不确定性类型）。

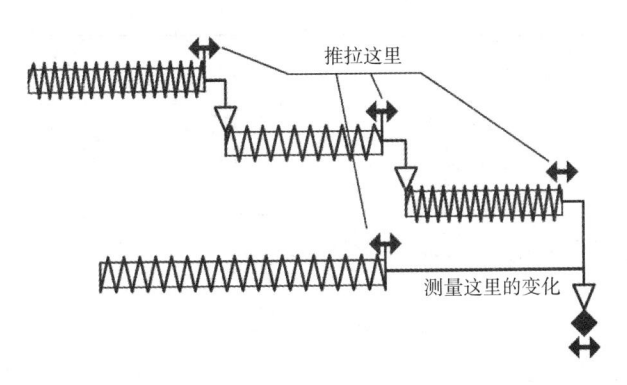

图 14-5　用弹簧近似法识别关键任务

以下是一些常见的关于关键任务的问题。

问：你如何确定关键任务？

答：关键任务是蒙特卡洛模拟的副产品（将在第 16 章中详细讨论）。蒙特卡洛模拟可产生一系列的项目持续时间、成本、成功率和其他参数。作为抽样结果，你还将获得一系列的任务持续时间、成本和其他参数。如果将这些参数输入计算相关系数的公式，可以算出相关系数。相关系数值最大的任务就是关键任务。（如果你很有激情的话，可以手工计算，但最好使用市场上已有的软件来计算。）

问：关键路径任务（Critical Task）和关键任务（Crucial Task）之间的关系是什么？

答：关键路径任务在关键路径上，而关键任务不一定在关键路径上。它们被称为关键任务，以区分关键路径法中的关键路径任务。（关键路径法中的关键路径任务只对进度来说是关键的，而关键任务对项目成功来说是关键的。——译者注）

问：是否有在成本上关键而在进度上不关键的任务？

答：有的。这也很普遍，取决于两个因素的结合，即与任务相关的成本和进度的不确定性，以及该任务在项目进度中的位置。

分析结果可以使用敏感性分析图来显示（见图 14-6）。输入参数的排序方式为，相关系数越高的变量在图中的位置越靠上（类似龙卷风图）。在该例中，任务 1 的固定成本不确定性可能对项目成功产生最大的影响。因此，任务 1 应放在分析和减轻风险的首位。

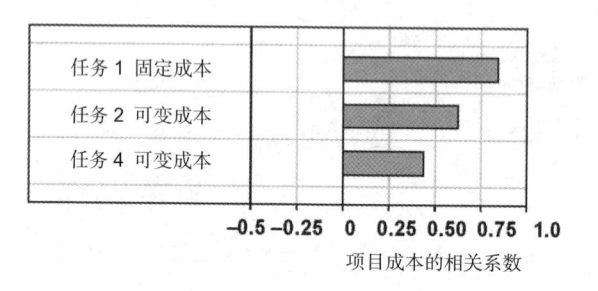

图 14-6 敏感性分析图

↘ 任务之间的相关性

现在，我们已经分析了项目输入和输出之间的相关性或主要项目参数，可以确定哪些参数对项目最为重要。但我们还需要分析不同任务参数之间的相关性会如何影响项目进度。

我们讨论了如何计算两组数据之间的相关系数。我们也可以执行相反的操作，先为某一变量定义相关系数（-1～1），然后进行蒙特卡洛模拟。分析所用的数学知识是相当复杂的，把它留给软件来处理就好了。分析结果将说明，如果某些任务参数之间存在相关性，项目可能发生的情况。例如，假设有两个活动涉及同一个供应商。如果一项活动由于供应商的原因而延误，那么另一项活动也有 90%的可能性被延误。当进行蒙特卡洛模拟时，为这些任务的持续时间设定 0.9 的相关系数，以计算该相关性的影响结果。

我们强烈建议，当你在运用蒙特卡洛模拟来分析项目时，使用相关性分析工具。不进行这些分析，就无法知道相关性会如何影响项目进度。

本章小结

- 你必须首先识别和解决重要问题。通常，由于项目经理无法识别项目中最重要的问题，所以很多项目都存在大量问题。
- 不同的项目参数可以相互关联。这些相关性会显著影响项目进度。相关性的来源有共同驱动因素、共同制约因素，以及共同原因。
- 敏感性分析是一种定量分析方法，有助于确定哪些项目输入参数是最重要的。
- 如果你定义了不同输入参数之间的相关性，就可以对项目计划进行更准确的概率分析。

第 15 章
决策树与信息价值

决策树是用于决策的一种图形化工具。利用项目进度表可以很容易地生成决策树。决策树可用于计算备选方案的预期价值或预期效用，然后根据计算结果做出理性选择。信息价值分析是用来对不确定性的实际价值进行定价的过程。

↘ 什么是决策树？

窃贼通常不具备良好的判断力，更不用说决策分析方面的专业知识了。以电影《小鬼当家》（1990 年）中的两个窃贼 Harry 和 Marv 为例。当你知道他们是如何选择目标的话，就可以放心大胆地说，他们绝对不会有斯坦福大学或杜克大学的决策分析学位（见图 15-1）。什么样的决策流程会让他们决定到芝加哥郊区的一所有小男孩在家的房子，而不是到旁边没有人的房子里偷窃呢？没准他们做了一个简单的决策树（见图 15-2）来选择入室盗窃目标。（如果你还记得的话，我们在第 4 章讨论项目期望值的概念时提到了决策树。）

或许 Harry 和 Marv 运用了以下决策流程来开发他们的决策树。
1. 首先确定他们要做的决策，即到哪家偷窃。
2. 然后确定选择标准，即房子里要有料。

假设附近有三所房子（见图 15-2 中的 1 号房、2 号房和 3 号房）符合他们的标准。由于事先对这些房子踩过点，Harry 和 Marv 可以估算从每所房子里能偷到多少东西：1 号房有 20 000 美元，2 号房有 10 000 美元，3 号房有 8 000 美元。

第 15 章 决策树与信息价值 | 151

图 15-1 运用决策分析做出更好的选择

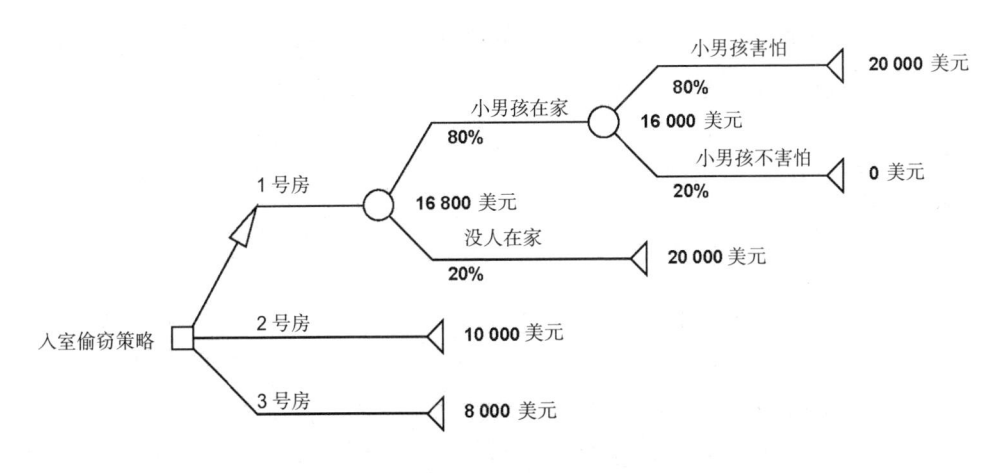

图 15-2 基于决策树的策略分析

3. 利用这些信息，Harry 和 Marv 开始画决策树。首先，他们画了一个与战略决策相关的决策节点（用矩形表示）——他们在这个节点决定对哪所房子下手。从这个节点出发，又画了三个分支，每个分支为一个备选方案。

4. 随后，两名窃贼绞尽脑汁，评估与这三所房子相关的风险或不确定性。事实证明，他们没有预料到 2 号或 3 号房的独特风险或不确定性，他们想当然地认为只要撬锁，找到贵重物品，偷走，然后分赃就行了，这既好干又容易！他们发现 1 号房里有大量贵重物品，好像还有一个小男孩在里面。于是，Harry 和 Marv 在决策树上画了一个圆圈，代表不确定性或机会节点。他们估计小男孩在屋里的概率是 80%。

5. 即便房子里有人，也可以进去偷窃。Harry 和 Marv 相信，即便小男孩在家，他也会被吓得不知所措。所以，他们又画了一个圆圈，代表这个男孩要么害怕，要么不害怕的概率。

6. 他们用三角形状的末端节点作为每个分支的结束。Harry 和 Marv 为每个结束节点赋了一个值。如果小男孩在家但不害怕，该值就为零，因为如果男孩报警的话，就偷不走东西了。另一些节点分别为"小男孩在家并害怕""没人在家"，以及"2 号房"和"3 号房"可以偷走的物品价值。

7. 在画完决策树后，开始从右到左计算。对于每个不确定性节点，Harry 和 Marv 需要计算预期价值。对于"小男孩在家"这一分支的预期价值是"小男孩害怕"和"小男孩不害怕"两个分支之和。数学计算式为：20 000 美元×80%+0 美元×20%=16 000 美元。"1 号房"的预期价值是"小男孩在家"和"没人在家"两个分支之和，数学计算式为：16 000 美元×80%+20 000 美元×20%=16 800 美元。

8. 根据预期价值这一标准，Harry 和 Marv 就很容易做决策了。"1 号房"的预期价值最高，即便考虑到有"小男孩在家"的可能性也是如此。

进一步考察 Harry 和 Marv 所做决策树的质量。

- 有时可以提前做出一些相互依赖的决策。这时，决策节点并不局限于放在决策树的开始（左边），也可以放在决策树中要做出决策的任何地方。例如，Harry 和 Marv 可能想看看把男孩吓跑会对预期价值产生什么影响。
- 在决策树分析中应用效用函数和风险原则（在第 4 章中讨论过）。显然，与大多数犯罪分子一样，Harry 和 Marv 是冒险者，这个风险原则会影响他们的选择。
- 通常，可以使用评估模型来计算与最终节点相关的价值。例如，Harry 和 Marv 的评估模型可以包括许多参数，如房屋类型和居住状况等。可以设置这些参数，并用评估模型为每个节点确定一个值。
- 正如在第 12 章中提到的那样，影响图可以用来构建决策树。

项目经理为何要用或者不用决策树？

不仅窃贼使用决策树，许多诚实的人也在用它。律师（为了支持论点，这里姑且认为他们是诚实的）通常会使用决策树来做出起诉或不起诉的决策。如果起诉，应该接受庭外和解还是开庭审判？如果开庭审判，胜诉的机会有多大？如果胜诉了，对方再上诉的机会有多大？这个分析要计算每个步骤付出的成本，是一个非常复杂的决策树。

诚实的人也可以用决策树做出其他选择：考虑到未知市场的不确定性，正在开发的哪款产品最有可能成功？电影制片厂应该拍什么电影？如何在一系列创意和电影脚本中做出选择？一家公司应该首先勘探和开发哪些矿山？许多公司运用决策树做出战略决策。那么，组织如何将它用到项目管理中呢？

《PMBOK®指南》将决策树作为定量分析项目备选方案风险的工具之一。《PMBOK®指南》的第 11 章中有一个关于决策树的简单例子，其中包含了预期货币价值。虽然可以获得很多决策参考，但在项目管理实践中还是较少用到该工具，主要有以下几个原因。

- 如果项目的规模相对较小，大多数项目经理认为，他们可以直接做出选择，不需要使用决策树这类复杂的分析工具。项目经理此时所做的假设，即项目的规模和项目决策正相关，并不正确。实际上，在管理小项目时也要对备选方案进行复杂分析。
- 如果项目的规模既大又复杂，如公路建设项目，项目经理更愿意将决策分析工作委托给战略规划部门的商业分析师或者外包给顾问。

我们再次强调，当你必须做出一个取决于其他决策的决策时，就要把它当作一件并不简单的事情，单凭直觉做出的决策会导致致命的错误。在这种情况下，必须用决策树帮助你做出正确的决策。

还有一个与组织使用决策树相关的发现：与项目决策分析中所有定量方法一样，决策树依赖于项目的评估模型。通常，项目经理不会专门为决策树分析创建评估模型，他们有太多的事情要处理。但是，如果他们已经有了模型（通常是项目进度表），那么使用软件就很容易将模型转换为决策树（见附录 A），这样一来，只要稍做一点努力就会获得很大的收益，项目经理就没有在中小型项目中不需要用决策树分析的借口了。让我们一起来看看如何进行转换。

将项目进度表转换为决策树

假设你的项目进度表包括几个备选方案（见图 15-3）。如果一个项目方案依赖于另一个方案，那么就会有更多的备选方案。对多个备选方案使用一个项目进度表总比为每个方案都创建进度表更容易些。可以用成本或持续时间度量项目进度。

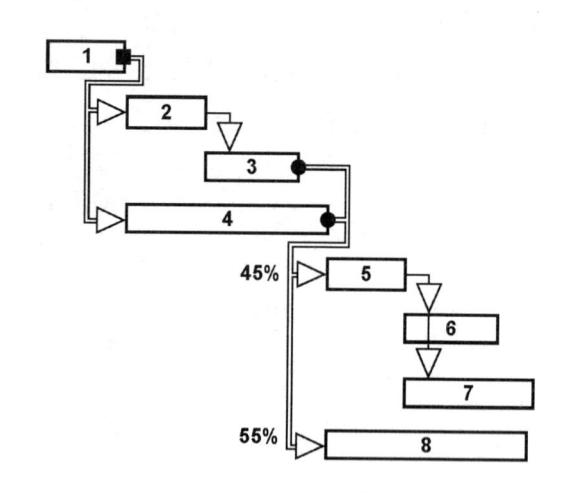

图 15-3　将项目进度表转换为决策树

下面，讲解如何将项目进度表转换为决策树。

首先，创建一个考虑了不同情景的项目进度表。可以用进度表中的不同并行路径来表示。当前置活动有多个后续活动时，项目进度的不同路径就是这些分支的结果。

有两种路径。

1. 同步进行的活动是并行的。例如，在电影《小鬼当家》中，Harry 在卧室里找现金，Marv 在客厅里找值钱的电子产品。

2. 采用不同的方案。例如，Harry 和 Marv 要么从客厅开始，要么从卧室开始。

其次，为了区分两种不同的路径，需要在甘特图上进行演示。用双线而不是单线及水平箭头代表备选路径，用垂直箭头代表并行活动。在示例中，用一条双线将任务 1、任务 2 和任务 4 连接起来，表示任务 2 和任务 4 及其所有后续任务都是备选方案。

每个活动都可以有备选的后续活动，原因有二。

1. 必须做出决策。前置任务尾端的实心正方形代表正在进行的决策（见图 15-3 中的任务 1）。

2. 活动有不确定性。活动尾端的实心圆点代表不确定性（见图 15-3 中的任务 3 和任务 4），需要定出每个分支的概率（在示例中，分别为任务 3 和任务 4 之后的分支给出了 45% 和 55% 的概率）。

最后，在输入了构建决策树的所有信息后，分别为每个备选方案进行网络计算（关键路径法中的正推法）。决策树的尾端节点表示每个备选方案的成本或持续时间，分支表示任务或任务组。

在实践中，项目进度表会非常庞大和复杂。为了防止决策树变得太大和不好管理，可以应用进度合并算法。这个算法将决策节点和不确定性节点间的所有活动成本和持续时间分别进行计算，并用分支表示。

图 15-4 显示了将进度表转换为决策树的结果。即使你没有将进度表转换为决策树，这种方法也是有价值的，因为它可以在任何甘特图上将决策和不确定性可视化，为讨论各种项目情景及其发生的概率提供了一个有价值的工具。

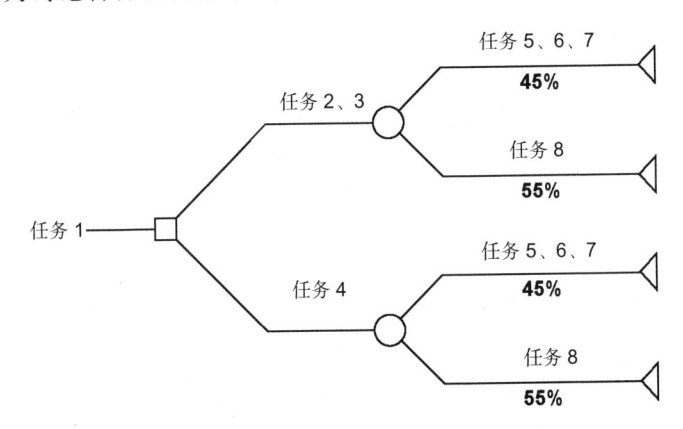

图 15-4　进度表转换为决策树

↘ 完整信息的价值

你听说过下面的轶事吗？

一家化工厂的一个巨型反应釜坏了,没有人知道故障的确切原因。为了查明原因,管理层面临两个选择:要么拆开反应釜的主要部件,要么同时检查反应釜的一大堆小部件。因为停机时间太长,这两个方案都要耗费数百万美元。在调查开始前,项目管理团队请了一位权威人士,期望他能更快地找出故障原因。

这位权威人士在反应釜周围走了几圈,很快就盯住了某个部件。他拿出一个小锤子,一边轻轻敲打反应釜一边仔细地听。在连续敲打和听音几分钟后,这位权威人士转过身来,说:"在这里切一个小口,更换里面的管子。"尽管主管觉得权威人士的诊断流程有些怪异,但他还是马上安排工人换了管子。(记住第一条规则:永远不要质疑权威!)令主管和其他人惊讶的是,这近乎奇迹般的维修使反应釜在当天启动并满负荷运转起来。厂长非常高兴,问:"你要多少钱?""100 万美元。"权威人士说道。厂长满腹狐疑,说:"用小锤子敲打反应釜需要 100 万美元?!""不,敲打反应釜只要 1 美元,剩下的 999 999 美元是为帮你们至少节省三倍时间而付的。"权威人士回应道。

这位权威人士显然计算了他提供的信息价值——通过他的调查可节省下来的钱。在项目管理方面,信息价值是极其重要的,特别是在回答以下问题时:

- 你是否应该花时间和金钱来开发一个新设备原型?
- 你是否应该对软件或硬件部件进行额外的测试,以确保其可靠性?
- 你是否应该购买新的软件来进行更详细的分析?
- 你是否应该聘请一位顾问来解决一个复杂问题?

下面是计算信息价值的方法。Harry 和 Marv 想入室偷窃,但不知道房子里到底有多少钱。房子里可能有 2 万美元(概率是 80%),即"有料的房子",或者它是"一无所有的房子"(概率是 20%)。其他房子呢?Harry 和 Marv 百分之百地断定 2 号房里有 1 万美元。

意识到目标房子周围仍有不确定性,Harry 和 Marv 需要得到更多的信息来决策。如果你看过《小鬼当家》,就会记得 Harry 在圣诞节前假扮警察来过这些房子"踩点"。在这样做之前,他们需要评估获得这些信息是否有意义。首先,Harry 需要买一套警服。其次,在房子里摆出一副警察的样子,不然会露出马脚。于是,Harry 和 Marv 画了决策树(见图 15-5),他们有三个方案。

- 方案 1:进入 1 号房。预期价值为 0 美元×20%+20 000 美元×80%=16 000 美元。

- 方案 2：进入 2 号房。肯定能偷到 10 000 美元。
- 方案 3：获得 1 号房的更多信息。

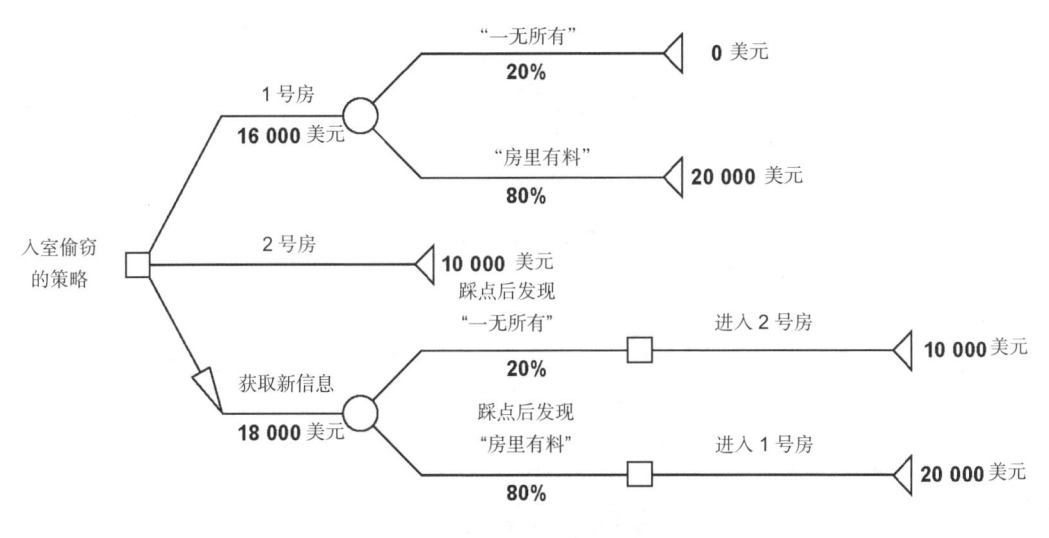

```
                              "一无所有"
                                 20%           0 美元
                 1 号房
                16 000 美元
                              "房里有料"
                                 80%           20 000 美元

                 2 号房        10 000 美元

入室偷窃                      踩点后发现
的策略                        "一无所有"      进入 2 号房
                                 20%                        10 000 美元
              获取新信息
               18 000 美元
                              踩点后发现
                              "房里有料"      进入 1 号房
                                 80%                        20 000 美元
```

图 15-5　信息价值分析

如果 Harry 到 1 号房踩点获得了更多信息，就会发现："房里有料"的概率是 80%，"一无所有"的概率是 20%。如果 1 号房里什么都没有，那就应该进入 2 号房，拿走 10 000 美元。如果 1 号房里有很多东西，就应该先洗劫 1 号房。这个逻辑由第三个分支"获得更多信息"来表示。这一方案的预期价值为 10 000 美元×20%+20 000 美元×80%=18 000 美元，比第一个方案的 16 000 美元要多出 2 000 美元。因此，信息的预期价值是 18 000 美元–16 000 美元=2 000 美元。现在，Harry 可以做出决策了，为这 2 000 美元去买（或偷）警服和踩点是否值得。

↘ 不完整信息的价值

这种信息价值分析有一个重要前提：Harry 和 Marv 假设 Harry 获得的信息是完整的。换句话说，假定 Harry 的发现是完全可靠的。实际上，他的评估不会是绝对准确的，会有他看不到的地方，也会有一些他难以评估的东西。

> 运用贝叶斯定理，即基于新信息对概率进行修正，可以分析新的不完整信息的价值。

决策理论提供了将不完整信息纳入分析并计算其预期价值的方法。如果事件 A 的概率是以事件 B 为条件的，则它通常不同于事件 B 的概率（当它是以事件 A 为条件时）。在第 1 章中讨论的贝叶斯定理实际上定义了这种关系。贝叶斯定理是一个基于新信息对概率进行修正的公式。

如果专家或顾问告诉你贝叶斯定理是一个简单的概念，你应该持怀疑态度。当然，公式本身其实很简单，但是，解释和应用公式会遇到一些问题。因此，我们并没有把公式写在书里。你可以在大多数有关决策分析的书中找到具体的公式。如果想为你的项目计算不完整信息的价值，可以在附录 A 中找到相应的软件。

本章小结

- ▶ 决策树是有助于分析和选择项目备选方案的工具。
- ▶ 使用项目进度表可以很容易地生成决策树；可以创建表示项目进度的网络图，并将不同情景及其概率可视化。
- ▶ 信息价值可帮助我们决策：是否值得花钱做测试、设计原型和掌握更详细的建模技术以获得更多的信息，这样做是否能节省更多的成本。

第 16 章
项目风险和蒙特卡洛分析

项目管理中的一个基本问题是,"在多重风险和不确定性的影响下,项目的持续时间和成本是多少"?可以运用蒙特卡洛分析来回答这个问题及其他一些问题。蒙特卡洛分析是处理项目不确定性和复杂性的简单方法。然而,蒙特卡洛分析有一些局限性,这些局限性与我们如何识别和理解不确定性有关。

↘ 到底要花多少钱?

"东部通道"是纽约市的一个正在建设的地铁项目,该项目对长岛线进行了延伸,从皇后区的主线(见图 16-1)一直延伸到曼哈顿东侧中央车站下的一个新车站。新车站和隧道计划于 2022 年 12 月通车。这是一项庞大且造价高昂的项目。例如,新车站将有 8 条轨道和 4 个站台。双层车站位于街道下方 100 英尺处。到 2018 年 4 月,原估算的 35 亿美元造价已增至了 111 亿美元。事实上,"东部通道"是世界上最昂贵的地下铁路建设项目之一。虽然"东部通道"只有 3.5 英里长,却赢得了一个令人汗颜的荣誉:地球上每英里造价最昂贵的地铁线。

由于种种原因,该项目的成本急剧超支。《纽约时报》报道,多年来纽约市的政客们一直在支持一小撮与政治有关的工会,与此有关的建筑公司和咨询公司赚得盆满钵满(Rosental,2017)。例如,最初的预算显示,挖掘站台的工作大约需要 900 个工人,而项目会计师核算该工作只需 700 个工人。政客们无法提供其他 200 个工人到现场领取工资的理由。结果,该挖掘工程所雇用的工人数量大约是亚洲或欧洲同类项目的 4 倍。成本超支的另一个原因是,该项目的承包商增加了 15%~25% 的应急储备,因为与项目业主交通管理局的合作非常困难。事实上,行业内正常的应急储备也就是 10% 左右。未能及时完工也是一个大问题,这些原因都导致成本超支。

图 16-1　皇后区"东部通道"四条隧道的起点
（图片由交通管理局/Patrick Cashin 提供）

当项目预算超支和进度延误时，需要思考两个问题：
1. 为什么会这样？
2. 接下来怎么办？

在预算内按时完成项目的概率是决策的最重要指标之一。

当然，在我们的世界中没有什么是确定的，尤其是项目持续时间、完成时间、成本和其他参数。因此，我们不可能在一开始就考虑到与该项目有关的所有问题，并预测到该项目最终将耗资 120 亿美元。通过了解项目最终成本的实际范围，就有可能把重心放在降低导致成本超支的风险上了。

如果该项目有 90% 的概率只花费 120 亿美元或更少，这就意味着我们非常有信心在这一预算内完成该项目。如果概率是 20%，就意味着我们对估算的信心不足，需要审查项目范围和资源，或者接受可能的成本超支。通过将每个项目情景的概率进行量化来审查每个备选方案，并选择其中最有可能完成的一个方案。

> 项目能否在预算内准时交付是决策的重要指标之一。

因此，需要找到两个非常重要问题的答案，以帮助我们做出决策。
1. 考虑到所有风险和不确定性，项目的成本是多少，需要多长时间？
2. 该项目在预算内按时完成的概率有多大？

如果知道与项目中的活动相关的风险和不确定性，我们就可以通过计算来得到这些问题的答案。在计算风险和不确定性的影响时，最简单的方法是，通过输入一些参数来创建项目的多个进度表，这些参数包括风险、活动成本和持续时间的不同估算、资源等。可以分析所有情景，以找到这些问题的答案。这种方法被称为情景分析，它是一种简单而直接的方法，在没有复杂工具的情况下可以用它。通常，该工具应用在简单项目或项目的具体阶段中非常有效。《PMBOK®指南》中将"如果……那么……"这一情景分析工具作为进度网络分析的首选方法之一。

这个方法的问题在于，每个项目都有大量的任务和资源，每个任务和资源都有不同的风险和不确定性。如果把项目中出现的风险和不确定性全部进行组合，那么将会出现大量情景。显然，我们无法管理这么多的情景。这些风险可能在不同的时间出现，这就使分析变得更为复杂。我们需要找出这些风险对项目的累积影响。一些定量方法可以用来解决这个问题。

↘ 计划评审技术

军事研究往往会产生一些副产品，这些副产品带来了重大的技术进步。例如，在1956—1958年，Booz Allen Hamilton咨询公司协助美国海军特别项目办公室，制订了北极星舰队弹道导弹计划。这个项目是美军有史以来最大、最具风险的研发工作之一。管理者希望能对达到重要里程碑的概率进行评估，例如，在某一特定日期试射导弹的概率。该项目的一个副产品是计划评审技术（Program Evaluation and Review Technique，PERT）。计划评审技术是在50年前开发的，尽管其应用有限，但它在今天仍然是众所周知的。下面介绍计划评审技术的原理。

活动的预期持续时间（t）或其平均值可以用以下公式计算：

$$t = \frac{(最乐观持续时间 + 4 \times 最可能持续时间 + 最悲观持续时间)}{6}$$

这个公式使管理人员能够使用预期持续时间来创建项目进度。但为什么不用这些持续时间创建一个乐观或悲观的进度表呢？来看一个简单的例子，它能帮助你理解为什么PERT用预期持续时间而不是乐观或悲观持续时间。

假设你管理某建筑项目，需要安装10根预制柱。每安装一根柱子需要2~4小时，柱子是一根接着一根安装的。如果其中有一根柱子有问题，并不意味着其他柱子也会跟着有问题。如果知道安装一根柱子的最悲观持续时间为4小时，就可以计算安装10根柱子的总悲观持续时间为：4小时/根×10根=40小时。对吗？不完全对。这是一个极其悲观的持续时间，因为只有当所有柱子的安装都遇到问题时，才可能发生这种情况，但这不太可能。

这个例子也说明了与锚定和调整启发法相关的一个偏见。当存在两个条件时，人们倾向明显高估或低估组合事件的概率。在这个例子中，4小时的安装时间是一个锚点，它可能导致错误判断。

正如我们所看到的，如果我们使用乐观的（或悲观的）任务持续时间来创建乐观的（或悲观的）进度表，我们经常会得到有误导性的结果。因此，使用预期持续时间的PERT是在项目管理中纳入不确定性的重要进步。

更重要的是，PERT还包括简单的公式和方法来计算达到特定里程碑的概率，因此项目经理和团队无须经过艰难的培训也能轻松使用。

尽管PERT很不错，但也存在一些问题。

- 在网络图中只有一条主导路径时，PERT才能给出准确的结果。当没有一条路径占主导地位时，经典的PERT常常会提供过于乐观的结果。
- 要求与任务相关的不确定性是相互独立的，但通常并非如此。
- 当估算一项任务的最乐观、最悲观和最可能持续时间时，会受到锚定启发的影响。最可能持续时间将成为一个不期望出现的锚点，这个锚点会影响我们估算任务或项目持续时间的准确性（见第13章）。

为了应对这些挑战，其他一些分析方法应运而生。在讨论这些方法之前，我们简要介绍一下与这些方法一起使用的一些基本知识。

↘ 统计分布

大多数人在看地图时都会遇到困难。地图是对现实世界的一种抽象，一些人无法将抽象的地图与具体的实际景观对应起来，然后再置身其中。在统计分布中也会出现类似的情况。许多项目经理熟悉统计分布的概念，也许他们上过概率和统计学的基础课程，但他们并不能告诉其他人（包括自己）统计在实际工作中的作用或者如何在实际中应用。如果你发现自己存在这个问题，那么有必要学习以下的快速入门知识。

假设你正在估算"安装厨房水槽"这一活动的持续时间。不同的水槽类型、管道配置和其他因素都会有不同的持续时间。如果你已经安装了 20 个水槽并记录了每次花费的时间，就可以做一个任务持续时间的记录表了（见表 16-1）。

表 16-1　多次活动的持续时间

"安装厨房水槽"活动的持续时间	发生次数	概率：发生次数/总次数
0～0.5 小时	2 次	2÷20=0.1（10%）
0.5～1 小时	10 次	50%
1～1.5 小时	5 次	25%
1.5～2 小时	3 次	15%

在实际应用中，可以将这些信息放到一个图中。用横轴表示持续时间，用纵轴表示频率。这个频率直方图可以用来显示某一持续时间的概率分布（见图 16-2）。

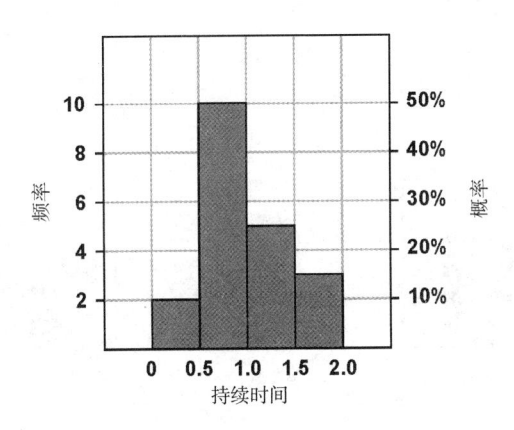

图 16-2　频率直方图

统计分布显示了发生频率值的分布，也可以用另一种方法画这个图。将选定点左侧所有点的频率（概率）相加，得到该点的累积概率。这就是计算累积概率的方法，这个图被称为累积概率图。通过这些计算可以得出与某个参数值对应的概率。

例如，活动持续时间为 1.2 小时的概率是多少？请看图 16-3。若要知道这个概率，首先在横轴上找到持续时间 1.2 小时，画一条与纵轴平行的线，然后向右画一条与横轴平行的直线，这样就可以得出概率。在本例中，概率是 85%。不过，累积概率图有时会令人费解，因为它不能帮助我们理解所讨论参数的区间（在本例中，指的是任务持续时间），只能通过画线得到概率，如图 16-3 所示。

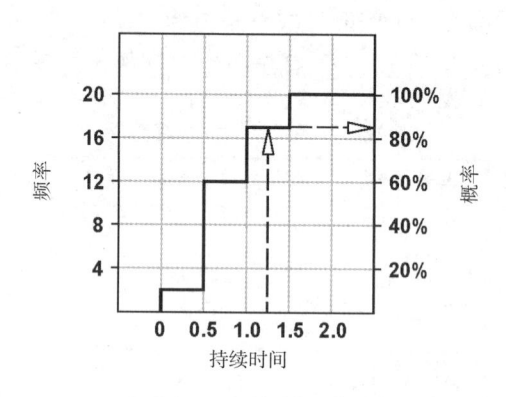

图 16-3　累积概率图

如果有一组经验数据，就可以创建不规则或尖峰分布的曲线，然后通过使用连续分布来使分布变得更为平滑一些。连续分布由不同的数学公式定义。连续分布通常能更好地反映项目真实数据的性质，因为它具有可能结果的连续性。虽然有很多种连续分布，但只有少数用于项目管理（见图 16-4）。

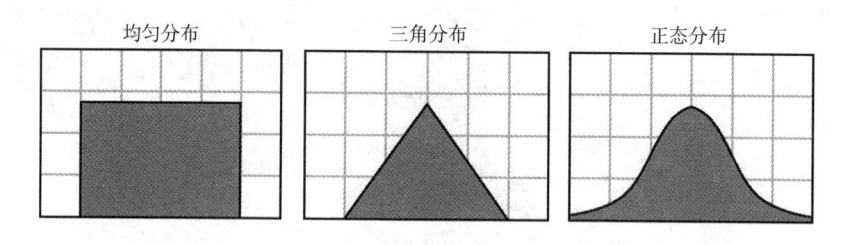

图 16-4　常见的连续分布类型

其中包括：

- 均匀分布。参数在一定区间内的概率相等。
- 三角分布。使用最小值、最大值和最可能值进行估算。最小值和最大值不是乐观估算和悲观估算，而是极值。

- 正态分布。正态分布是一种对称分布，在商界和自然界中经常出现。但要注意，这种分布是无边界的，它的两端可以延伸到无穷远处。在项目管理分析中，要用到边界。
- 对数正态分布。这是一种正偏态（不对称）分布，其右侧有一个长尾。
- 贝塔分布（β 分布）。一种有界分布，它使用一个数学公式，其中有两个系数。通过改变这些系数，β 分布可以有各种各样的形状，可以对称，也可以非对称。PERT 公式就是用 β 分布推导出来的。

除了由数学公式定义的分布，大多数工具软件还允许创建自定义分布。所需的只是数据而已，在本例中是某个值出现的频率。例如，你可以输入图 16-2 所示的分布，并将其用于进一步的分析。此外，如果你有经验数据，就可以找到适合这些数据的统计分布。许多工具软件可以帮助你在不同类型的分布中为你的数据选择最适合的分布。

当大多数人考虑统计分布时，其脑海中首先会想到图形。但要记住，统计分布实际上只是对数值的排列，可以使用许多参数来分析分布。其中最重要的参数有：

- 平均值。一种数学平均值，用所有试验的变量值之和除以试验次数。
- 标准差。衡量数值在分布中的离散程度。标准差越大，与参数相关的不确定性越大。
- 百分位。在 0~100 的一个值，它表示一个分布的百分比等于或低于这个值。第 95 百分位（P95）就是等于或优于分布中 95%的值。

↘ 蒙特卡洛技术

我们介绍了一些统计分布的背景知识，现在，介绍如何使用蒙特卡洛技术来分析含有不确定性的项目进度。在刚开始时，蒙特卡洛技术有更为一般化的名称，其中一个名称就是"统计抽样"。后来，该领域的一些先驱，如 Stanislaw Marcin Ulam、Enrico Fermi、John von Neumann 和 Nicholas Metropolis 用摩纳哥著名赌场"蒙特卡洛"来命名这个技术。这项技术涉及的随机性和过程重复性类似赌场中的赌博。Ulam 在他的自传《数学家历险记》中透露，这个技术是为了纪念他的叔叔，他的叔叔是一个赌客（Ulam，2002）。

下面介绍蒙特卡洛技术的原理。假设你已经做了一个计算（计算的类型无关紧要，例如，它可以是 Excel 表中的一个经济模型）。我们使用关键路径法进行进度网络分析。每个项目进度表都有一些不确定的（概率的）参数：任务持续时间、成本、开始与结束时间、与资源相关的费率及其他。目标是得出项目成本和持续时间的统计分布，我们通过模拟的方式来展开。

以下是模拟步骤。

1. 从统计分布中选取参数值。这个过程叫作取样。可以通过掷骰子得到一个随机数，然后在与分布相关的数学公式中代入此随机数。通过公式可计算出一个值。此时，蒙特卡洛的魔力出现了。不断地掷骰子，就会发现在分布图中"隆起处"（或峰顶处）的值将比"低洼处"（或尾部）的值出现得更多。

2. 把这些值代入建好的模型中进行统计运算，在本例中是项目进度模型。换言之，可以使用关键路径法计算项目进度，关键路径基于任务持续时间、成本和在上一步中从统计分布中得到的其他参数。

3. 保存分析结果（项目持续时间、成本和其他参数）。重复这个过程数百次，每次使用一组来自统计分布的新数值。每次独立的运行都被称为一次试验。在你计算并保存了数百个试验的结果后，就可以得到项目参数的分布，可以在类似图 16-2 和图 16-3 所示的图上显示这些参数。

好在你不必手动计算，有许多专门为此任务开发的工具软件（见附录 A）。你的工作是定义输入参数分布并对结果进行分析。

这里举一个具体例子。假设有一个含有三个任务的项目（见图 16-5）。第一个任务的持续时间服从正态分布（平均 4 天），第二个任务的持续时间服从均匀分布（3~7 天），第三个任务的持续时间是确定值（4 天）。

接下来进行 20 次试验，获得任务 1 和任务 2 的持续时间分布，如表 16-2 所示。对于任务 1，我们知道 3~5 天的持续时间比其他持续时间出现的频率更高，因为这是分布曲线的峰值出现之处。对于任务 2，因为它服从均匀分布，所有的持续时间都在 3~7 天均匀分布。对于每个试验，我们将所有的任务持续时间相加以获得项目持续时间。结果显示在直方图中。由于任务 1 服从正态分布，项目总持续时间的直方图也有一个"驼峰"。

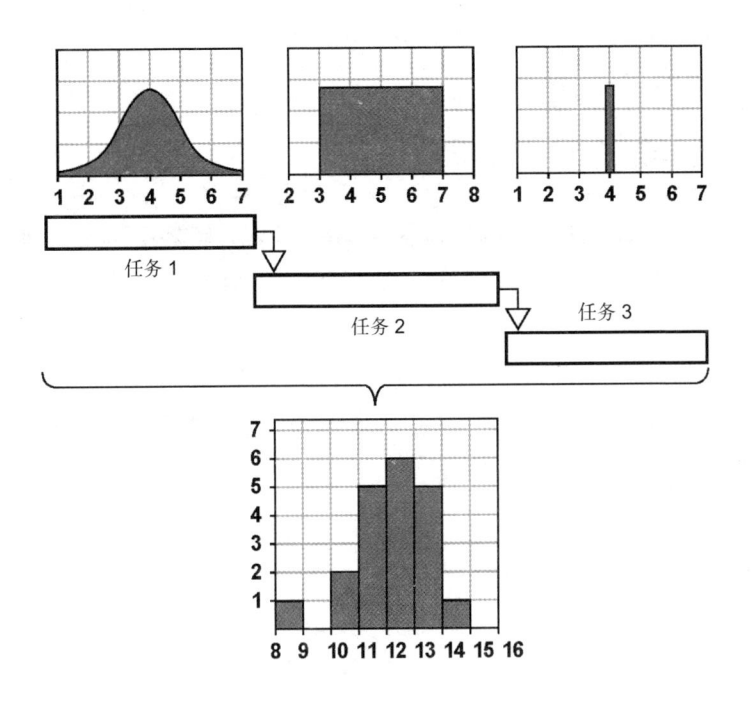

图 16-5 蒙特卡洛模拟流程

表 16-2 蒙特卡洛模拟结果

试验	任务1	任务2	任务3	项目	试验	任务1	任务2	任务3	项目
1	1.2	3.5	4.0	8.7	11	4.8	3.1	4.0	11.9
2	4.0	2.8	4.0	10.8	12	4.2	4.9	4.0	13.1
3	2.5	4.0	4.0	10.5	13	3.9	5.5	4.0	13.4
4	3.0	6.0	4.0	13.0	14	2.3	5.1	4.0	11.4
5	3.5	4.4	4.0	11.9	15	5.8	3.1	4.0	12.9
6	4.2	3.9	4.0	12.1	16	3.4	3.9	4.0	11.3
7	3.8	6.2	4.0	14.0	17	4.6	3.7	4.0	12.3
8	4.4	4.4	4.0	12.8	18	3.7	4.8	4.0	12.5
9	2.1	5.9	4.0	12.0	19	3.9	3.5	4.0	11.4
10	4.1	5.8	4.0	13.9	20	4.3	5.5	4.0	13.8

使用来自 20 次试验的数据，我们现在可以计算所有基于概率的项目参数，

包括平均数（在本例中为 12.185 天）、标准差和百分位数。

↘ 应该使用哪种分布？

通过对相关参数的历史数据进行分析，就可以选择项目进度的分布。例如，如果任务每次都有规律地发生，就可以测量任务的持续时间，然后用它来定义统计分布。

遗憾的是，许多项目都未能保留历史数据。在第 13 章中，我们学习了如何通过专家来判断事件的概率。现在，让我们看看专家判断如何帮助我们定义统计分布。概率法（Goodwin，2014）有助于减轻锚定的负面影响，包括调整不足的问题。

1. 请专家为参数确定取值范围。
2. 让专家设想可能导致取值超出范围的情况，然后在必要时修改范围。
3. 将范围分为 4~7 个区间，对于每个区间，请专家评估是否可以增加或减少该取值。例如，一位专家估算，持续时间的范围是 5~10 天。你先问专家："持续时间小于 6 天的可能性是多少？"再问："持续时间小于 7 天的可能性是多少？"最后，你将得到一个累积的概率分布。你可以绘制分布图，手工连接点，并拟合统计分布。
4. 进行真实性检查。首先，让专家用不同的间隔来得出累积概率，例如，采用 1.5 天而不是 1 天。然后，你将结果与之前的评估进行比较，并做出必要的纠正。你也可以让专家确定他认为分布的峰值应在哪里，然后将其与步骤 3 中的结果进行比较。

另一种对连续分布进行判断的方法是相对高度法。使用前面的示例，你可以询问专家 5~6 天的持续时间有多少次，6~7 天的持续时间有多少次，等等。然后，可以绘制频率直方图，类似图 16-2 所示的图形。

遗憾的是，如果项目进度表中有几十个任务，则可能需要相当长的时间才能得出所有不确定性的统计分布。好消息是，对于大多数项目进度表，如果知道数据的范围，那么分布的特定形状对分析就不那么重要了。

如果你为特定的任务持续时间选择三角形分布，而不是对数正态分布，只要数据范围是准确的，就不会完全扭曲你的分析。未考虑风险和不确定性要比一个不准确的分布带来更多的问题。

需要多少次试验？

针对蒙特卡洛流程，大多数人问的第一个问题就是，需要进行多少次试验分析才有意义。答案取决于和项目进度表有关的不确定性。在某些情况下，你会在项目进度表中考虑某个以戏剧性结果来结尾的罕见事件。假设在 1 000 年中有 1 个自然灾害会袭击你所在的地方。虽然此事件可以使用离散分布进行建模，但你至少需要进行 1 000 次试验，以查看事件如何影响项目进度。除了这些特殊情况，根据经验，你只需要进行几百次试验，就可以对大多数项目的进度做有意义的分析，包括含有 1 000 多个活动的庞大进度表。

幸运的是，应用在这个领域的大多数软件都有收敛监测的功能。在每次试验后，软件将计算所选项目变量的统计参数（平均值、标准差和其他参数），如项目成本或持续时间。软件将计算在两个连续试验中这些统计参数之间的差值，并且，如果在连续多次试验中该差值均在指定的方差内，则软件会认为结果已收敛，并停止蒙特卡洛流程。例如，在超过连续 25 次试验中，如果项目标准差之间的差值小于 0.5%，则流程会戛然而止。

分析蒙特卡洛模拟结果

一个项目按时并在预算内完成的概率是多大？使用蒙特卡洛技术可帮助我们回答这个重要的问题。

从技术上讲，我们需要记录项目在预算内按时完成的试验次数，然后将其除以试验总数。例如，如果你进行了 100 次试验，其中有 65 次按时完成了项目，那么按时完成的概率是 65%。分析这一点的最佳方法是，使用与项目持续时间相关联的统计分布。所幸，工具软件会提供一个统计分布的交互式直方图。你可以使用这些交互式工具来选择日期，以获得项目在某一特定日期之前完成的概率。

敏感性和相关性

使用蒙特卡洛技术，你可以识别具体任务的不确定性，这些不确定性将对项目进度产生最大的影响。例如，如果一项任务的风险非常高，那么该任务会显著影响项目的持续时间。此外，你还可以识别任务之间的相关性，然后监控它们是如何影响项目进度的。我们在第 14 章中讨论了如何定义和分析敏感性和相关性。

关键指标

如果分析一个具有确定性的项目进度，我们就可以识别关键路径。然而，当我们使用蒙特卡洛技术时，每次试验的关键路径都有可能不同。在这种情况下，可以确定一项任务在试验期间处在关键路径上的时间百分比。例如，通过分析发现，任务 A 在关键路径上的时间占 60%；任务 B 占 30%；任务 C 占 45%。那么，任务 A 将是最关键的任务，因此需要对其做进一步检查。这被称为关键指标，它对识别既有风险又有不确定性的关键任务很有价值。

概率日历

如果风暴在你附近的海岸登陆，当风暴肆虐时，你就不能继续进行海港改造项目。不过，使用蒙特卡洛分析，就可以定义日历中可用的工作日或非工作日。例如，风暴日历可以定义，在日历中有 5%的时间因天气恶劣而不可用。

截止日期

如果一个任务达到了设定的截止日期，但还未完成，其中一个结果可以是取消该任务或项目。但我们不知道这个项目是否会在截止日期前完成，或者错过截止日期的概率是多大。蒙特卡洛技术将帮助你回答这个问题，因为它很容易就能算出错过截止日期的试验次数。

条件分支

假设项目进度表包含两个不同的分支，代表两个不同的备选方案。条件分支允许项目在特定条件下从一个任务分支到另一个任务。例如，任务持续时间为 6 天，误差不超过 ±2 天（见图 16-6）。如果任务在 6 天内完成，则选择一个方案，但如果任务在 6 天后完成，则选择其他备选方案。这些类型的条件不仅可以基于持续时间，还可以基于完成时间、成本和其他参数。

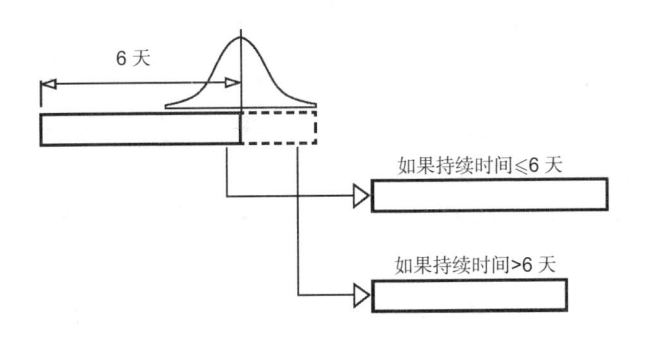

图 16-6　条件分支

概率分支

你还可以使用概率分支，它允许项目在模拟过程中从一个任务分支到另一个任务或另一个任务组。例如，选择一个分支的概率是 50%，选择另一个分支的概率是 50%。

任务存在的机会

如果同时使用概率分支和条件分支，则一些备选方案将在一个试验中执行，但在另一个试验中不会执行。因此，你可以计算任务被执行了多少次。这是在项目执行期间执行任务或不取消任务的机会。

⬇ 蒙特卡洛技术是终极解决方案吗？

计划评审技术和蒙特卡洛技术的发展代表了项目决策分析的重大进步。通过了解燃料、劳动力和原材料成本的历史趋势，并通过准确预测这些成本的未来变化，可以真实地预测项目成本。基于这些预测，我们可以对复杂的项目组合做出决策，例如，我们在本章开头讨论的纽约市地铁建设项目。计划评审技术和蒙特卡洛技术都有助于我们在考虑许多风险和不确定性的累积影响时确定项目可能发生的情况。

由于许多原因，蒙特卡洛技术尚未成为项目经理使用的标准工具库中的一个。尽管《PMBOK®指南》中已经介绍过这个方法，仍然有许多项目经理不太熟悉这个方法，或者会感到不自如。也许是因为项目经理明白错误的数据会导致错误的结果("输入垃圾数据/输出垃圾决策"原则),所以蒙特卡洛技术和计划评审技术才没有得到更广泛的应用。蒙特卡洛技术本身无法解决与定义不确定性相关的基本问题。

> 从本质上讲,蒙特卡洛技术帮助管理者把大量的项目情景合并到一个直接的流程之中。

1. 特里·威廉姆斯(Williams,2004)指出,当项目失败时,项目经理不会坐等,他们会实施补救措施。通常,蒙特卡洛技术并没有考虑到这一点。在这方面,蒙特卡洛技术可能给出了过于悲观的结果。同时,我们知道,我们都会受过度自信偏见的影响,会制订过于乐观的计划。遗憾的是,乐观和悲观结果的结合并不等于准确的结果。相反,你只是得到不充分的结果而已。

2. 定义分布并不是一个简单的流程。分布是较为抽象的概念,大多数人用起来都有难度。为了准确地定义分布,我们必须执行一些容易被忽略的心理步骤。无论是在评估项目参数还是定义分布时,我们都会受认知与动机偏见的影响。与其他所有工具一样,蒙特卡洛技术并不是"灵丹妙药",但它是处理下列情况的绝佳工具。

- 可以使用可靠的历史数据或现成的数据来实现可靠的概率预测。例如,你可以在一定范围内预测原材料成本。
- 可以用工具来跟踪项目每个阶段的实际数据,并可以在每个阶段进行蒙特卡洛分析,以更新进度表。
- 有一群专家,他们了解项目,有类似项目的经验,并接受过培训,能避免在定义不确定性和提供信息时受认知与动机偏见的负面影响。

如果你的项目不符合这些标准中的任何一个,蒙特卡洛分析就无法帮助你改善决策。通常,许多项目都不符合这些标准,尤其是研发项目。幸运的是,你可以使用事件链法的进度网络分析技术,它可以弥补蒙特卡洛技术和计划评审技术的不足。在下一章,我们会讨论事件链法。

本章小结

- 项目经理通过回答一个基本问题来做出决策:"鉴于项目存在的多重风险和不确定性,项目的持续时间和成本将是多少?"
- 计划评审技术是一种易用的分析方法,不过它有一些局限性。
- 蒙特卡洛技术是一种直接处理项目不确定性的方法。如果可以获得准确的历史数据,能够对项目展开跟踪并拥有训练有素的项目专家,就可以有效地使用蒙特卡洛技术。

第 17 章
事件链法

做完项目再回头看的话，项目就好像畅销书作者 Lemony Snicket 写的一连串不幸事件。哪怕是那些管理得最好的项目也会受到一些意外事件的影响。事件链法是一种进度网络分析技术，其重点是，识别、建模和管理可能影响项目进度的事件。事件链法考虑了事件和事件链的影响，能帮助项目经理确定项目的持续时间、成本和其他参数。运用事件链法可以识别关键风险和关键任务，进行资源平衡并解决复杂的项目进度问题。

事件如何影响项目

特斯拉 Model 3 是特斯拉公司制造的一款中型、全电动的四门轿车（见图 17-1）。2016 年，特斯拉公司在推出 Model 3 之后，获得了超过 32.5 万辆的预约订单。特斯拉公司对这款车进行了大肆宣传，其制造工艺也得到了电动车爱好者的密切关注。2017 年 7 月，特斯拉公司宣布其目标是在第三季度每周生产 1 500 辆，到 12 月底增加到每周生产 5 000 辆。然而，由于在生产中遇到多个问题，实际产能直到 2018 年夏才实现预期目标。特斯拉公司经历了首席执行官马斯克所说的"制造地狱"（Lambert，2018）。

与所有复杂的新项目如出一辙，在建立特斯拉 Model 3 的生产流程时也遭遇了"一连串不幸事件"，其中包括：

- 许多自动化装配工序无法正常运行。为了解决这个问题，特斯拉公司只好用人工取代了一些机器人。

图 17-1　特斯拉 Model 3 电动车（Smnt 摄）

- 特斯拉公司在加利福尼亚州弗里蒙特的各个工厂都缺乏足够的生产空间，只好在巨大的帐篷里组装汽车。
- Model 3 需要 GigaFactory 1 工厂生产的电池，仅电池工厂本身就是一个极其复杂的工程项目。因为 GigaFactory 1 工厂和 Model 3 处在同一供应链中，GigaFactory 1 工厂的任何问题都可能延误 Model 3 的组装。
- 2018 年 5 月，《消费者报告》称 Model 3 在测试中发现了较大的缺陷，即紧急制动的距离过长和控制装置很难使用，并将其评级定为"不推荐购买"。特斯拉公司对此做了回应，在几天后（跨了个周末），通过 OTA（空中下载）方式更新软件来解决这个问题。《消费者报告》对此给予积极评价，并将评级改为"推荐购买"。

> 事件链法通过分析不同项目事件之间的关系来帮助预测项目进程。

当管理一个新项目时，你通常会花费大量时间和精力考虑每种可能的情景和风险，希望能够制订一个合理的进度表。遗憾的是，在现实中，你要么大幅修改进度表，要么重新做一个新的进度表。更新一个任务，就会有不可预见的事件发生。这种情况一而再、再而三地出现，让你开始怀疑制订进度表是否是徒劳或完全没有必要的，因为它似乎与项目的实际进程并不一致。这种情况经常出现在风险和不确定性较多的项目中，尤其是研发项目。遇到这种情况该怎么办？是不做进度表和风险管理，只专注高层级的项目规划？还是寻找其他方法为不确定性较多的项目进度提供真实的估算？

事件链法是解决该难题的一种方法（Virine and Trumper，2013，2017）。它是对各种与时间相关的商业和技术流程（包括项目管理）的不确定性进行建模的方法。同时，它也是有效的进度网络分析技术，可用来制订项目进度。

不要担心，掌握事件链法并不需要你学习一整套全新的分析理论和工具，因为它基于了现有的分析方法，包括蒙特卡洛技术。

↘ 事件链法基本原则

事件链法包括 6 个基本原则。我们结合事件链图中的符号来说明这些原则，其中，箭头表示甘特图中活动的风险。

原则 1：风险时刻与活动状态

在现实项目中，活动通常不是连续和一致的过程。活动会受到外部事件的影响，从一种状态转到另一种状态。在这里，"状态（State）"的意思是，活动会以不同方式对事件进行响应。改变活动状态的过程被称为"激发"（Excitation）。在量子力学中，激发这一概念被用来描述高于任意基准能量状态的能量级别提升。在事件链法中，激发表示某个事件改变了活动执行的方式。例如，一个活动可能需要不同的资源，需要更长的时间，或者在不同的条件下执行。因此，活动成本和持续时间会因此而改变。

活动的初始状态或计划状态被称为基态（Ground State），与不同事件相关的其他状态被称为激发态（Excited States）（见图 17-2）。

事件有许多属性，包括：

- 发生概率。
- 结果。例如，取消任务，增加或减少持续时间或成本，将资源调入不同的活动中，改变风险概率，开始活动，执行减轻计划。
- 活动的影响。例如，它导致持续时间延长 10%。
- 事件分配。事件会影响任务、资源、滞后期、日历和其他项目参数。

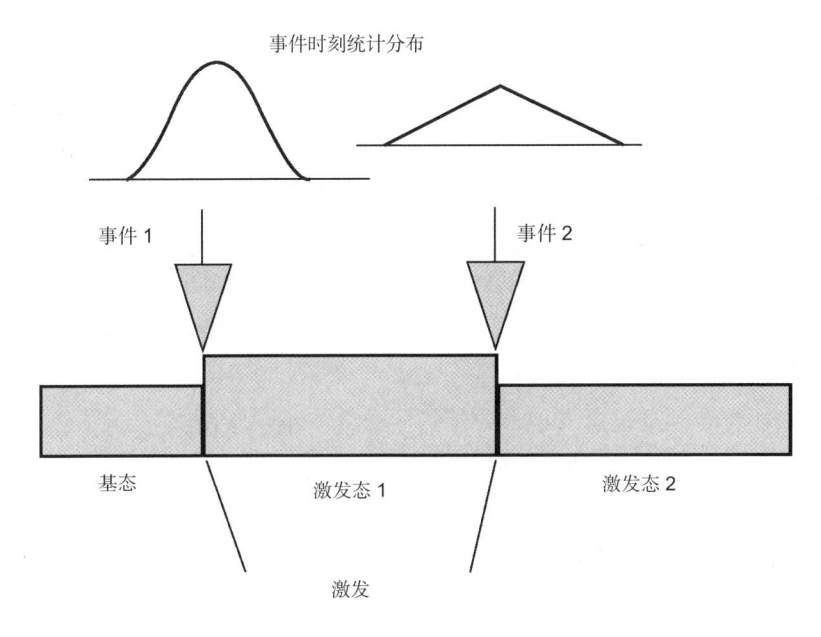

图 17-2　单个事件时刻

事件最重要的属性之一是在活动流程中发生的实际时刻，这被称为事件时刻（Moment of Event）。通常，事件发生时刻可以应用统计分布来定义。

风险事件最有可能发生的时刻是在活动过程中。事件发生时刻很重要，有两个主要原因：

1. 事件的影响取决于其何时发生。事件时刻可以影响活动是否将被重新启动或取消。

2. 当你正在调整活动的持续时间或成本以试图跟踪实际绩效时，基于概率的事件时刻是非常重要的。

事件会对项目产生负面（威胁）或正面（机会）影响。例如，比原计划更早交付部件。

同样，资源、滞后期和日历也会有不同的基态和激发态。例如，"天气恶劣"这一事件可将日历从基态（每周 5 个工作日）转到激发态（未来 10 天都是非工作日）。

活动的每种状态都可能和某些事件有关联，也就是说，只有当活动和事件相关时，事件才影响该活动。例如，在室外开始装配活动。活动的基态和"恶劣天气"这一外部事件相关。如果确实出现了"坏天气"，则应将装配活动移到室内进行，这就形成了活动的激发态。此时，新的激发态（在室内装配）就不会和"坏天气"相关了，也就是说，即使发生了"坏天气"这个事件，也不会影响室内活动。

原则 2：事件链

某些事件可以触发其他事件，或者将活动转到另一种状态。在这种情况下，一连串的风险事件一起形成事件链（见图 17-3）。这些事件链会通过在整个项目中形成连锁效应来影响项目流程。下面是一个事件链连锁效应的例子：

1. 项目的需求变更导致活动 A 延迟。
2. 为了加快活动进度，项目经理从活动 B 中抽调资源。
3. 资源被抽调后导致活动 B 的交期延误。
4. 这一连串反应累积起来，导致整个项目失败。

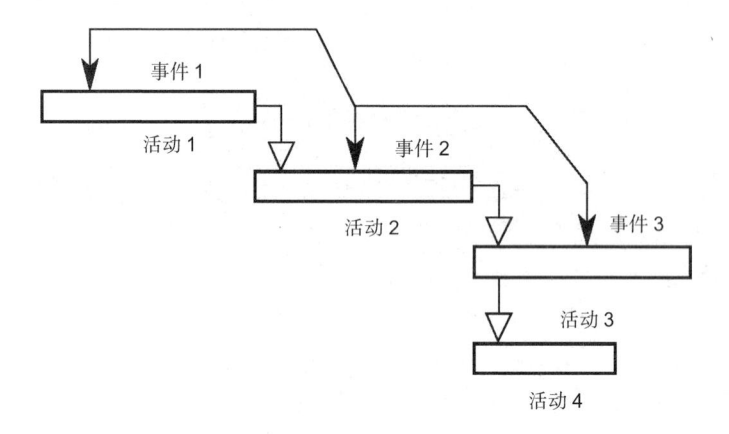

图 17-3　形成一条链的关联事件

可以用几种不同的方式来定义事件链。例如，单个事件可以被定义为"发生某一具体风险的概率变化"。在这种情况下，一个事件会触发另一个事件。例如，在执行活动（巡航）期间，控制飞机起落架伸缩的液压泵的压力下降，会导致在下一个活动（着陆）期间起落架无法伸出的概率显著升高。定义事件链的另一种方式是，"启动另一个任务"或"实施减轻计划"事件。

原则 3：事件链图

事件链图是显示事件和任务之间关系的可视化工具，它说明了事件是如何相互影响的。这些链用甘特图上连接任务的箭头表示。下面是创建和解释事件链图的一些规则：

- 事件链图将事件显示为甘特图上的箭头。
- 向下的箭头代表威胁，向上的箭头代表机会（见图 17-4）。

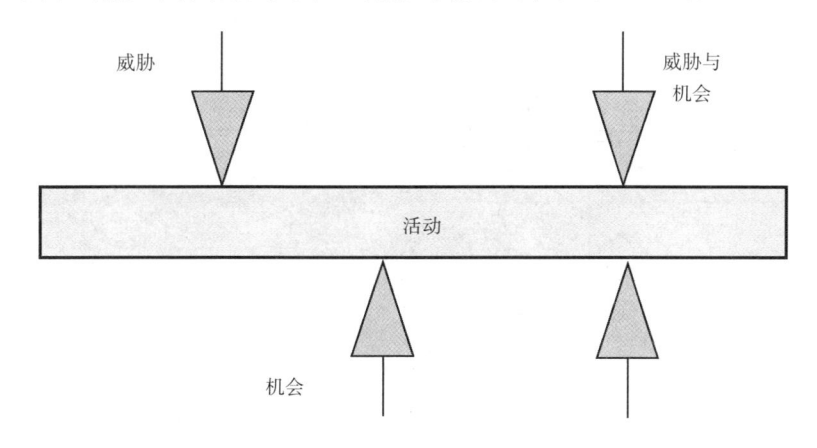

图 17-4　威胁与机会

- 圆圈内的箭头代表问题。问题的箭头为深色。
- 虚线的箭头代表已关闭或转移的风险。箭头颜色为浅色。虚线圆圈内的箭头代表已关闭的问题（见图 17-5）。

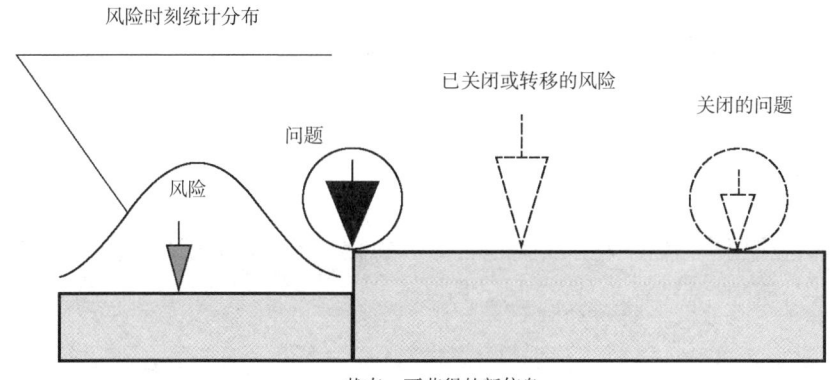

图 17-5　风险、问题和转移的风险

- 激发态通过将甘特图上的横条加高来表示。
- 颜色代表风险的影响。灰度越深代表影响越大。灰度越浅代表影响越小。箭头大小表示概率。

- 事件链用连接箭头之间的线条表示（见图 17-6）。

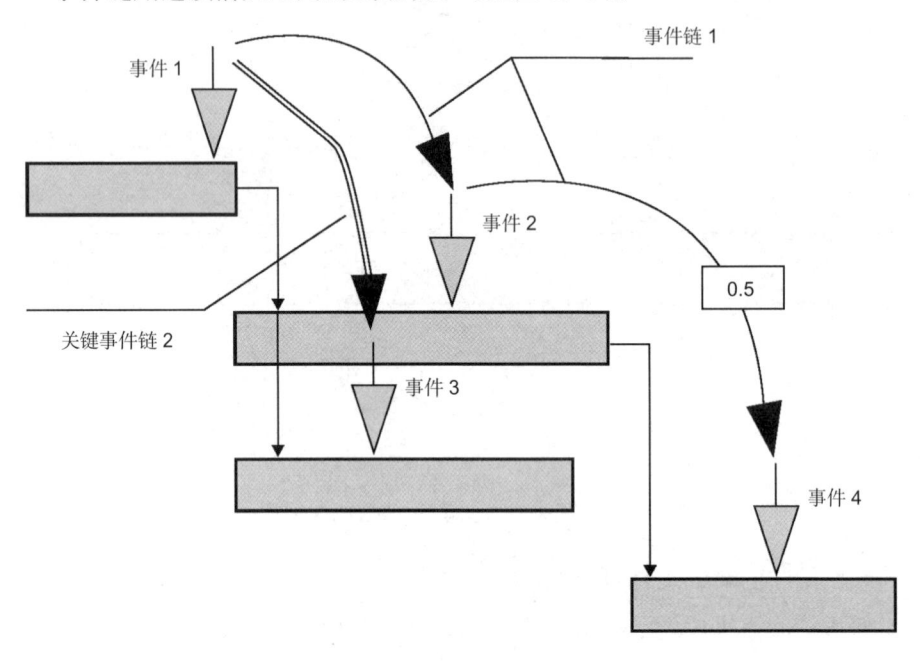

图 17-6　事件链

- 两个事件间的相关系数显示在箭头的连接线上。
- 事件链会触发另一个活动。在这种情况下，事件链用与活动起始点连接的多向箭头表示（见图 17-7）。
- 事件链会触发一组活动。这组活动用矩形框表示，事件链的连线将连接到框角或框内的第一个活动。

通过应用事件链图将事件和事件链可视化，可以显著简化风险和不确定性的建模和分析工作。

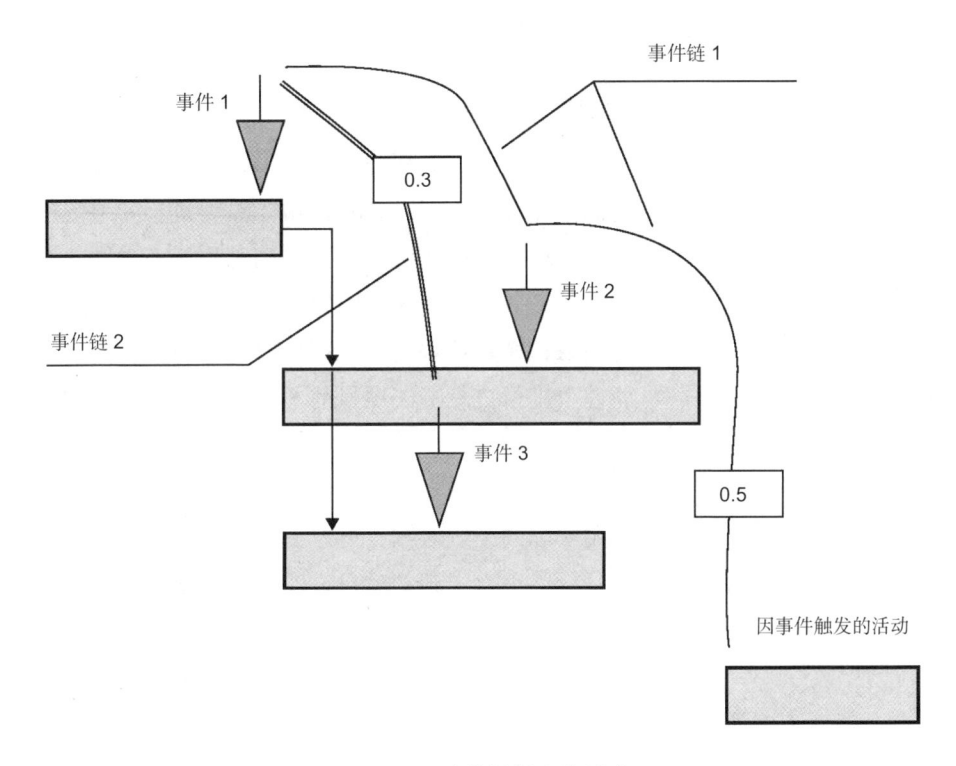

图 17-7　事件链触发的活动

原则 4：运用蒙特卡洛模拟进行分析

一旦定义了事件和事件链，就可以用蒙特卡洛模拟来量化事件的累积影响。在对项目进度进行蒙特卡洛模拟时，将事件的概率和影响作为输入数据。在大多数项目实践中，即便定义了能想到的所有风险，仍会在持续时间和成本中出现一些不确定性或波动。要考虑这些波动，除了列出事件清单，还应定义与任务持续时间、开始时间、成本和其他参数相关的分布。请记住，这些统计分布不能与你识别的事件相关。如果相关的话，就会使项目的风险加倍。

原则 5：关键事件链

会给项目带来最大影响的单个事件或事件链被称为关键事件或关键事件链。通过识别关键事件或关键事件链，可以减轻其负面影响。通过敏感性分析和主要项目参数（如持续时间和成本）与事件链之间的相关性，可以识别这些关键事件链。关键事件或关键事件链可以应用事件链图进行可视化（见图 17-6 中事件链 2

的双线）。

原则 6：运用事件和事件链控制项目

监控活动的进度可确保采用最新的信息进行分析。在项目进程中，可以根据实际数据重新计算事件发生的概率和时间。跟踪绩效的主要原因是，如果活动仅完成了一部分，并且在该活动中出现了某些事件，则可以动态预测该活动的持续时间和成本。事件链法可以在活动进展中降低风险的概率和影响。可以应用贝叶斯方法进一步分析，从而监控项目在特定期限内完成的可能性。而蒙特卡洛分析的结果则会不断地对该"可能性"进行更新。在项目的不同阶段，关键事件和事件链有所不同。

采用更新的信息进行分析是事件链法的一个关键原则，也适用于所有类型的分析。在项目进程中，通过采用实际的绩效数据，可以重新计算事件发生的概率和时间。然后，重复进行定量分析，以生成新的项目进度表及更新的成本和持续时间。

但是，如果活动仅部分完成，并产生了某些事件，那么应该怎样做？如果事件已经发生，它是否会再次发生？或者如果还没有事件发生，接下来会发生吗？

可以应用一些技术来解决这个问题。解决这个问题的较为简单的启发式方法是，基于检查事件时间（事件参数之一）的分布进行分析。更复杂的方法是应用贝叶斯定理。

↘ 事件链法

许多现象与事件链法有关。

重复活动

有时，事件会导致已经完成的活动重新启动。这在项目中很常见。有时，会根据后续活动的结果重复之前的活动（见图 17-8）

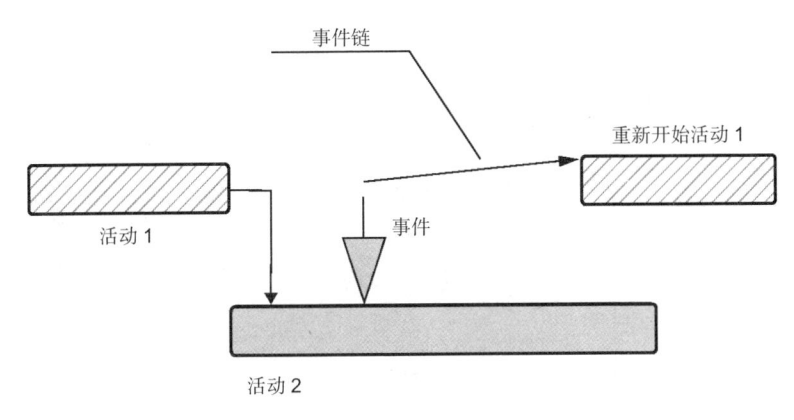

图 17-8　重复活动

应用事件链法对这些情景进行建模非常简单。不需要更新原项目的进度表，所需的只是定义事件并将其分配给指向上一个活动的活动。但要限制活动的重复次数。

事件链与风险应对

风险应对措施也是事件，当一个活动处于激发态时，就会实施这些措施。风险应对事件可将活动从激发态转到基态。

如果在项目进程中发生了事件或事件链，则需要进行风险应对。在某些情况下，需要创建风险应对计划。风险应对计划是一个活动或一组活动（相当于小型进度计划），当某事件发生时它会被增加到项目进度表中。风险应对计划可以被定义为初始项目进度表的一部分，并且只能在特定条件下实施。然而，在这些情况下，由于有多个条件分支，项目进度表会变得非常复杂，从而使分析变得非常复杂。事件链法提供了一个解决方案：将风险应对计划放入事件或事件链中。这些小型进度计划在事件或事件链发生时实施。

每个应对计划都有一个进入点和退出点，如图 17-9 所示。因此，初始项目进度表和模拟出来（列出风险和不确定性）的项目进度表有所不同。同一风险应对计划可用于不同事件。在风险应对计划中，有 3 个事件的事件链。

1. 初始事件，它触发应对措施。
2. "执行应对计划"事件，它执行一组活动。
3. "风险应对已经完成"事件。它可以被描述为一个机会，因为它将活动转到更低的激发态。

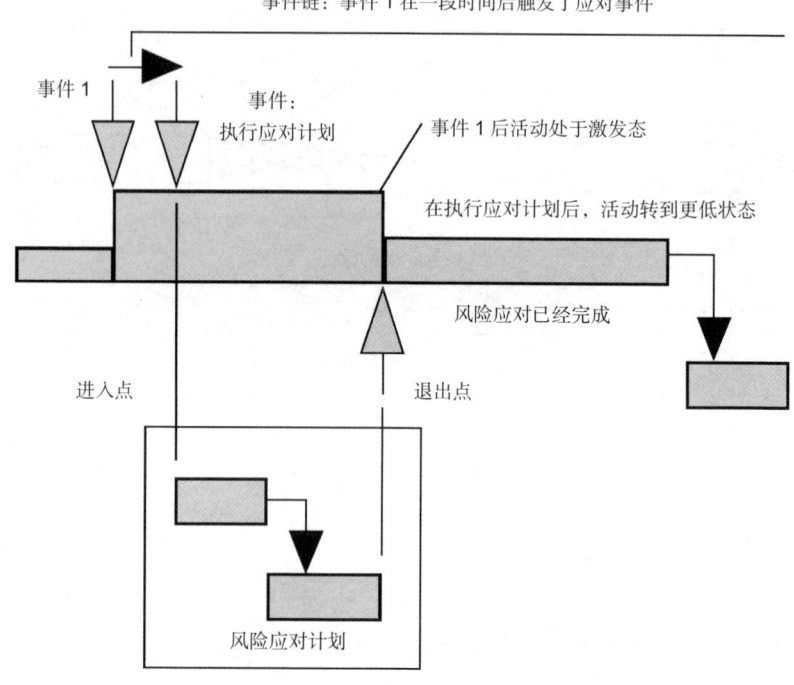

图 17-9　执行应对计划

事件链的延迟

事件会导致其他事件的即刻发生或延迟发生。延迟可以是确定性的，但在大多数情况下是概率事件。如果初始事件的时间和延迟是已知的，则可以确定新事件发生的时间，在某些情况下，还可以确定与之关联的活动。例如，"重新定位业务"这一初始事件可能在其后的某个时间引起"丢失数据"事件。

基于事件的资源分配

一个潜在事件是，将资源从一个活动重新分配到另一个活动。例如，如果在固定时间内完成某个活动需要更多的资源，则会触发事件以从另一个活动重新分配资源。当活动持续时间达到某个截止日期或成本超过某个值时，也可以重新部署资源。

事件可以用来模拟人力资源的不同情况，如临时休假、生病和休假。在某些情况下，这可以创建一个事件链：由于疾病，要从另一个活动重新分配资源以完成特定任务。

如何运用事件链法？

既然我们已经让你相信事件链法的好处（或者，即使你没有被完全说服），你可能想知道，应如何将其运用在实践之中。以下是推荐的工作流程。

1. 定义一个详细的项目进度表并将费用和资源分配给活动（这不需要更多的内容，只是一个普通的工作分解结构而已）。这是一个基础计划。有时被称为"专注于活动"。在实践中，由于认知与动机偏见，这会是一个乐观的项目进度表。

2. 定义详细的风险分解结构，并为每个活动和资源识别风险。每个风险应包括风险发生的概率、影响和时间。

3. 定义与风险减轻工作相关的活动，然后为其分配费用和资源。

4. 应用蒙特卡洛技术进行定量风险分析。虽然你可以对整个项目进度表进行此操作，但我们建议你对每个项目阶段分别进行初步分析。这将有助于确定每个阶段在预算内按时完成的可能性。因此，你可以制订应急计划并预留应急储备金。

5. 分析结果。你可以采用其他分析技术，并将这些技术与经典的蒙特卡洛技术一起运用，如概率与条件分支、截止日期、关键任务等。事件链法的独特性在于，可以识别关键事件和事件链。

6. 将你的分析结果与独立专家的评审进行比较，并用历史经验进行真实性检查。识别通过分析而计算出的关键风险的潜在影响，并询问以确定它是否真实。如果结果不真实，并且不能通过真实性检查，则要重新识别风险，并再次进行定量分析。

7. 定期监控项目进程，反复进行定量风险分析，根据实际数据重新评估风险（包括风险发生的概率），并确定项目的新成本和持续时间。

事件链法示例

应用事件链法，可以解决许多有意思的问题。假设你正在设计一个设备，并考虑进行额外的测试和评估。对于初学者，你有两种选择。

1. 在测试、评估和原型开发上花更多的时间，以降低在未来发生重大失败的概率。

2. 不做额外测试，接受更高的失败概率。

你会怎么做？如果不做分析，就很难决定。你需要分析所有可能导致失败的事件，为两个情景分配概率，并应用事件链法进行分析。在通常情况下，最初看起来持续时间最短的情景可能持续时间最长。

在电影《世界末日》中，布鲁斯·威利斯和本·阿弗莱克通过两架航天飞机将雇来的石油钻工送到一颗巨大的小行星上，并在小行星撞到地球之前将其炸毁（见图17-10）。他们的计划是，在小行星上钻一个孔，并在里面安放一枚核弹。他们要花多长时间才能钻完孔？在小行星撞到地球之前完成钻孔的可能性有多大？这一切都取决于他们前往小行星的路途和钻孔过程中可能遭遇的事情。让我们按照工作流程，努力找到问题的答案。

图 17-10　在小行星上钻一个孔需要多长时间？

1. 假设我们只有一个活动：钻孔。如果一切按计划进行，我们估算钻孔需要 20 小时。如果不能在 30 小时内完成钻孔，灾难就会一触即发。即使只有一个活动，如果存在具有不同概率、影响和时间的风险事件，也很难估算会发生什么。

2. 我们需要召集有经验的钻工举行一次头脑风暴会议（可以想象，这是一个精挑细选的小组）。所有在小行星上钻过孔的人会识别出主要风险，见表 17-1。

3. 进行蒙特卡洛模拟。事件链图和蒙特卡洛模拟的结果如图 17-11 所示。钻孔的实际持续时间为 20~43.6 小时。平均持续时间为 23.5 小时。在 30 小时内（地球幸存）完成钻孔的概率是 86%，这是一个相当有希望的结果。

表 17-1 与小行星钻孔有关的风险

风 险	概 率	影 响
在小行星上着陆发生问题	20%	延迟 4 小时
或者寻找钻孔点发生延误	40%	延迟 2 小时
在地质条件不明的情况下钻孔遇到问题	25%	重新钻孔

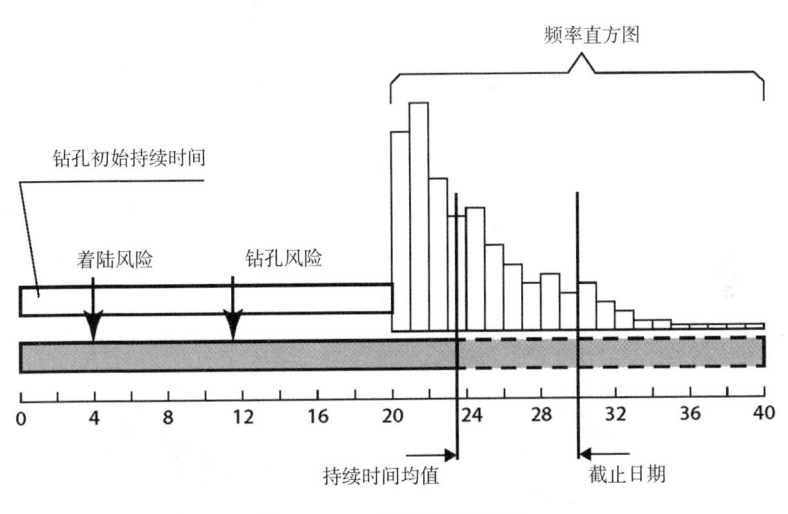

图 17-11 小行星钻孔项目

事件链法与减轻心理偏见

应用事件链法的主要优点是，它可以大大减少项目不确定性估算中心理偏见的负面影响。

1. 任务持续时间、开始与完成时间、成本和其他项目输入参数受激励因素的影响，如项目总持续时间，其影响程度远大于事件和事件链。发生这种情况的原因是，事件不能轻易地转化为持续时间、完成时间和成本。例如，管理层强行定了一个不切实际的截止日期，你被迫在资源有限的情况下将项目进度表进行了压缩。你做的第一件事就是减少任务的持续时间，即使这样做毫无逻辑。应用事件链法，可以制订乐观的进度表，然后再单独创建风险分解结构。这样做可以评估项目风险和不确定性对初始估算的影响。

2. 事件链法依赖某个活动的持续时间估算，不一定要求最低、基础和最高估算或统计分布。因此，它将锚定的负面影响最小化。

3. 事件的概率可以很容易地根据历史数据进行计算，这样可以减少可得性启发法的影响。你可以应用相对频率方法。要计算概率，应将事件在之前项目中实际发生的次数除以事件可能发生的情况的总数。在经典的蒙特卡洛模拟中，可以从历史数据中得到输入参数的统计分布，但过程比较复杂。

4. 复合事件会相当复杂，但可以很容易地将它们分解成较小的事件。可以使用可靠的历史数据来支持这些小事件的信息，从而减少了在概率和风险估算中来自偏见的影响。

↘ 工作分解结构+风险分解结构+分析=事件链法

事件链法的优雅之处在于，它包含了一个定义良好的不确定项目的数学模型，可用于许多软件。项目经理要定义项目进度表和风险清单或风险分解结构，以作为标准项目管理过程的一部分。那么，我们为什么不利用这些数据来分析我们的项目，并找到项目风险管理的核心问题呢？换句话说，如果一个事件发生了，它将如何影响项目的持续时间和成本呢？

在所有这些解释之后，问题仍然存在：事件链法是否会导致更好的项目管理？"是的。"我们可以有条件地回答，这种方法确实为我们提供了一种更简单的方法来对项目的不确定性建模。它还允许我们减少与估算有关的心理偏见，从而提供更好的预测和项目跟踪。在使用事件链法时，如果正确地定义了项目风险和不确定性，那么项目进度将会更加稳健，并且你最终将做出更好的项目决策。

本章小结

- 事件会对项目进度表产生重大影响。事件引发其他事件并创建事件链。识别这些链与制订进度表一样重要。
- 事件链法是在项目管理中对不确定性进行模拟的一种方法。它有助于对项目进度表和风险清单（风险分解结构）进行建模和分析。
- 事件链法有助于识别关键风险和执行真实性检查。
- 事件链图将事件和事件链可视化。
- 事件链法可以减少与项目估算和不确定性分析有关的心理偏见及启发带来的负面影响。

第 18 章
汇报决策分析结果的艺术

如果汇报不当，决策分析结果就很可能被忽视或误解。在对决策分析结果进行说明时，人们很容易受到认知与动机偏见的影响。决策者可能很难阐明与概率和风险相关的结果，尤其是罕见事件所导致的灾难性后果。许多图解工具可以用来将项目的决策分析结果可视化，并将误解结果的可能性降到最低。

↘ 如何汇报决策分析结果？

一位刚从大学毕业的年轻工程师被一家大型石油公司聘用。他的首要任务之一是，对石油储备情况进行经济评估。他对概率论和统计学课程记忆犹新，于是开始了全面的决策分析计算，包括敏感性分析、蒙特卡洛模拟、决策树及之前介绍的其他方法。经过几个星期的紧张工作，这位年轻的工程师向他的上司报告了他的研究成果。为了让他的第一次重大成果给人留下深刻印象，他用计算机制作了精彩的演示稿，里面充斥了几十张直方图、累积概率图和其他看上去非常科学的图表。在工程师演示完后，他的上司沉默了一分钟，说道："非常好！但接下来该怎么做？应该开采还是不开采？"

（据说，在第一次世界大战中也发生过类似的情况。当时，一名军事指挥官刚刚接收了一批新的坦克，他此前从未见过坦克。在受训三天后，他问了唯——个问题："我们如何骑着马去开坦克？"）

这时，这位年轻的工程师回答："根据我做的概率评估，考虑到成本、生产和价格的不确定性，净现值低于 2 百万美元的概率是 67%。"但从他上司的角度来看，开采还是不开采这个主要问题还是没有答案。工程师只是浪费了上司的时间而已。上司给这位年轻工程师的反馈是要专注于已有的、被证明是确定的技术，而不要提些不确定的"无用建议"。

决策者和决策分析师是两个不同的个体，因此常常会发生这种情况。以下是两种常见的情况。

1. 你是一名项目经理，雇用顾问或者要求项目团队的成员进行分析。你需要根据决策分析师的报告做出决策。

2. 你自己就是决策分析师或顾问，要把分析结果报告给项目经理。

汇报决策分析结果在许多方面不同于日常的商务沟通。在汇报决策分析结果时，需要考虑一些重要问题。

- 正如我们所讨论的那样，当涉及不确定性、风险和概率时，人们通常很难做出判断。
- 通常，决策分析方法和工具非常复杂。许多项目经理对决策分析理论和实践并不熟悉，因此很难理解定量分析的结果。
- 动机和认知偏见会使项目管理人员和分析人员在讨论时产生矛盾。在下一节中，我们将提供一些关于如何交流项目决策分析结果的建议，以减少决策偏差。

↘ 汇报决策分析结果时的动机偏见

一起来看以下情景。

一家建筑公司的高级工程师参与了一个大型地下建筑项目，他提出了一个新设计方案。根据他的估算，新设计方案可以确保在施工中减少材料用量，节约时间并降低对周边建筑的震动。技术委员会对这两种设计方案（原设计和该高级工程师提出的新设计）进行了审查。技术委员会要求对这两种方案进行全面分析。该高级工程师希望他的设计方案得到批准，因此开始到处游说。

在审查会议召开之前，他与技术委员会的大多数成员都进行了单独交谈，以宣传其设计方案的好处。他安排下属对这两种设计方案进

> 在汇报分析结果时，很难减少动机因素带来的影响。解决方案是，在组织中建立决策分析流程，减少动机因素对决策的影响。

行了技术分析，尤其强调新设计方案在材料用量和施工时间方面的优点。他还建议降低新设计方案可能延长工期的概率，并提高原设计方案可能延长工期的概率。

他还邀请特别担心施工会引起周边建筑物震动的人员参加决策会议，（还记得我们针对可得性启发法的讨论吗？）并强调如果忽略这个问题会发生什么。这样做是为了促使技术委员会重视这一问题。

工程师一步一步地实施他的计划，就像每个人都希望成功获得项目、计划或议案的批准一样。但这绝不是一个好的决策分析。你大概能猜到哪一种设计方案得到了技术委员会的批准，但这是正确的选择吗？答案是：没人知道。技术委员会收到了一份报告。为了达到目的，这份报告被工程师"玩弄于股掌之间"。或许这位工程师的设计方案更好，但由于他的游说，技术委员会的成员对原设计方案产生了偏见，因此无法公平地审查项目风险和不确定性。

分析师和决策者都可能存在动机偏见。换句话说，他们可能与分析结果有个人利益关系。请记住，分析师应该是中立的，否则他们只会沦为说客。

在上述例子中，建筑公司使用了决策分析流程，但在这个例子，该流程明显失效了。然而，失效并不是指选择了错误的设计方案。真正意义上的失效是，工程师的拉票所导致的选择性偏见。更令人不安的是，尽管技术委员会的成员知道工程师与新设计方案有个人利益关系，而且分析是由其下属进行的，却没有一名技术委员会的成员提出这个问题。

在实践中，这种情景并不少见，可以说这在许多组织中是常态。通常，决策者甚至在拿到分析报告之前就可能倾向选择某个方案。更糟糕的是，决策者有可能是分析师的上司，他有权否决或隐藏分析师的发现。

有什么方法可减少动机偏见的影响吗？遗憾的是，当进入报告阶段时，就很难再做什么了。不过，我们有一些建议。

- 如果你是决策者，应尽可能地识别在编写报告时所涉及的所有潜在的动机偏见。在商业上，要求另写一份报告，或者完全消除某些人在决策流程背后施加的影响往往是不现实的。不过，你可以要求澄清、补充分析或提供其他补充信息。如有可能，邀请外部仲裁者和专家对报告进行评审或审计。要注意，概率的设定经常会出错并带来问题，所以应对报告涉及的概率都进行真实性检查。

- 如果你是分析师，即使没有受到某些人施加的不当影响，也可能对项目有自己的偏见。尽量确保个人喜好不会体现在报告中，并专门说明你用于评估项目不确定性和概率的方法。

这个常识性的建议易说难做。在很大程度上，这取决于企业文化，特别是你表达意见和公开挑战上司的能力。如果某组织已有决策分析流程，那么动机偏见对决策的负面影响就会小很多。

用图说话

天气预报说，明天的降雨概率是30%。这是否意味着明天会天空晴朗不用带雨伞，或者要带伞以防万一？在项目管理中也存在类似的情况。你收到的报告显示，项目成本低于10万美元的概率是86%。这是什么意思？你应该做10万美元的预算吗？是更多还是更少？是好消息还是坏消息？如果报告只是简单地表述这个项目的成本是11.5万美元，那么这个总数是非常清楚的（当然，是否准确是另一回事）。但如果某结果以概率、范围或分布来表示，就会很难理解。

说说你是否带雨伞，你该如何决策？试着回想一下，在天气预报上次说有30%的概率降雨时发生的事。是倾盆大雨还是小阵雨（见图18-1）？如果只是小阵雨，就无须带伞了。不过，如果你不想冒险，也可以带上雨伞或者穿上雨衣以防万一。对不同的人来说，机会或概率有不同的含义，这取决于他们的主观感受。

为了消除在概率预测中的主观判断，建议使用历史数据以便在备选方案之间提供清晰的比较。如果有两个选择，一个是带来11.5万美元的收入，另一个是带来15万美元的收入（但风险大得多），有没有较好的方法来描述这个问题？

可以使用多种方法将决策分析的结果可视化。其中一种汇报概率信息的方法是，将与不同项目相关的统计分布显示在同一张图中（见图18-2）。可以清楚地看到，备选方案A的收入较低（平均值仅为11.5万美元），但风险也低于备选方案B。备选方案B的分布比备选方案A的分布宽得多。通过这张图，决策者可以很容易地比较两个项目的风险情况。

图 18-1　降雨的概率有多大？

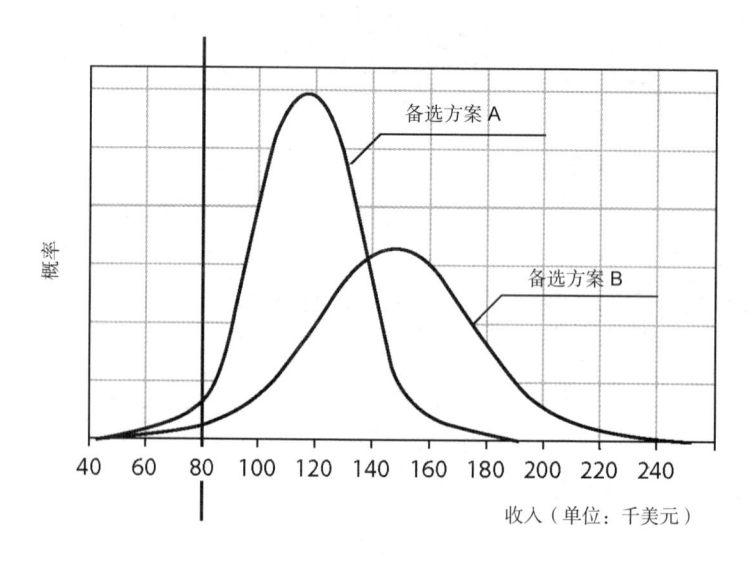

图 18-2　两个备选方案的比较

如果你希望将收入（也可以是成本、持续时间或其他参数）小于或大于某个特定值的概率用图表示出来，那么该图就非常有用了。例如，在收入 8 万美元处画一条竖线，然后查看该竖线的左侧区域，就会清楚地看到，虽然备选方案 A 和备选方案 B 都能实现 8 万美元以内的收入，但备选方案 A 的概率要高于备选方案 B。

另一个有用的工具是风险和回报图（见图 18-3），它由以下部分构成。

- 图的纵轴代表收入，也可以代表成本、持续时间或其他项目参数。
- 图的横轴代表通过定量分析得出的与收入有关的风险。如果有统计分布的话，也可以提供一些统计参数，如标准差和百分位数（P10、P90、P99 等），这些参数可以作为衡量风险的指标。
- 每个圆代表一个项目备选方案。
- 每个圆的直径代表备选方案的附加参数。例如，如果图显示的是成本与该成本相关的风险，则圆的直径可以表示备选方案的持续时间。

为了说明如何使用此图来评估项目的备选方案，可将该图划分为三个区域：

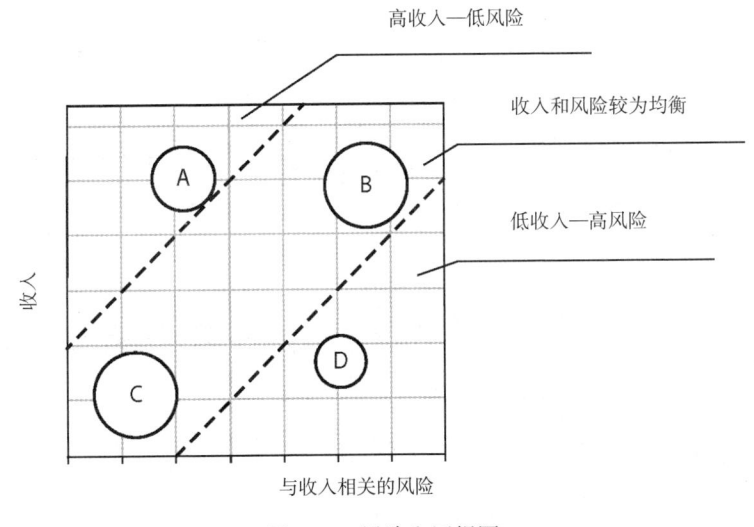

图 18-3　风险和回报图

- 高收入—低风险（备选方案 A）。在这个区域能看到一个备选方案总是很好的。遗憾的是，这往往是一个指标，表明在备选方案中没有考虑一些风险因素。

- 收入和风险较为均衡（备选方案 B 和 C）。高收入与高风险对应，低收入与低风险对应。
- 低收入—高风险（备选方案 D）。这种风险和回报相结合的备选方案应该第一个被否决。

图 18-3 用作为真实性检查也是相当有价值的。如果一个备选方案的风险太大，不能放在低风险区域，可能意味着定量分析中使用的数据有问题。

另一种提出备选方案的方法是，将它们放在甘特图上进行组合。这种图也可以用来表示有风险和不确定因素的项目进度表（见图 18-4）。一个项目进度表没有风险和不确定性，即使这是不现实的，也为分析创造了一个很好的参照系。在本例中，可以看到风险和不确定性大大延长了项目的持续时间。

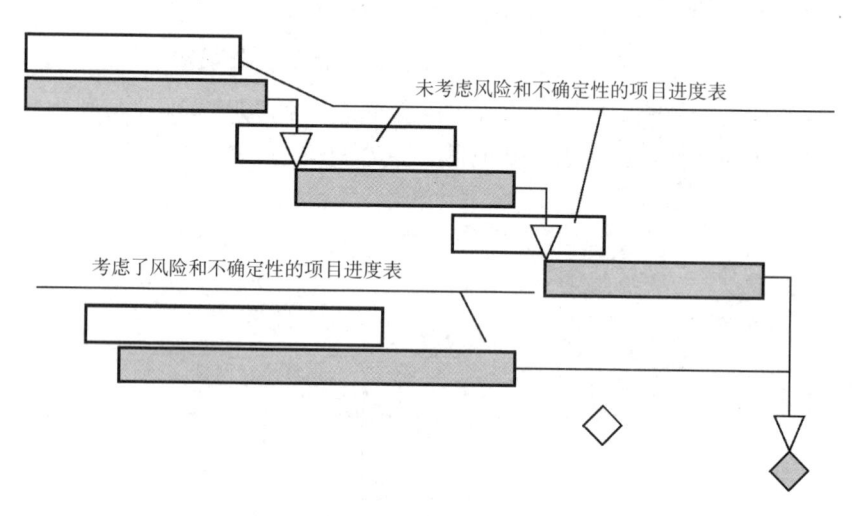

图 18-4　合并了没有风险和有风险的进度甘特图

↘ 做有意义的演讲

你有没有经历过这样一次会议，在会议中演讲者制作的幻灯片用了一张包含数百个数据的表？演讲者通常会在表中的某个地方显示一个很小的数字（多为成本），然后用这个数字来证明他想表达的观点。在停顿了一会儿后，他很快翻到下一张幻灯片，相信这种对数字的戏剧化运用会给他的观众留下深刻的印象，让他们了解其分析的彻底性。这个快速的转变可能让你有点困惑,因为你不太清楚这个数字到底意味着什么。但由于其他人都在微笑,缓缓点头。你只好保持沉默,因为你不想成为会议上唯一一个反应太慢而无法领会数字含义的人。所以,你只好像其他人一样点了点头。好吧,你猜怎么着?其实,别人也根本没有理解这个数字,他们点头只是因为这样做不会显得自己太愚蠢而已。

如果在演讲中增加一些定量分析,就会更令人费解了。与其这么做,不如在幻灯片上加入拉丁语的字幕再用希腊语讲解,这样才会让每个人都认为这是一场令人印象深刻的"智慧盛宴",可是没有人知道你在说些什么!为了避免出现这种情况,我们给出一些关于如何讲解决策分析结果建议。

- 尽量少用统计术语。如果你说"第二个方案的持续时间的统计分布的第95百分位数更高",可以确定的是,你说的话对大多数观众来说都是希腊语,缺的只是字幕而已。为了提高观众的兴趣,更好的方法是,说一个方案比另一个方案的风险高出50%。
- 尽量减少在演示中使用数字,特别是那些与概率、相关系数、百分位数和其他参数有关的数字。人们理解有参考点的数字。每个人都理解美元或天数,但你不能确定观众中的每个人都理解标准差。你可以简单地问你的同事:"标准差是用什么单位来衡量的?"他们的答案会对你有所帮助。不过,关键数字也是非常重要的。
- 只使用少量的统计直方图。定量分析软件可以生成各种各样的图表。有的直观,有的却不那么易懂,如累积概率图。之前说过,要说清楚这些图表也是非常有挑战性的。甚至龙卷风和蜘蛛图也会令人费解。因此,建议你只使用下面列出的几种图,如图 18-2、图 18-3 和图 18-4 所示。
- 最后,一定要有创意!请使用你认为最适合汇报的任何要素。

表述不确定性

概率是基于经验证据的事件发生的相对频率。如果进行了定量分析,我们可以得出一些具体数值(项目将花费 10 万美元的概率是 50%)。然而,在项目管理中,往往没有足够的可靠数据来评估概率。在这种情况下,人们经常使用具有不确定性的口语化表述,例如"有可能""可能""也许""不可能"等(Brun and

Teigen，1988）。这样表述的问题是，人们对这些词的理解不一。在《智力心理学》一书中，Richard Heuer（2016 年）给出了一个例子（见表 18-1）。

表 18-1　两个项目的收入比较

情　况	项目 A	项目 B
确定值（没有风险和不确定性）	100 000 美元	120 000 美元
有风险（低估算值）	70 000 美元	100 000 美元
有风险（平均值）	115 000 美元	150 000 美元
有风险（高估算值）	150 000 美元	200 000 美元

假设报告称，目前，美国驻开罗大使馆几乎不可能遭到恐怖袭击。如果大使的先入之见是，遇袭概率不超过百分之一，他可能不会做什么防范措施。如果大使的先入之见是，遇袭概率可能超过四分之一，他可能会采取更多的防范措施。报告者也可以将这两种情况都说成是"小概率"事件，我们无从知道报告者的真正意图是什么。

为了说明这一点，Heuer 介绍了一个实验，该实验由 23 名北约军官参与，他们负责处理情报。情报以"有一些可能"开头，北约军官被要求口头说出对这个不确定性的百分比表述。实验表明，对这个词的解释千差万别。我们对一些工程师也做了非正式的实验，想看看他们对不确定性的看法与北约军官的看法有什么不同。我们请来 23 名参与油气项目的工程师回答类似的问题。总体来说，结果与 Heuer 的结果类似（见图 18-5）。

无论我们在哪个领域工作，当我们用口语表达不确定性时，相似度很高。当对不确定性进行量化时，范围却很宽。你也可以在你的组织里做这个实验。

一些行业对具体术语的含义有严格的指导原则。例如，石油和天然气业对已探明及可能的储量都有明确的分类。然而，在大多数产业中没有这些指导原则。如果你是分析师，当需要描述概率时，要用数字而不是语言。如果你是读报告的决策者，请问"机会很小"或"几乎没有机会"各代表了什么？

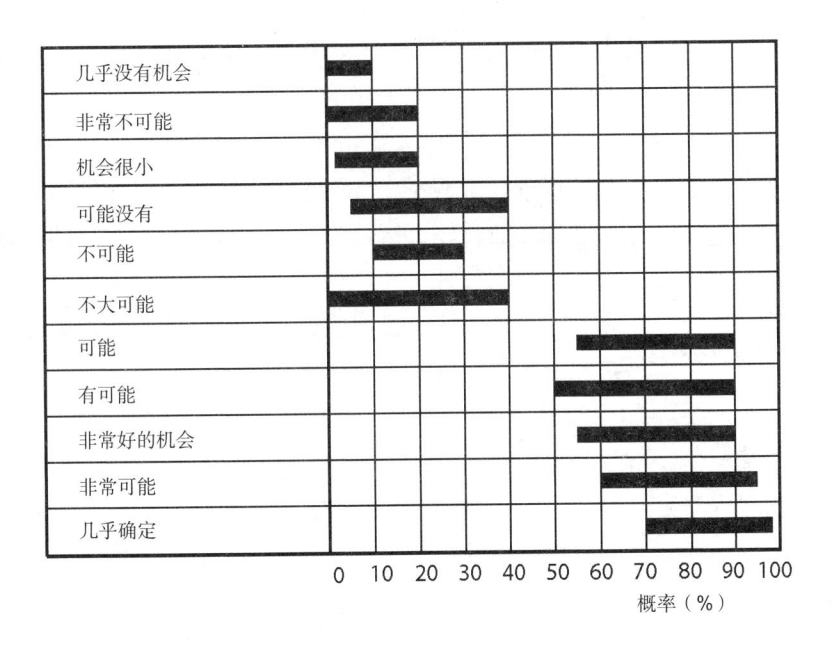

图 18-5 不确定性的口语化说法

⬊ 恐惧的力量

2006 年 9 月，建筑师 Nodar Kancheli 接受了莫斯科一家电台的采访。在受访前不久，他刚刚获得特赦。他曾在设计莫斯科某大型水上公园时酿成大错，因而受到过失犯罪的指控。2004 年，水上乐园的顶棚坍塌，造成 28 人死亡。在采访中，Kancheli 提到，在即将举行的麦当娜演唱会上，莫斯科最大的体育场的屋顶也极有可能坍塌，原因是歌手在演唱时会引起强烈的共振。我们确信，Kancheli 并没有让公众恐慌的意图，但媒体断章取义，在接下来的几天里反复播出了他的言论。由于这位建筑师在上一次坍塌事件中声名狼藉，他反而在结构坍塌方面有一定的可信度（至少在公众眼中），这使他成为莫斯科的重要新闻人物。在这个"专家"的不祥警告中，麦当娜演唱会只是"掀开了屋顶"，并没有使屋顶坍塌。

有时，我们会报告，发生重大或灾难性事件的可能性很小。每当我们这样做时，就会遇到一些困难。例如，我们往往不能理解这么小的概率有怎样的含义。例如，如果发生火灾的概率是 0.01%或 0.001%，那意味着什么？与后者相比，前者的概率更高，你是否因此感到更加恐慌？可能不会，因为这两种情况发生的概率都很小，它们对你的行为不会产生重大影响，尽管前者发生的概率是后者的10倍。但我相信你肯定能区分6%和60%之间的差别。

假设你的桌子上有一份报告，表明发生一些灾难性事件的可能性很小。报告没有提供任何具体的行动计划，所以你有责任提供行动计划。确定行动计划的最好方法是，根据可能的结果进行真实性检查。评估此类事件的最简单方法是，对其预期价值进行粗略估算。例如，一座未投保的在建大楼耗资20万美元。报告称，在过去的一年里，在这个城市在建的2 000座大楼中，只有一座遭遇了重大火灾。所以，你的大楼遭受重大火灾的概率是1/2 000，预期损失将为100美元。

在某些情况下，应收集罕见事件的信息，并将其用于准则或条例。例如，大多数桥梁都能承受极大的洪水，但数据表明，会有一次千年一遇的洪水冲垮桥梁。我们可以建造这样一座桥，即便遇到千年一遇的洪水也能安然无恙，但这样做会大幅增加成本，缺乏经济性。

遗憾的是，因为没有类似事件的记录，所以缺乏足够的历史数据来进行评估。对于体育场屋顶的例子，在一场摇滚音乐会中，屋顶因声浪而坍塌会出现几次？这样一来，确定风险的概率就非常困难，而这还不是你面临的真正问题。

你面临的真正问题是，你对发生灾难性事件的概率的判断会受到情绪尤其是恐惧情绪的巨大影响。

通常，一份包含罕见灾难性事件发生概率的分析报告的作者并不想制造恐慌，他们只想确保决策者能意识到项目的所有潜在危险，无论危险看起来离人们有多遥远。由于人们容易对灾难性事件的威胁反应过度，所以这种心理效应常常被那些可能想推动某一特定事项的人所利用。这些人可能是项目团队的成员，但通常是媒体、政治家、当地社区活动家以及其他有关的个人和组织的成员。他们往往持有正确的观点，会担心其观点不被考虑。例如，除非其中一个相关方生动地展示了一个项目可能对野生动物栖息地造成的破坏性影响，否则决策者往往会忽视对生态环境的保护。

应该如何评估罕见事件的概率和结果？如果真实性检查未能确认事件的分析评估，就需要获得更多的信息。在你的组织里，有人之前处理过类似的事件吗？你能向其他组织寻求准确的信息吗？你还有关于类似事件的其他信息吗？事件发生的概率有多大？在发生具有戏剧化结果的罕见事件时，直觉判断通常不是决策的首选方法。

本章小结

- 由于决策者难以评估与概率、风险和不确定性有关的信息,汇报决策分析的结果变得复杂。
- 在解读报告时,决策者应考虑到报告的作者会有动机偏见。
- 用一些直观的图形将决策分析的结果可视化能帮助决策者更好地理解报告。
- 为了简化对报告的解释,分析人员应避免用口头语言对不确定性进行描述(如"有可能""可能""也许""不可能"等)。同时,尽量减少使用统计术语,只给出最重要的表示结果的数字。
- 详细提供会带来灾难性后果的罕见事件的信息,以避免有偏见的评估。

第 19 章
多目标决策

多标准决策是将不同目标纳入决策的流程。用来做出多目标决策的心理策略包括认可启发法、词典学启发法和特征淘汰启发法等。有两种多标准决策方法：（1）将所有非货币度量标准转换为货币度量标准；（2）使用具体的模型和方法，如评分模型，对不同的标准进行综合考虑。

↳ 什么是多标准决策？

2018 年，荷兰安全部门以"海牙禁止化学武器组织"遭受网络攻击为由驱逐了俄罗斯间谍（Harding，2018）。与詹姆斯·邦德不同，现实中的间谍需要上报费用报告。其中一名被驱逐的间谍保留了他的出租车收据：从俄罗斯间谍机构 GRU 在莫斯科的总部乘出租车到位于该市的国际机场。他支付了大约 12 美元的打车费。不知道他是否要拿去报销，也不知道他是否给了司机小费。出租车公司后来证实了这个收据是真的。GRU 有多个目标，包括在给定的预算下，确保在全球范围内成功开展间谍活动。如果没有控制措施，整个俄罗斯的预算可能都被用来支付 GRU 的各种开支。那么，GRU 是如何平衡这些目标的呢？该机构在实践中是如何策划其间谍项目，以确保获得高质量的结果，同时确保间谍人员的人身安全，又实现最低的成本并进行问责的呢？

下面是另一个例子。全球变暖是当今世界上最复杂、最具争议和最具政治性的话题之一。它也是一个不错的课题，可用它来研究在决策中如何对不同标准进行加权。我们既希望享受经济增长的好处，又希望保护环境。衡量经济发展对气候变化的影响需要考虑许多不确定性，因为预测经济发展和气候变化都是模糊科学。问题的关键是，如何平衡这些相互冲突的标准并做出正确的决策。在我们的项目和个人生活中也有类似问题，只是没那么复杂而已。比如：

- 软件公司的两难选择。按时交付软件但不牺牲质量。
- 汽车制造商的两难选择。在不提高汽车售价的前提下，确保汽车零部件的耐用性。
- 个人的两难选择。将你的家安在靠近上班地点却房价昂贵的市中心还是郊区某个非常便宜的地方。

在第9章中，我们讨论了一些做法，包括：

1. 确定项目的目标和决策标准。
2. 对这些目标进行排序。
3. 进行权衡。

总之，我们必须根据确定的标准做出决策。在此过程中，我们要首先了解人们是如何进行多目标决策的。

举一个简单的例子。假设你需要为家庭办公室购买一台新的打印机，你有三个备选方案。假设你用一个指标来分析这三个方案，例如，用成本来评价所有方案。在这种情况下，决策是非常清晰和明确的，即选择成本最低的打印机。但你很少遇到这么容易决策的事情。

问题在于，当做包含多个目标的决策时，很难将不同的目标放在同一个算式中进行计算。如何将生活品质（例如，你选择的打印机是否适合你的家庭办公环境，其噪音有多大）转化为金钱？同样，公司如何平衡更高的利润和对环境的承诺？因此，我们会靠直觉来解决这些问题，也往往会依赖当时的情绪做出决策。

石油公司并不是造成生态问题的根源。相反，一个世纪以来，人类的经济运行方式在很大程度上依赖石油公司生产的化石燃料。对于企业和商业项目，人们在做决策时基本上只关心一个标准。这个标准有很多不同的名称：利润最大化，提高净现值，确保现金流等。本质上，这些标准都和金钱有关。石油公司也根据这一标准对其所有的勘探、生产和营销决策进行权衡。实际上，在经济生活中，如果一家公司把钱花在环境上，这并不是利他主义的一种形式，而是因为以下原因。

1. 这家公司可以直接或间接地从中赚钱。例如，如果一家公司通过投资环境保护以改善

> 多标准决策有助于将多个目标正式纳入决策流程。

其公众形象，这将间接提高其利润。

2. 这家公司必须遵守政府规定来开展某些活动。

大多数项目在很多方面都很相似，因为决策经常涉及与财务结果相关的标准：范围、持续时间和成本。另外，还有一些其他参数，如质量或雇员关系。如果没有考虑这些标准，就会出现重大问题。为了解决所有这些问题，我们需要使用多标准决策方法。

↘ 平衡多目标的心理学

正如我们已经学到的，人们在对复杂问题做出判断时，会运用简化的策略或启发法。有一种经验法则被称为认可启发法（Goldstein and Gigerenzer, 1999）。一般来说，如果有两个选择，我们通常会根据自己认可的选择来做出决策。例如，如果你要在两个汽车部件之间进行选择，你不会分析部件的所有优缺点，而会选择自己认可的制造商生产的部件。这就解释了为什么我们经常根据品牌来选择产品，而不是对产品特性的优缺点进行详细分析。

但是，如果两个供应商都是你认可的呢？这时，你可以只做随机选择，或者选之前认可的品牌。你的选择往往受到最近发生的事件、新闻、演示或演讲（在第 2 章中讨论的可得性启发法）的影响。例如，你听了一场关于质量管理流程重要性的演讲，演讲者讲解了一些成功的项目案例，它们的成功就是因为遵循了质量管理流程。令你印象最深的是另一个案例，用的是反面教材：忽视质量管理是如何导致灾难性后果的。

从那次演讲后，你就会认为质量是需要考虑的唯一标准。因此，你会集中精力改善质量，却不顾成本、安全和环境。如果忽视了其他相互竞争的目标，就会交付高质量但预算超支的项目，并可能面临来自工人安全组织及环保组织的起诉。

有一种心理策略被称为词典学启发法（也被称为排序启发法）（Tversky, 1969）。该方法将标准以最重要到最不重要的顺序进行排列。例如，部件的价格最重要，性能次之，生产地最不重要。如果所有部件的价格都相同，就根据性能进行选择。如果所有部件的性能都一样，就按生产地进行选择。

这种启发法之所以被称为词典学启发法，因为在字典中对单词排序就用的是类似的算法。例如，"Desk"后面是"Dusk"，因为当第一个字母"D"相同时，第二个字母就要按照26个字母的先后顺序进行排列。它也被称为排序启发法。

如果一个标准比另一个标准重要得多，那么词典学启发法就会很好用。然而，如果各种标准之间的关系错综复杂，这种启发法就会有问题。如果你的决策是基于价格、性能和制造商交货记录的加权，那么排序就会变得更加复杂，并且很难做出正确的选择。

还有一种启发法被称为特征淘汰启发法（Tversky，1972）。我们之前讨论了用筛选法进行创造性思维的分析方法（见第 5 章），它与这个概念类似。特征淘汰是一种心理策略，在该策略中，如果一个潜在的选择不满足某些条件，就淘汰掉它。例如，你可以淘汰所有价格高、性能低、在国外生产的方案。因此，只有少数可行的方案（如果有的话）能保留下来。这种启发法的问题是，一些潜在的好的备选方案也可能被淘汰，因为这种方法未经加权分析。例如，部件的价格不符合要求，但它的其他属性都非常好。或者，部件的价格符合要求，但质量很差。如果仅根据排名使用特征淘汰启发法，则会在无意中淘汰好的备选方案或选择了不太理想的备选方案。

如果你觉得直觉策略不足以帮助你在多个目标中做出选择，也可以使用以下分析方法来解决这些难题。

↘ 两种多标准决策方法

有两种方法可以帮助你做出多目标决策（Schuyler，2016）。

1. 将所有非货币度量标准转换为货币度量标准。

使用这种方法，你可以将所有标准转换为美元。问题在于，这种计算并不总是最有效的。例如，截至 2011 年，环境保护局将人类生命的价值定为 910 万美元，FDA 的估算为 790 万美元，而交通部的估算为 600 万美元（Partnoy，2012）。这些组织在做决策时要参考这些数字，特别是在决定愿意花多少钱来挽救一个人的生命时。

你觉得你自己的生命值多少钱？与你的上司相比，你更值钱还是更不值钱？显然，很难做出这样的成本估算，特别是对人类生命价值这样的标准，每个人都会有自己的看法。

2. 使用具体的模型和方法，对不同的标准进行综合考虑。

健康、安全、环境、工作满意度、企业文化等标准都可被用来制定项目决策，但很难将其折算成金钱。在确定这些标准并对其进行排序之后，应提出一个公式或算法，以便用公式计算出结果，然后对备选方案进行排序。下面介绍一种最简单的方法：评分模型。

评分模型与评分标准

评分模型是在多标准决策中确定最佳选择的一种相对简单的方法。下面介绍其原理。

1. 确定决策标准。这也是在确定项目目标时要做的工作（见第 9 章）。
2. 为每个标准分配一个权重。权重表示某标准的相对重要度，见表 19-1。
3. 为每个标准打分，以体现每个备选方案满足标准的程度。
4. 计算每个备选方案的总分。如表 19-2 所示。

表 19-1 决策标准及其相对权重

标　　准	重 要 度	权 重 值
成本	非常重要	10
质量	非常重要	10
安全	非常重要	10
轻维护	重要	6
社区关系	不是很重要	3
客户满意度	不是很重要	3

表 19-2 两个备选方案的分数计算

标　　准	权　重	备选方案 A 分　数	备选方案 A 加权分数	备选方案 B 系　数	备选方案 B 加权分数
成本	10	0.5	10 × 0.5=5.0	0.1	10 × 0.1=1.0
质量	10	0.5	10 × 0.5=5.0	1.0	10 × 1.0=10.0
安全	10	1.0	10 × 1.0=10.0	0.8	10 × 0.8=8.0
轻维护	6	0.2	6 × 0.2=1.2	0.2	6 × 0.2 = 1.2

续表

		备选方案 A		备选方案 B	
标　准	权　重	分　数	加权分数	系　数	加权分数
社区关系	3	0.5	3 × 0.5=1.5	0.5	3 × 0.5 = 1.5
客户满意度	3	1.0	1.0 × 3=3.0	0.8	0.8 × 3=2.4
加权总分			25.7		24.1

在本例中，备选方案 A 的总分最高，应入选。这种方法的缺陷也很明显：不同标准的权重及评级都是非常主观的。例如，在表 19-2 中，为什么"成本"的权重为 10，"客户满意度"的权重为 3？这些权重实际上反映了一个组织的决策策略，该策略通常早在排序之前就已经确立，并且所有项目组合或项目的选择标准和权重分配都基于该策略。标准的选择和权重的分配可以由专家小组负责，该小组协调决策分析流程，同时考虑组织的决策政策。

David Skinner（2009 年）建议使用雷达图来对多个目标的不同策略进行可视化。当你选择多个目标并根据这些目标对不同策略进行排序时，可以将它们显示在类似图 19-1 的图中。

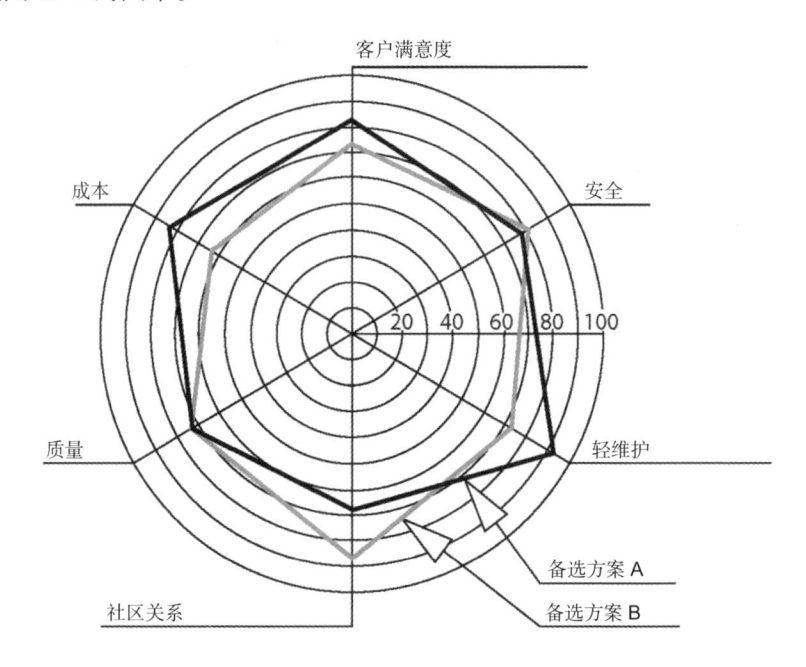

图 19-1　用于比较多目标策略的雷达图

↘ 更先进的多标准决策方法

人们往往会倾向抓住一个关键点，即众多问题的根源，这么做是因为我们在决策流程中无法平衡不同的目标。许多项目经理犯的一个重大错误是，决策只基于单一标准，通常是金钱，然后选择最便宜或最具收益潜力的方案。

通常，简单的评分方法和雷达图将为有多个标准的问题提供更好的解决方案。但是，如果你管理的是大型复杂项目，我们强烈建议你聘请独立的顾问。顾问掌握了大量多标准决策的工具和方法，在制定多标准决策方面也很有经验。在附录 D 中，我们列出了与这些方法相关的参考资料。

本章小结

- ▶ 项目管理中的大多数问题都是复杂的，因为要基于多种相互冲突的标准来选择备选方案。
- ▶ 人们在做出选择时使用了简化的心理策略。这些策略包括认可启发法、词典学启发法和特征淘汰启发法。
- ▶ 在使用单一的决策标准（如货币价值）时，会在无形中淘汰一些好的项目备选方案。
- ▶ 决策分析方法，如评分模型，可以帮助我们基于多种标准选择备选方案。

第 5 部分
实施、监督与评审

第 20 章 适应型项目管理

适应型项目管理是一种持续学习和改进的有效方法。定量分析有助于将初始假设与项目实际数据进行比较。项目经理与其在项目开始时做出不可逆转的重大决策，不如将精力集中在做出一系列小型决策上。适应型项目管理适合应用在创新型的商业环境中。在这种环境中，可以在项目早期就识别和纠正潜在的问题。

↘ 作为项目决策分析一部分的适应型管理

在构建决策框架、建模和分析阶段之后，就到了项目的一个重大里程碑，即项目启动阶段。为什么说重大？因为并非所有项目都会到达这一阶段。如果正确应用了决策流程，及早发现了项目劣势，就不会启动项目。

当我们开始执行项目计划时，就有机会看到项目的实际进展，而不再是理论上的推演，此时可以对原计划进行必要的调整，这种过程被称为适应型管理。适应型管理是通过学习之前的决策结果而不断改进决策的过程。

复杂项目会有许多风险和不确定性，因此在规划阶段不可能把一切都考虑进去。现在，决策流程有了新的输入信息：实际项目绩效。

> 适应型管理是通过学习之前的决策结果而不断改进决策的过程。

20 世纪 70 年代，生态学家提出了适应型管理的概念（Holling，2005；Walters，2002），现在，适应型管理已成为生态和环境管理的有效方法。项目管理和环境管理有许多共同之处。两者都涉及很多不确定性。我们相信，项目管理者可以有效地将适应型管理实践应用到项目中。

这两个流程的交集是连续性原则。我们在第 3 章中讨论了连续性原则，它是项目决策分析的三个关键概念之一（其他两个是一致性和全面性）。连续性也是

第 20 章　适应型项目管理　211

适应型管理的关键原则。回顾一下图 3-3，从"实施、监督与评审"文本框引出的箭头覆盖了决策分析流程的各个阶段。这些箭头表示适应型管理的迭代流程。通过分析项目的实际执行情况，可以将以下内容进行更新。

- 在决策时提出的初始假设。例如，可以添加或删除某些风险。有时，还必须更新项目目标、关于商业环境的假设及可用资源。
- 评估模型。你可以更新进度表，或者重新评估某些风险的概率。在项目进程中，主动的适应型管理要求为不同的备选方案构建不同的模型并进行测试。（Linkov 等人，2006）
- 定量分析。可以运用事件链法，在更新进度模型和风险分解结构的基础上，进行新的分析。

下面举一个例子。当一家石油公司决定开始从其储备的油井中开采石油时，它会应用所有可用的信息来估算石油储量，如地震调查、勘探数据和附近油井的类似信息。在油井投入生产后，石油公司就可以利用实际生产数据来完善其对储量的原始估计（Rose ，2001）。尽管在整个油田投产前，几乎无法准确估计石油储量，但公司可以减少不确定性，并根据从项目进程中获得的新信息来更新经济和生产模型。

↳ 适应型项目管理的原则

适应型项目管理有 5 个基本原则，这些原则可以用于监督项目进程并完善初始决策。

原则 1：结合项目实际数据与初始假设

在项目执行过程中，管理者会有两种极端做法。

1. 忽视在项目规划阶段所做的初始假设。
2. 忽视新数据，坚持初始预测。这是由动机和认知偏见（如乐观或过度自信）导致的。在失败的项目中，发出的警告信号往往都被忽视。

这两种极端做法都不可取。假设初始估算是应用了相关历史数据或专家意见而完成的，初始计划和新数据应一起发挥作用才行。假设有一个项目，我们最初估计到年底的净收入将达到 100 万美元。到了 4 月，净收入已经达到 50 万美元了。是否应该重新估算呢？如果是，又该怎么做呢？如果只是简单地将当前的收入乘以 3 来计算的话，就没有将"预计夏季的销量偏低"这一因素考虑在内了。解决方案是，进行详细分析，并将其与当前和前几年的趋势进行比较。

许多技术可以帮助我们根据实际和历史数据来预测未来。其中一种技术是回归分析。通常，回归分析是一种调查并对变量进行建模的统计技术。如果知道成本等变量是如何随时间变化的，就可以对未来的现金流做出预测。然后，将实际数据引入分析，回归分析的质量就会得到有效提高。

当考虑概率时，情况就要复杂得多。在结合实际和历史数据时，很容易忽略基本频率，特别是当它们与概率有关时。假设我们估计某个风险发生的概率是 20%，可是项目只完成了一半，风险已发生了两次。在接下来的时间里，风险发生的概率有多大？之前，在有关事件链法的章节中讨论过这个问题，特别是在绩效跟踪部分（见第 17 章）。解决这一问题的方法之一是，利用贝叶斯定理分析不完整信息的价值。应用贝叶斯公式，可以将最初的概率估算（先验概率或边际概率）与从实际项目度量结果所获得的数据结合起来。一些分析软件可以提供具体的算法（见附录 A）。

原则 2：尽可能减少决策撤回成本（"不要把牛杀掉"）

有一个古老的传说，一位年迈的妇女在花掉最后一分钱后，决定卖掉她唯一的奶牛。她叫来当地的屠夫。屠夫告诉她有三种计算牛的售价的方法。

A 方案。活牛总重量。

B 方案。初加工后的死牛总重量。

C 方案。加工后的牛身总重量减去卖不出去的部分。

B 方案的每磅价格大于 A 方案，C 方案的每磅价格大于 B 方案。问题是，老妇人必须在牛被宰之前做出选择。如果她选择卖死牛的方案，虽然单价更高，但总价比卖活牛的方案是高还是低呢？如果她决定卖死牛的方案，也会面临同样的问题，如何选择 B 方案和 C 方案呢？她将受到一个因素的制约：她一旦决定放弃 A 方案，她的选择就仅限于 B 方案和 C 方案了。换句话说，将牛宰掉这一决策是不能反悔的。虽然我们不是宰牛专业户，但可以很有把握地说，让牛起死回生是天方夜谭。

这位老妇人遇到的难题在于，估算牛在活的时候值钱还是在死了以后值钱。由于缺乏任何真实数据，她不得不赌一把。她说："把牛宰了吧。"结果，她赌对了：卖死牛比卖活牛更合适。当她同意对牛进行下一步加工时，她又一次赌对了。最终，她的奶牛卖出了最高价。顺便说一句，这个传说没有提及她是否用卖奶牛的钱去买牛奶。

我们不建议你拿自己的项目去赌，尽管很多项目经理都会这么做，这种做法很糟糕。如果初始决策恰好是错的呢？再去拯救这个项目要花费多少？也就是说，把死牛复活要花多少钱？

当进行决策分析时，建议考虑决策撤回成本，即所有与错误决策相关的成本。理论上，对于一个不可撤销的决策，例如把牛宰掉，决策撤回成本可以在零到无穷大之间（见图 20-1）。

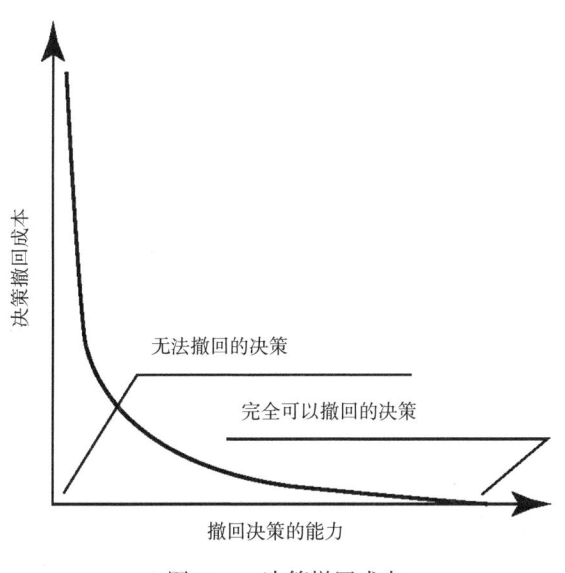

图 20-1　决策撤回成本

这个概念背后的思想是，当你做决策时，你应该尝试制订一个可以用最低成本实现的备选方案。

假设你是歌剧制作人，如果你选定的女主角是一位在经历第 15 次离婚后刚进入平复期的人，就应该常备一个能替换她的人选。如果你还记得，《歌剧魅影》就遭遇了类似问题，当原主角被毒死后，制片方不得不换上一位新星克里斯汀（魅影所爱的对象）。人们永远不知道幕后到底发生了什么。

遗憾的是，你不能总在项目中途来个 180 度转弯，这会带来一系列新的风险：严重的交通拥堵和打滑的路面等。

原则3：制定小而连续的决策

电影《摇尾狗》是一个具有多重不确定性和连续决策的项目的好例子。就在总统大选前两周，总统发现自己卷入了一场丑闻，这场丑闻有可能升级并毁掉他连任的机会。为了转移人们对这一丑闻的注意力，总统的顾问们决定制造另一场危机，即与阿尔巴尼亚的战争（1号决策）。在好莱坞一位著名制片人的帮助下，总统的顾问们模拟了几个虚假的战争场景并分发给媒体。当他们发现这个手段不奏效时，顾问们决定通过创造一个留在敌后的英雄（2号决策）来为故事增添另一个转折点，对英雄的救援故事会吸引美国观众。遗憾的是（对他们而言），在一个意外的转折中，"英雄"变成了暴力的精神病患者，最后他被枪杀了。总统的顾问们仍在尽力挽回糟糕的局面，决定为"英雄"举行国葬（3号决策）。

虽然这个例子有点极端（但非常有趣），但它展示了如何针对不断变化的情况来做出相应的决策。换句话说，顾问们应用的是迭代式决策方法。

在第12章中，我们讨论了敏捷方法在项目管理中的应用，也介绍了迭代方法的好处。在敏捷方法中，事先不定义所有需求，而是定期交付客户可用的产品（不断重新定义需求）。

现在，用数学方法证明，使用迭代项目管理过程管理风险和不确定性将节省时间和成本。我们来看受到相同风险影响的两个情景（见图20-2）。

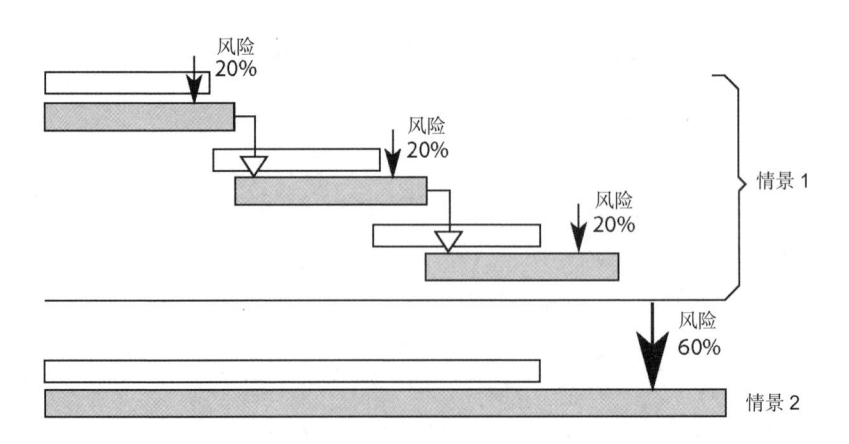

图20-2　对两个项目情景的定量分析

- 情景 1。有 3 个持续时间都为 20 天的任务，每个任务都有 1 个"需求变更"的风险，概率是 20%。如果发生风险，就必须重新开始任务。每个任务的风险是不相关的，因此在项目进程中，要审查 3 个单独的决策，并在必要时予以纠正。
- 情景 2。1 个持续时间为 60 天的任务也有"需求变更"的风险，概率是 60%。如果发生风险，就必须重新开始任务。在项目进程中，只需 1 个得到严格遵循的战略决策。

哪个情景中的项目会先完成？回答这类问题需要进行定量分析。在这种情况下，应用事件链法进行分析。原项目进度表在事件链图上显示为白色条。有风险的项目进度表显示为灰色条。表 20-1 给出了分析结果。

表 20-1　定量分析的结果（项目持续时间）

	很可能在任务后期发生风险（风险为三角分布）			很可能在任务后期发生风险（风险为均匀分布）		
	估算的最低值（P10）	平均值	估算的最高值（P90）	估算的最低值（P10）	平均值	估算的最高值（P90）
情景 1：3 个任务，每个任务需 20 天	60	68	80	60	66	78
情景 2：1 个任务，需 60 天	60	84	115	60	78	110

正如你所看到的，3 个 20 天的任务的项目会先完成，比大型任务项目的时间要快 17%。此外，如果"需求变更"的风险发生在任务结束时，两种情景间的差异就更为显著。此外，情景 2 的风险更大，因为持续时间估算的最低值和最高

值间的范围要比情景 1 大很多。

这就意味着，如果通过迭代方法来管理有风险的项目，就可以更早地完成项目。迭代方法可获得更快的反馈，反馈可以是测试、原型设计、向客户演示等的结果。通过这个过程，我们可以从实际经验中学习，然后将这种学习应用到项目的下一阶段或迭代中。

> 受制约因素限制的学习和改进只能在创新型的商业环境中实现。

原则 4：支持创新型商业环境

如果在项目中获得了新信息，就应该用它来确定项目的正确方向。同时，你也无须用频繁的 180 度转弯来应对商业环境中的小型变更请求，频繁的转弯会造成混乱。

遗憾的是，许多组织无法在运用项目实际信息改进项目和变更控制流程之间取得平衡。通常，变更控制流程太强会抑制创造性决策。这种组织的主要问题是，迫于组织压力而无法采取必要的纠正措施。如果组织存在这个问题，而你又无法改变组织文化，那么问题会无法得到解决。

原则 5：尽早识别并解决问题（避免行为陷阱）

假设在项目规划阶段，我们做了一些在项目执行过程中被证明是错误的决策。然而，我们不愿做出必要的改变。我们越坚持错误的行动，就越难扭转方向。对这种现象有几种不同的解释，包括技术和组织上的解释。最常见的解释与行为陷阱有关。例如，在一个失败的项目上投资的钱越多，可能损失的钱也就越多。这是在第 2 章讨论过的沉没成本效应。同样，我们开发一款软件，它的用户界面不太友好，可是用的时间越长，就会慢慢习惯，再去创建新的用户界面就会越困难。因此，尽早识别、分析并解决问题是非常重要的。

↘ 《PMBOK®指南》中的项目执行和监控方法

《PMBOK®指南》没有明确使用"适应型管理"一词［《PMBOK®指南》（第 6 版）提出了这个概念。——译者注］。然而，在该指南的项目执行和项目监控两大过程组中，可以找到与适应型管理相关的重要信息。

项目监控过程组包括以下项目管理过程。

1. 监控项目工作。包括收集信息、测量项目绩效和更新预测。

2. 实施整体变更控制。当通过纠正和预防措施对项目范围所做的任何变更进行收集、分析、记录工作并批准或拒绝变更请求时，就需要开展这个过程。例如，经过测试，设备的一个部件不符合规范。虽然需要解决这个问题，但这个变更可能发生在项目中期，会影响到许多其他活动，因此必须仔细分析相关影响。

3. 控制质量。包括测量、纠正与预防措施、建议缺陷修复、确认可交付成果和其他输出。质量好不仅靠初始设计，还要不断地进行测试和监测。在项目进程中，尽早地发现问题或缺陷是非常重要的，否则，补救缺陷会引起巨额支出。

4. 控制风险。包括跟踪风险、监控残余风险（对其采取风险应对措施）、尽早识别新的风险、建议预防措施，在项目进程中执行风险应对计划。《PMBOK®指南》的第 11 章建议根据实际项目数据定期重新评估风险。风险审计可以帮助控制风险应对措施的有效性。储备分析有助于确定项目在任何时间剩余的应急储备金数量。

项目监控过程组还包括确认范围、控制范围、控制进度、管理项目团队（跟踪团队成员绩效和协调变更以提高绩效）、报告绩效、监督相关方参与和控制采购等。

在《PMBOK®指南》中提到的可用于适应型管理的技术是技术绩效测量，通过该测量，在项目进程中可不断将实际技术成果与项目计划进行对比。

适应型管理与需求变更

假设你是著名的英国裁缝，你的任务是为皇家婚礼设计和制作婚纱。你知道，随着时间的推移，客户变更需求的概率是 100%。问题是，他们会提出什么样的需求，需要做什么样的变更。

需求变更是项目经理经常面临的主要不确定性之一。有两种方法管理这些不确定性。

1. 接受变更的需求，当需求发生变更时，通过变更管理流程来应对。

2. 认识到需求可能变更，执行分析，并选择最佳的行动方案，前提是，需求可能变更。如果这些措施做得好，可以显著提高项目价值（Bordley 等人，

2019）。有不同的方法对项目的需求变更做好准备。其中一种方法是风险应对规划，我们在第 10 章中讨论过。需求变更是一个概率事件，为了应对需求变更，会触发一系列措施。

那么，管理需求最有效的方法是什么？很难用一种考虑了所有需求变更的方式来规划项目。因此，该解决方案是混合式的方法：对最有可能发生变更的需求事先制定应对措施，然后在发生计划外的变更时实施变更管理流程。如果你是皇室的裁缝，能预料到一些变更，那么就能采取应对措施，例如事先将袖子做长一点，以便后期进行调整。然而，客户提出的一些需求是难以预料的，需要采用适应型流程来管理这些变更。

本章小结

适应型项目管理是对项目管理过程不断学习，不断反馈，不断改进的过程。适应型项目管理有 5 个基本原则。

1. 通过定量分析将初始假设和实际项目数据结合起来。
2. 尽量减少决策撤回成本。
3. 采用迭代方法进行决策。
4. 构建支持性的组织文化。
5. 尽早识别并解决问题。

第21章
项目决策评审

在项目结束后对项目决策进行评审是一项重要工作,这有助于提高未来的决策水平。然而,评审会受到一些心理偏见的影响。例如,管理层通常认为很容易就能预见项目失败。企业知识库应能提供历史决策及其结果的信息来源。

↘ 为什么要开展项目后评审?

既然已经完成了项目,就要总结和理解并从中吸取的经验和教训。开展项目后评审时,需要回答一些问题。

- 哪些选择是正确的或不正确的?为什么?
- 是否正确地识别了风险并确定了概率和结果?是否合理规划了风险应对措施?
- 如何将定量分析结果与实际数据进行比较?为何两者会有不同?

在项目评审流程中,回答这些问题是决策分析流程中最重要的工作之一,这有助于改善未来的决策。大多数组织会进行评审,无论是正式的还是非正式的。

遗憾的是,没有多少组织会分析自己如何选择备选方案,制订项目计划,并确定风险事件的概率。此外,极少的组织将这些信息存放在易于检索之处。通常,上述这些分析的唯一记录只留在项目参与者的记忆中。考虑到人员流动和人类记忆的飘忽不定,这么做有着很高的风险。

在讲解如何在组织中建立项目评审流程之前,我们来研究一些与项目评审相关的心理偏见。

↘ 我们为何预见不到呢？

在 2005 年 8 月中，也就是在卡特里娜飓风袭击新奥尔良市之前（见图 21-1），就有许多关于飓风将对新奥尔良市造成灾难的预测（Wilson，2001；Fischerti，2001；Mooney，2005）。2001 年，《休斯敦纪事报》发表了一篇预测性文章，文章说，如果一场严重的飓风袭击新奥尔良市的话，将会造成 25 万人或更多人死亡，还会有十分之一的人在 20 英尺深的水中被淹死。休斯敦市会出现成千上万的难民（Berger，2001）。

图 21-1　卡特里娜飓风过后新奥尔良市西北部的洪水（来源：美国海岸警卫队，2005 年）

新奥尔良市的大部分地区位于海平面以下。为了防止洪水泛滥，城市的管理者建造了密集的海堤系统来保护这座城市。一部分海堤已经非常陈旧了。人们长期以来一直担心该系统是否有能力承受强烈飓风对其造成的影响。在 2005 年 8 月底卡特里娜飓风登陆后，有几处堤坝坍塌。庞恰特雷恩湖的洪水淹没了这座城市，造成大量的人员死亡和数十亿美元的损失。在卡特里娜飓风过后进行的调查表明，并非超出预期设计强度的自然力量造成了堤坝坍塌。相反，令人震惊的是，问题出在结构设计上。此外，糟糕的维护措施恶化了堤坝的状况。值得一提的是，在卡特里娜飓风袭击前几年，人们就已经知道堤坝有潜在的坍塌风险。

在事件发生多年后的今天，这些警告被认为不是概率事件，而是绝对的确定性事件。在卡特里娜飓风袭击之前，联邦、州、市政府和其他组织并不认为对海堤系统进行改进是重要的优先事项。尽管一些专家已经警告过这种风险，决策者们还是低估了像卡特里娜飓风这类破坏性事件发生的概率。因为预防此类极端事件所要做的工作会与其他高优先级的公共事项争夺预算，所以只对堤坝进行了有限的加固。

这种心理现象不仅发生在重大灾难中，而且也发生在失败的项目中。通常，当回顾一个失败的项目时，我们无法理解，当初收到如此多的警告，为何未能预见灾难性事件。是什么让我们忽视了这些警告？

在实践中，当我们回顾项目决策分析的结果时，会遇到一种常见的心理现象："事后诸葛亮"效应（在事件发生后，回过头分析项目失败的原因，就会说得头头是道）。

在任何项目中，都会有对其产生重大影响的失败威胁或重大风险事件。如果它们发生的概率很小，就应着手适当地降低风险。降低风险并不意味着完全消除风险，只是降低风险发生的概率及其潜在影响而已。假设发生了一个事件并引发了重大问题。在事件发生后，管理层会认为决策错了。但结局未必一定如此，因为只要使用了当时最全面的信息进行决策分析，就有可能做对决策。

当一个无法预测的风险事件发生时，情况就会变得更加困难。一般来说，这类事件是无法预见的，因为用来分析的数据既不完整又不完善。然而，一旦事件发生，就不可能抹去事件的影响，也不可能重走一遍事件发生前的过程。在决策流程中，要对许多不相关的信息进行分类（Wohlstetter，1962）。还记得电影《虎！虎！虎！》吗？影片再现了日本偷袭珍珠港前后的那段历史。在电影开始时，有几个场景描述了军事和政治领导人收到了一些日本即将发动袭击的警告，但他们低估或忽视了这些情报。看完这部电影，你会想，为什么这些人都无视这么多即将发生袭击的明显信号，最终犯下如此严重的错误呢？事实上，电影没有提及当时发生的一些其他事件。由于存在"事后诸葛亮"效应，那么只有在事情发生后，才明白哪些信息是相关的，哪些信息是不相关的。正是因为这个效应的存在，在风险事件发生后，管理层往往认为当时应该很容易预见风险并做出正确决策。

↘ "我早就知道"

决策分析流程是否能够帮助我们为特定的项目做出更好的决策呢？我们从分析中得出的结果比我们已经知道的要多出多少？这些都是批准决策的管理层成员经常问到的问题。

在心理学中，"我早就知道"被称为事后偏见，是一种极其常见的心理偏见。管理层通常低估从决策分析流程中获得的结果，因而往往会低估决策分析流程，他们会这么想："如果已经知道答案，为什么还要费心做决策分析呢？！"

在项目启动阶段，你向上司提交了风险管理计划。其中一个风险是，部件交付出现重大延误。根据分析，你认为这是一个重大风险，作为应对你制定了一个减轻措施，即从另一个供应商购买部件。你的上司不太确定是否有这个风险，但同意把它列入项目计划中。后来，这个风险果然发生了。幸运的是，由于你已经提前安排了另一个供应商，项目最终还是按计划完成了。当你对项目进行评审时，你的上司（现在，他是"事后诸葛亮"）只记得部件交付的风险既关键又明显，却不记得你对其进行的风险分析。自视甚高的他对你的定量分析提出质疑，说他用直觉就可以做出这个判断。这样一来，你的上司就不会再给你机会来做分析了。

事件一旦发生，大多数人（包括决策者）都会夸大事件发生的概率。在事件发生前，他们可能认为事件发生的概率是 15%，但在事件发生后，他们认为事件发生的概率是 99%。

↘ 高估过往判断的准确性

在管理者试图评估项目决策时，此前讨论过的两个偏见会对其产生影响。然而，开展分析的项目经理或分析师也无法避免类似的偏见。甚至，两者都会高估过往判断的准确性。

我们提供了一个小的心理实验，你可以在自己的组织中尝试一下。让一位项目经理凭记忆重新列出一个一年前的他在项目启动阶段定义的风险清单或风险分解结构。再将其与当时的风险清单进行比较。你会发现，在新列的清单中，发生各风险的概率远高于当时风险清单中给出的概率。对结果的了解会影响我们对先前分析的记忆。当知道结果时，分析师会相信他们正确地识别了事件并给出了正确的概率。距离初始决策分析的时间越长，这种偏见的影响就越大。

峰尾效应

峰尾效应是一个较为奇特的启发法。该效应说的是，我们几乎完全根据某些过往经历来回忆我们的过去，这些过往经历包括我们是如何达到顶峰（无论是愉快的还是不愉快的经历）以及它们是如何结束的（Kahneman 等人，1999）。我们都会这样做，也会摒弃其他信息，包括愉快或不愉快的信息，以及这种体验持续了多久的信息。这种启发法同样影响项目评审，因为许多项目相关方只会记住某些项目细节。你可能只回忆起在产品发布（项目的第一阶段）和项目期间的一些亮点事件（如 CEO 的到访和随后在一家高档餐馆的聚餐），但你不会记得为什么、如何以及是谁做出了这些决策。

《PMBOK®指南》建议在项目的每个阶段总结经验教训。换句话说，《PMBOK®指南》建议你在项目的所有阶段收集和记录所有重大项目决策和事件信息，这么做可以减少与峰尾效应有关的错误。

决策评审流程

通常，将项目评审或回顾作为业务流程的一部分。《PMBOK®指南》建议建立一个企业知识库，其中应包含历史信息和经验教训知识库。在项目实施期间收集这些信息。在项目收尾过程，更新组织过程资产，包括"将历史信息和经验教训信息转移到经验教训知识库中，以供未来项目使用"。项目评审结果也应存放在企业知识库中，以便在规划未来项目时使用。

在软件开发流程中，如统一软件开发流程（Rational Unified Process，RUP）（Kruchten，2003），评审有助于确定是否实现了既定目标。在每次项目迭代后，可进行评审或回顾，涉及人员、流程和工具。评审项目决策的过程也被称为项目回顾会议（Project Retrospectives）（Kerth，2001）。在回顾会议中，整个团队回顾项目的目标是什么？在项目期间实际发生了什么，为什么会发生？如何改进相关流程？

为了获取评价项目决策所必需的信息，应采取一些步骤。

1. 评估在项目规划阶段形成的输入信息，如：
   - 项目进度表。
   - 风险管理计划，包括具有特定事件发生概率的风险分解结构。
   - 用于选择备选方案的战略表和其他信息。
   - 定量分析结果。
2. 将输入信息与实际数据进行对比，如：
   - 选定的备选方案是否正确？
   - 哪些事件发生了？哪些事件没有发生？
   - 持续时间和费用估算是否准确？
3. 记录结论，并将文档存放在企业知识库中。

↘ 企业知识库

企业知识库是一个知识存储库，无论是纸质的还是电子的，人们都可以在知识库中找到在过往项目中关于决策的历史信息及经验教训。在实践中如何用好知识库呢？

在一家工程公司，我们遇到了一位非常有趣的人。他大约75岁，一生都在同一家公司工作。他在那家公司工作了50年，担任过许多不同的职务。在大学刚毕业时，他只是个初级工程师，后来他升任了部门负责人。在过去的20年里，他曾在公司的各个部门担任全职的内部顾问。他基本上被视为公司的"知识库"。

虽然他无法产生新的设计创意，但他对公司发展历史的记忆很有价值。当被他人咨询时，他会分析过往的每个项目，然后判断哪些信息对当前的项目有价值。他会回忆是否有人面临过类似的问题，以及他们当时的决策和结果是什么。通过利用这些信息，他能够对某些事件的概率做出相当准确的判断。

虽然个人知识库对企业来说很有价值，但人的记忆毕竟是有限的。首先，很难找到拥有超凡记忆力的一个人或一群人，并同时让其回忆出所有过往项目的信息。其次，每个人都有认知与动机偏见，这些偏见会影响他们对先前决策的判断。

幸运的是，许多计算机软件可以帮助我们建立企业知识库。其中一些是专门为企业知识库而设计的，还有许多项目组合管理软件也具有文档管理功能。

并不是所有的企业都有项目组合管理软件。即使有这样的软件，也不是所有的企业都会存储与决策分析相关的文档。下面，介绍一个简单而有效的方法来建立企业知识库：将所有文档保存在企业的内部网站中，以便可以使用搜索工具进行搜索。当你搜索内部档案时，这些工具可以帮助你在内部网站中迅速找到相应信息。只要为文档定义了适当的关键词，搜索工具就可以帮你找出最相关的文档了。

本章小结

- ▶ 项目决策评审是一个非常重要的步骤，它将帮助你提高未来的决策水平。
- ▶ 在事件发生之后，管理层往往都会成为"事后诸葛亮"。
- ▶ 在完成项目后，管理层常常会低估决策分析的价值。
- ▶ 执行决策分析的项目经理或分析师往往会高估过往判断的准确性。
- ▶ 建立企业知识库的最简单有效的方法是，在企业内部网站中存放已完成项目的文档，并提供搜索功能。

结论
决策分析能否提供解决方案

> "这是我们的选择！哈利。这展示了我们真正超能的一面！"
>
> ——J.K.罗琳《哈利·波特与密室》作者

本书介绍了标准决策分析流程的各个方面及其在项目管理中的应用。在不同行业的不同项目中，使用决策分析的经验证明了它的有效性和实用性。事先进行分析（包括决策分析）总比在项目开始后解决问题更为经济。尽管如此，人们对决策分析流程仍然存在一些误解。

↘ 对决策分析的常见误解

误解1：决策分析流程并不能确保项目成功

项目失败并不意味着决策分析流程不起作用。正如本书开头所述，NASA和洛克希德马丁公司都对风险进行了评估，投资开发未经验证的新技术。如果不承担任何风险，研发工作将无法开展。为了降低风险，NASA和洛克希德马丁公司开发了一个更经济而不是全尺寸的航天器。在这种情况下，决策分析就有助于减少非理性项目决策的数量，并能大大减少其负面后果。

误解2：决策分析增加了官僚层级

当然，任何事情都可以演变成官僚程序。例如，你去超市购物，把选好的商品放在传送带上，将信用卡交给收银员，然后再把商店的积分卡给他，积分卡可以兑换礼品券、优惠券，等等。你能想象这个场景吧？然后，收银员给你收据、信用卡、积分卡和优惠券。你可以获得 30 张优惠券，在下次购物时，用这些优惠券会获得 5%的折扣。过去，在超市付账是"一手交钱一手交货"，现在，则变成一连串让人惊愕不已的流程。

决策分析并不意味着会增加额外的管理费用。它更多的是一种思维方式，而不是一个文档管理流程，它应该尽可能简洁。我们一直都在强调，决策分析流程可以根据具体的组织需求来定制。例如，如果你认为定量分析对项目没有什么益处，没问题，不用它便是了。

> 只要组织中的每个人都觉得决策分析流程有用，就应该采用它。如果该流程造成了大量的文档工作负担，从而造成了项目延误，那么请立即放弃它。

请记住，决策分析的主要目的是：
- 提供合适的备选方案。
- 分析选择哪个方案能带来最大的价值。
- 选择方案并监控进展（大多数组织都采用了这样或那样方式）。

组织通常在业务软件、培训、咨询等方面投入大量资源来建立业务流程。通常，这是一个有正当理由的良好投资。有时候，这些流程并没有像计划的那样执行，反而导致整个机构更为官僚化，并产生更多的支出。如果出现这种情况，就应暂停实施并做出必要的调整。如果情况真的很糟糕，则应该彻底取消流程。就像在股市中投资：如果你的股票开始暴跌，不要等到它触底，现在就卖掉它，以减少损失。

误解 3：只有项目管理流程完善的组织才能从决策分析中受益

事实上，任何公司都能从决策分析流程中受益，就像任何人都能从理性思考中受益一样。例如，如果你有一笔奖金，现在有几个可选方案：

A. 偿还你的贷款（显然，这不是一个很受欢迎的方案）；
B. 到奢侈品商店买 10 双新鞋；
C. 到当地赌场赌一把。

你会根据自己的偏好（风险态度）选择一个方案，期望它给你带来最大的价值。你无须聘请顾问来构建复杂的数学模型，并使用大量的文档来做出这个决策。你唯一要做的就是，用你从本书中学到的知识，对这些方案做出一个合理的、有逻辑的选择。

如果你想建立一个决策分析流程，就一步一步地做。例如，先制定成功标准

（这些标准在多个项目上都是一致的）。然后指定人员对备选方案进行评估。如果你感觉可以从这些活动中受益的话，就增加流程的其他阶段，如建模、定量分析和评审。一旦你对这些流程感到舒服甚至满意时，就可以考虑购买相关的软件，帮助你进行项目决策分析。

↘ 为什么决策分析流程如此重要？

业余修理工在车库里工作并开发最先进技术的时代已经过去了。现今的技术创新已经变得非常"烧钱"，而且需要更长的时间来开发。但是，即便把所有的资金、工程师和管理人员集中起来仍然不能确保成功。

下面举几个例子。

- 自从 1957 年第一次卫星发射和 1961 年第一次载人航天飞行之后，人们开始梦想在月球和火星上建造城市。尽管人类曾飞抵月球并返回地球，但在太空探索方面并没有取得任何重大进展，当然也就没有被 20 世纪 60 年代早期那些激动人心的预言说中。实际上，SpaceX 和其他新一代运载火箭的设计在概念上与 60 多年前的设计非常相似，它们只是取代旧的航天器而已。
- 几十年来，人们一直试图建造热核反应堆，并通过核聚变发电。尽管在研究方面取得了重大进展，但建造能够安全运行的核聚变反应堆仍然是一个遥远的梦想。欧盟、日本、中国、俄罗斯、韩国和美国在内的 34 个国家和组织最初计划在未来 10 年内为国际热核聚变实验堆（ITER，2018）投资 50 亿美元，该项目旨在证明核聚变技术可用于发电。2005 年 6 月，该项目组决定在法国南部的卡达拉奇建造 500 兆瓦的反应堆，首座等离子体反应堆计划于 2016 年底投入运行。2015 年，该项目的估算约为 150 亿美元。而最新的信息是，第一座等离子体反应堆预计于 2025 年投入运行。当工程师无法解决技术问题时，他们通常会说技术"不成熟"。这意味着什么呢？这意味着，他们没有足够的时间和资源来解决问题。

地球是个"村"，无论我们生活在哪里，总会面临资源稀缺的问题，在哪里可以找到解决这些问题的方法？也许，解决稀缺资源的办法在于更有效地利用现有资源。要实现这个目标，一方面要应用数据分析，另一方面要有更好的管理实践。决策分析就是这样的技术之一。尤其能在以下两个方面带来价值。

- 良好的决策分析流程可以减轻错误决策的负担，帮助我们更有效地利用资源，并提高组织绩效。
- 改变企业文化和消除沮丧员工综合征，帮助我们减少资源的低效分配并提高生产力。

总之，一方面资源总是有限的，另一方面糟糕的决策加剧了资源稀缺。如果企业和政府的决策者可以学习并践行决策分析流程，将会极大地加速技术创新和生产力发展的进程。

附录 A
风险与决策分析软件

以下是在项目管理中被广泛应用的风险与决策分析软件，它们可以帮助你实现本书中介绍的流程。要提醒你的是，我们并没有对每款软件进行详细评估，因此不能给出具体建议。毕竟，每款软件都有其独特的功能，每个客户都有其独特的需求。这个清单不是完整的，没有包含所有相关软件。在每个软件类别中，我们按字母顺序对软件产品进行排序。

项目风险量化分析软件

序号	软件	公司	备注
1	Deltek Acumen Risk	Deltek www.deltek.com	蒙特卡洛成本和进度风险分析，包括风险登记册，并集成了进度软件
2	Full Monte	Barbecana www.barbecana.com	微软公司和甲骨文公司使用的蒙特卡洛成本和进度风险分析软件
3	Primavera Risk Analysis	Oracle www.oracle.com	甲骨文公司的蒙特卡洛成本和进度风险分析
4	Risky Project	Intaver Institute www.intaver.com	蒙特卡洛风险分析，包括高级的风险登记册并集成了进度软件
5	Safran Risk	Safran www.safran.com	蒙特卡洛成本和进度风险分析，包括风险登记册并集成了进度软件
6	Tamara	Vose Software www.vosesoftware.com	蒙特卡洛成本和进度风险分析

企业风险管理软件

序号	软件	公司	备注
1	Active Risk	Sword Active Risk www.sword-activerisk.com	全面的企业风险管理，尤其注重项目风险管理
2	BWISE	Bwise www.bwise.com	企业通用风险管理
3	Enablon	Wolters Kluwer www.enablon.com	企业通用风险管理
4	ETQ Enterprise Risk Management	ETQ www.etq.com	企业通用风险管理
5	Intelex Enterprise Risk Management	Intelex www.intelex.com	企业通用风险管理
6	IRIS Intelligence	IRIS Intelligence www.irisintelligence.com	企业风险管理，尤其注重项目风险管理
7	Logic Manager Enterprise Risk Management	LogicManager www.logicmanager.com	企业通用风险管理
8	Metric Stream Enterprise Risk Management	MetricStream www.metricstream.com	企业通用风险管理
9	Resolver Enterprise Risk Management	Resolver www.resolver.com	企业通用风险管理
10	RiskyProject Enterprise	Intaver Institute www.intaver.com	企业项目风险管理，包括项目进度，以及定量和定性风险分析

↘ 其他用于项目管理的决策及风险分析软件

序号	软　件	公　司	备　注
1	@RISK	Palisade www.palisade.com	可将蒙特卡洛模拟的结果转换为 Excel 的数据格式，也可用于项目管理
2	Analytica	Lumina Decision Systems www.lumina.com	用于创建、分析并对决策模型进行沟通的可视化工具，用影响图创建。
3	CrystalBall	Oracle www.oracle.com	用于 Excel 的蒙特卡洛模拟软件
4	Decision Frameware	Decision Frameworks www.decisionframeworks.com	一整套用于决策分析的软件工具
5	DPL	Syncopation Software www.syncopation.com	用于决策的桌面工具，包括影响图、决策树分析、蒙特卡洛模拟和敏感性分析
6	SmartOrg	www.smartorg.com	建模、评估、预测项目和项目组合中的商业机会
7	TreeAge	TreeAge Software www.treeage.com	决策树与影响图、敏感性分析、贝叶斯修正、蒙特卡洛模拟和多重属性分析

附录 B
项目管理中的启发法和偏见

下列清单虽不完整，但包含了与项目管理最为相关的启发法和偏见。为避免重复，本书提及的一些心理效应未放在里面，如创造力障碍。经常浏览这个清单，可以帮助你回忆一些内容，并在管理项目时获得应该如何思考的启发。

心理学帮助我们从一个新的角度来看待我们的行为。当我们向不了解认知偏见的管理者展示这份清单时，大多数人才意识到，这些心理陷阱导致了失败。我们希望这份清单能帮助你规避一些陷阱。

很难对项目管理中的启发法和偏见进行准确的分类。许多偏见是相互关联的，并通过不同的方式影响我们的行为。不过，我们还是将这些偏见分为几个类别。在每个类别中，我们按字母顺序排列这些内容。请注意，一些基本的心理学概念，如选择性认知和启发法，都有与之相关的偏见。

↘ 行为偏见与认知偏见

Ascription of Causality 因果关系归属：即使证据表明只有相关性，也会将其认为是因果关系。管理者可能认为一个项目之所以成功，是因为用了风险清单来管理项目。项目成功与风险清单之间的相关性不足以得出风险清单是导致项目成功的结论。

Bias Blind Spot 偏见盲区：看不到自己认知偏见的倾向（Pronin 等人，2002）。即使知道自己有认知偏见，也不一定会去纠正。在项目管理的培训和教育中要重视这个偏见。

Biased Covariation Assessment 偏见的协变量评估：在做出相关性或关联性

的判断时，不检验所有可能的结果。只关注一两个可能性，而忽略其他可能性。此偏见会影响项目经理分析项目中的相关性和因果关系的能力。

Choice-Supportive Bias 选择支持性偏见：将正面属性归入备选方案而不是被拒方案的倾向。例如，参与研究者被要求在两种方案中做出选择。在随后的记忆测试中，参与者拿到了一个包含正面和负面特性的清单。他们更多地将正面特性归入备选方案，而将负面特性归入被拒方案（Mather and Johnson, 2000）。在选择项目备选方案和评审决策分析时会出现此偏见。

Congruence Bias 同余偏见：由于决策者只依据对给定假设的直接检验却忽略间接检验而产生的偏见。受这种偏见的影响，决策者往往无法考虑其他假设。这种偏见在生成和评估创造性项目备选方案时常常出现。

Elimination-by-Aspect Heuristic 特征淘汰启发法：在该启发法中，如果一个潜在的选择不满足某些条件，人们就会从多个选择中排除这个潜在的选择（Tversky, 1972）。在项目经理根据多个标准来选择项目备选方案时常常出现。

Escalating Commitment 恶性增资：明知挽回失败项目的机会很小，仍给该项目投入资源的倾向（McCray 等人，2002）。这种行为陷阱与沉没成本效应有关。

Experiential Limitations 经验局限性：不能或不愿意超越过往经验的范围，或者拒绝不熟悉的事物。当项目经理因不符合熟悉的模式而放弃好的创意时，这种偏见就成为创造力的障碍。

Failure to Consider Alternatives 不考虑其他备选方案：只评估和考虑单一行动方案的倾向。当项目经理正在评估备选方案并试图减少工作量时，就会发生这种情况。通常，这由于某一方案的信息充分而其他备选方案的信息匮乏。这种偏差与同余偏差有关。

Focusing Effect 聚焦效应：当决策者过于重视某一事件或过程的某一方面时产生的偏见。例如，软件项目经理认为，软件的质量只与软件缺陷的数量有关。实际上，软件质量和软件代码质量的概念还涉及文档质量、用户界面、包装和支持。

Hyperbolic Discounting 双曲线折现：当较小的收益比较大的收益来得更快时，倾向选择较小的收益而不是较大的收益。例如，一位项目经理更可能选择一个现在就能获得 50 万美元净现值的项目，而不是几年后获得 100 万美元净现值的项目。然而，如果在 5 年获得 50 万美元净现值与 6 年获得 100 万美元净现值两个项目中做选择，大多数项目经理会选择后者。

Illusion of Control 控制错觉：决策者相信自己能够控制或影响结果，而事实上他们根本无法做到。例如，在掷骰子时，人们试图用更大的力量掷出大数字，而用更小的力量掷出小数字。同样，项目经理在规划项目时会认为他们可以控制大多数流程，而实际上他们不能。

Impact Bias 影响偏见：决策者倾向认为，一旦发生负面事件，从该事件中平复情绪所需的时间要比实际时间更长。在项目管理中，这个偏见与风险影响分析有关。

Inconsistency 不一致性：在类似情况下却不能用或不愿用相同的决策标准。一致性是项目决策分析流程的基本原则之一。

Inertia 惯性：当面对新情况时，不愿意改变过去一直使用的思维模式。在新的环境中，如不同的项目规模、行业、组织结构等，项目经理仍然遵循以往的做法。通常，这是不合适的，也会导致问题。

Information Bias 信息偏见：即使某信息不可能影响决策，仍要寻找该信息的一种倾向。在组织中，管理者有时过度要求员工提供更多的报告和分析。信息价值分析将有助于减轻这种偏见的负面影响。

Invisible Correlations 无形关联：因为不期望有关联，因此就无视关联。在项目管理中，人们通常无视激励、信念、经验、偏好与项目结果之间的关联。

Lexicographic Heuristic 词典学启发法：人们倾向用以下方法在备选方案中做出选择：（A）将属性进行排序；（B）选择对最重要的属性评价最高的方案；（C）如果没有结果转到下一个属性（Tversky，1969）。这种方法被称为词典学启发法，因为在词典中排序单词就用的是类似的算法。当项目经理根据多个标准选择项目备选方案时，可以采用这种方法。

Omission Bias 不作为偏见：认为主动作为导致的伤害比被动不作为导致的伤害更糟糕的倾向。项目经理会认为，新产品开发的风险比继续维护一个正在失去销售空间的现有产品风险更大，哪怕这两个方案的成本相同。

Outcome Bias 结果偏见：用最终结果而不是决策时的质量对决策进行评价的倾向。如果决策导致了负面的结果，并不意味着决策是错误的，因为决策是基于当时最好的信息做出的。这种偏见通常出现在项目决策的审查时。

Planning Fallacy 计划谬误：低估项目活动持续时间的倾向。项目经理会排除他们认为与项目无关的因素。此外，因为每个风险似乎都不太可能发生，这就会低估由多个风险累积的高影响风险。计划谬误是项目管理估算中的基本偏见之一。

Post-Purchase Rationalization 购后合理化：当人们在某些事情上投入了大量的时间、金钱或精力，并试图说服自己这些投入一定是值得的时候，就会出现这个偏见。在评审过程中，这个偏见会对项目分析造成影响。

Prospect-Theory-Related Biases 前景理论相关的偏见：

- **Endowment Effect 捐赠效应**：对比未拥有的事物，决策者赋予已拥有的事物更高的价值。这就解释了为什么人们很少用已经购买的产品来换取更好的产品。在项目管理中，体现在替换现有产品、工具和服务的选择中（Kahneman 等人，1990）。
- **Loss Aversion 损失厌恶**：决策者倾向避免损失而不是获得收益。在项目管理中，这种偏见与风险规避和风险容忍度有关。当决策者评估项目可能的收益和损失时，会出现此偏见。
- **Pseudocertainty Effect 假确定性效应**：如果预期结果是积极的，则选择规避风险。如果预期结果是负面的，则选择寻求风险（Tversky and Kahneman，1981；Slovic 等人，1982）。实际选择会受到结果描述方式的影响。在项目经理面临以下选择时，如买三送一或买四打 75 折，他愿意选择更有风险的前者。
- **Zero-Risk Bias 零风险偏见**：宁愿将小风险的发生概率降低到零，也不愿减轻大风险。对个人而言，他会更喜欢确定的小收益，而不是不确定的大收益。项目经理有时更愿完全避免一个小风险，而不愿显著减轻一个大风险。

Recognition Heuristic 认可启发法：当在两个方案中做出判断时，如果只知道其中的一个方案，则会认为该方案更有价值（Goldstein and Gigerenzer，1999）。当项目经理基于多个标准选择项目备选方案时，这种启发法就显现出来了。

Repetition Bias 重复偏见：愿意相信最经常被提及的和来自不同出处的大量信息。与记忆曝光效应有关。会导致错误评估项目管理中的业务状况。

Selective Perception 选择性认知：对人或事有特定期待，因而倾向关注符合期待的事件，忽视或忘记不符合期待的事件。选择性认知有时也指"我们只看到我们想看到的"。以下几个偏见都与选择性认知有关。

- **Confirmation Bias 确认偏见**：决策者倾向赋予可证明假设成立的证据更多的权重，而忽视或赋予无法证明假设成立的证据更小的权重。这么做会导致统计错误。这种偏见与项目管理中备选方案的估算和评价有关。
- **Disconfirmation Bias 不确认偏见**：决策者倾向将批判性审查延伸至与他们之前的信念相矛盾的信息（Lord 等人，1979）。也与确认偏见有关。
- **Premature Termination of Search for Evidence 过早终止寻找证据**：接受似乎有用的第一种选择的倾向。
- **Professional Viewpoint Effect 职业观点效应**：根据决策者职业的惯例看待事物而忽略了更广泛观点的倾向。例如，项目管理专业人员未能完全应用源于运营研究的方法和工具。
- **Selective Search of Evidence 选择性证据收集**：收集支持某些结论的事实，而不收集支持不同结论的事实的倾向。

Similarity Heuristic 相似性启发法：关系到人们如何根据相似性做出判断。相似性思维是项目管理者的基本心理策略之一，项目管理者通常将项目问题与已纠正的问题进行比较来分析项目问题。随着时间的推移，过去的经验将使项目经理能更有效地使用相似性启发法，快速选择则可能揭示问题根源的纠正措施。软件程序员、医生、警方调查人员和其他专业人员也使用类似的方法。

Source Credibility Bias 来源可信度偏见：如果对作为信息来源的个人、组织或团体存在偏见，则拒绝接受相关信息的倾向。另一个极端是，不加鉴别地接受来自可靠来源的信息。在项目管理中，当对某些信息过于信任而拒绝接受其他信息时，就会导致抽样偏见（Skinner，2009）。

Status Quo Bias 现状偏见：决策者倾向让事情保持相对不变（Samuelson and Zeckhauser，1988）。这种偏见与不作为偏见类似，与禀赋效应有关。它解释了为什么无效的项目管理流程没有被改变，以及为什么过时的技术没有被取代。

Student Syndrome 学生综合征：人们在最后期限快到时才开始完全投入一项任务的倾向（Goldratt，2002）。这种偏见是根据许多学生常常把写论文的时间推迟到截止日前一晚的做法来命名的。该偏见与项目活动持续时间的估算有关。与此类似的还有帕金森定律。该定律认为，对资源的需求总是随着资源供应的扩大而扩大（Parkinson，2018）。尤其指用在某工作上的时间应充满在该工作完成前的所有可用时间。与拖延也有很大关系。

Sunk-Cost Effect 沉没成本效应：在做选择时考虑已发生且无法收回的成本（沉没成本）的倾向。由于损失规避效应，沉没成本会影响决策。沉没成本可能导致成本超支，也可能导致对一个现在没有价值的项目投资。这个效应与恶性增资有关。

Wishful Thinking 主观意愿：根据令人愉快的想象，而不是通过证据或运用理性来形成信念和制定决策。例如，项目经理通常根据他想实现的积极结果而不是可能实现的结果进行评估。主观意愿与乐观偏见有关。

概率和信念估算中的偏见

Ambiguity Effect 模糊效应：选择概率已知的方案，不选择因信息缺失而概率未知的方案。在项目管理中，收集每个方案的信息非常重要。

Anchoring Heuristic 锚定启发法：依据某一特征或片段信息做出决策的倾向。以下是与锚定启发法有关的偏见。

- **Insufficient Adjustment 调整不足**：决策者倾向将当前值设为"锚"，而对未来的影响未能做出充分调整。在项目管理中，这种偏见往往表现在对不确定性的估算上。项目经理在对一项活动的持续时间或成本做出三点估算后，往往不允许进行充分的调整。

- **Overconfidence in Estimation of Probabilities 对概率估算的过度自信**：对不确定事件做出过于乐观估算的倾向。决策者倾向将概率范围设得过低，并且过于自信地认为真实值在此范围内。在一系列的项目成功之后，过度自信很可能导致冒险。

- **Overestimating the Probability of Conjunctive Events 高估合取事件的概率**：如果一个主要事件是由一些基本事件组成的，则应该将基本事件的概率相乘得出主要事件的概率。例如，每个任务完成的概率是 80%。如果该项目由 3 个任务组成，则项目完成的概率是 51.2%（0.8×0.8×0.8）。由于将基本事件发生的概率设为锚，人们往往会高估主要事件的概率。

Availability Heuristic 可得性启发法：在对事件发生的概率做出判断时，往往根据事件被记住的难易程度。以下是与可得性启发法有关的偏见。

- **Illusory Correlations 幻觉关联**：高估两个事件一起发生的频率的倾向。在项目管理中，这种偏见表现在分析两个或多个参数之间的关系上，例如，供应商的地理位置是否与其产品质量有关。
- **Vividness 生动性**：人们更容易回忆不寻常的、罕见的、生动的或与其他事件有关联的事件，如重大问题、成功或失败。受此影响，对项目风险概率的评估可能出错。

Optimism Bias 乐观偏见：对计划行动的结果过于乐观的倾向。这种偏见出现在项目规划和预测中。项目经理往往高估了成功完成项目的概率，低估了发生负面事件的概率。乐观偏见也与一厢情愿的想法有关。

Representativeness Heuristic 典型性启发法：通过某类别中具有代表性的对象、某群组中具有代表性的人或某流程中具有代表性的事件来估计概率的一种启发式方法。以下是与典型性启发有关的偏见。

- **Conjunction Fallacy 合取谬误**：对更详细方案的无谓迷信。这种谬误会导致"对细节的偏好"。例如，如果项目经理必须从多个提案中选择一个项目，他可能倾向选择那些细节最丰富的提案，即使这些提案并不一定最有可能成功。
- **Gambler's Fallacy 赌徒谬误**：相信霉运过后好运就会来（Tversky and Kahneman，1971）。在项目管理中，项目经理往往对某些问题不采取纠正措施，因为他相信情况会自己好起来。
- **Ignoring Base-Rate Frequencies 忽略基数频率**：人们在评估概率时忽略先前的统计信息（基数频率）的倾向。在项目管理中，这种偏见可以表现在对概率的估算和预计上。例如，供应商的新部件有缺陷的概率是多少？项目经理可以根据最近的测试结果（如大多数部件都有缺陷）做出估算。然而，他可能忽视了这样一个事实，从历史上看，该供应商99%的部件都是没问题的。
- **Ignoring Regression to Mean 忽视回归平均值**：期望在极端事件之后还会发生类似极端事件的倾向。事实上，在极端事件之后很可能出现与之相反的极端事件，或者一般事件。项目经理不应该期望团队或个人在每个项目中都有非凡的表现，因为会有回归到平均值或达到平均水平的趋势。

↘ 记忆偏见和效应

Context Effect 语境效应：记忆取决于语境。非语境记忆比语境记忆更难回忆。例如，当项目经理在家时，他回忆与项目相关信息的及时性和准确性就会变低，反之亦然。

Exposure Effect 曝光效应：因为熟悉某件事物就会对其表现出喜爱之情。我们读到某方法或原则的次数越多，就会越喜欢它。广告业经常利用这一效应。例如，一位项目经理喜欢某款项目管理软件，可能仅仅因为该软件频频出现在行业杂志的广告上。

False Memory 虚假记忆：受外部确凿事实的影响，对未经历事件的虚构记忆或对已经历事件的歪曲。项目经理常常忘记重要的信息和经验教训。

Generation Effect 亲历效应：经历过的而不是通过阅读得到的信息，会更好地被记住。如果项目经理经历并处理了某个问题，就会比通过阅读获得信息的印象深刻得多。亲历效应可以作为一种学习策略。

Hindsight Bias (the "I Knew It All Along" effect)事后偏见（"我早就知道"效应）：认为过去的事情比实际情况更容易预测的倾向。对该偏见的解释是，事件发生了比没有发生更容易唤起回忆。这种偏见常见于项目决策的审查中。

Misinformation Effect 错误信息效应：当错误信息影响人们对自我记忆的"报告"时，就会产生记忆偏见。如果人们阅读了一份关于某项目的不准确的报告，并被要求回忆自己在该项目上的经历，那么该报告会扭曲人们对该项目的记忆（Roediger 等人，2001）。

Peak-End Rule 峰尾效应：人们几乎完全根据他们在巅峰时期的经历（愉快或不愉快）以及最终的结局来回忆他们过去的经历。其他信息（包括在其他时间段过得是否愉快以及这种经历持续了多久）都会被遗忘。在项目管理中，此效应在项目评审中非常重要，因为项目相关方可能不记得所有必要的项目细节（Kahneman 等人，1999）。

Picture Superiority Effect 图片优先效应：如果概念和想法是以图片而不是文字呈现的，那么它们更容易被记住（Paivio，1971，2006）。该效应对项目信息（如项目决策分析结果）的呈现和说明非常重要。

Zeigarnik Effect 泽加尼克效应：与已经完成的任务相比，项目经理更能记住正在进行的任务（Zeigarnik，1967）。

↘ 社会和群体偏见

Attribution Biases 归因偏见：影响归因的偏见，或者人们确定对事件或行动负责的人和方式的偏见。理解归因偏见对项目人力资源管理具有重要意义。以下是与归因偏见有关的偏见。

- **Egocentric Bias 以自我为中心的偏见**：人们倾向要求对联合行动的结果负有比外部观察员更多的责任。
- **False Consensus Effect 错误共识效应**：决策者倾向高估别人认同他们的程度。如果一个群体的成员达成共识，而且没有争议，他们倾向相信每个人的想法都是一样的。因此，如果没有人在团队会议上表达相反的意见，项目经理会相信每个人都同意行动方案。
- **Fundamental Attribution Error 基本归因错误（也被称为对应偏见或过度归因效应）**：人们过分强调根据个性对他人的行为做出解释，而忽视环境对行为影响的作用和力量。人们倾向根据他是什么样的人来判断他所做的事情，而不是根据社会和环境的力量对他起的作用。
- **Outgroup Homogeneity Bias 群体外同质性偏见**：人们认为自己所在群体的成员比其他群体的成员更多样化。
- **Self-Fulfilling Prophecy 自我实现预言**：一旦做出一个预言，就会变成现实。换句话说，一个错误的陈述可能让人们采取行动，最终导致预言的实现。例如，项目经理对项目资源不足非常关注。当没有分配给他资源时，他会发现项目的所有问题都是由于资源不足造成的。在 J.K.罗琳的小说《哈利·波特与凤凰社》中，有一位预言家在哈利·波特出生前不久就做了一个预言，即有能力战胜伏地魔的人很快就会出生。为了保护自己，伏地魔在哈利·波特还是个婴儿的时候就试图杀死他，但是他的咒语适得其反，将他的一些力量转给了哈利·波特。事实上，这个力量转移是对预言的回应。这个预言之所以"真实"，是因为伏地魔相信它。
- **Self-Serving Bias 自利归因偏见**：对成功而不是失败负责的倾向。自利归因偏见会导致好于平均水平的效果，也会导致过度自信。例如，一位成功项目的项目经理会说："我这么做是因为我的经验丰富。"另一位失败项目的项目经理会说："客户没有提供良好的规格说明，我们也没有必要的资源。"

- **Trait-Ascription Bias 特质归属偏见**：在情感、个性和行为方面，人们把自己看作相对可变的，而把别人看作更可预测的。这可能是因为人们能够比别人更好地观察和理解自己。这种偏见可能导致成见和偏见。这种偏见体现在项目团队的沟通中。这种偏见类似群体层面上的群体外同质性偏见。

Bandwagon Effect 流行效应（Groupthink 群体思维）：因为许多人做（或相信）某事而做（或相信）同样事的倾向。当项目经理和团队成员不愿意表达不同的观点时，这种效应就体现在项目团队中。

Ingroup Bias 群体内偏见：人们倾向给予他们认为属于自己群体的人优待，即使他们所共享的群体是随机的或任意的（如有相同的生日）。群体内偏见是影响项目团队内部沟通的一个重要因素。

Polarization Effect 极化效应：群体讨论导致群体成员的偏好或倾向出现放大的趋势。如果某项目团队成员已经对某个问题（如新产品设计）有了意见，那么他可能对这个问题产生更强烈的意见。当双方都有相同的混合证据时，他们的意见会出现两极分化。

附录 C
风险模板

↘ 通用风险模板 1

下列风险分解结构摘自《PMBOK®指南》(PMI，2018)。当需要覆盖各种类型的项目风险时，建议使用本通用风险模板。

风　　险	检　验
技术风险	
需求	☐
技术	☐
复杂性和界面	☐
性能和可靠性	☐
质量	☐
安全	☐
外部风险	
供应商	☐
部件	☐
法律和监管环境	☐
市场	☐
客户关系	☐

续表

风险	检验
现场具体问题	☐
天气和其他环境因素	☐
组织风险	
项目依赖关系	☐
资源风险	
人力资源	☐
物质资源	☐
资金	☐
优先级	☐
项目管理	
估算	☐
规划	☐
控制	☐
沟通	☐

↘ 通用风险模板 2

以下是另一个通用风险模板，包括独立的外部和内部事项。适用于受外部事项影响比较大的建设项目。

风险	检验
外部风险	
环境	
天气	☐
自然环境	☐
具体现场事项，如厂房和基础设施的可用性	☐
当地的服务和支持	☐

续表

风　　险	检　　验
政治环境	☐
法律环境	☐
社区和社会环境	☐
文化环境	☐
市场	
竞争	☐
需求	☐
劳动条件，如劳动成本和可用性	☐
材料及燃料成本、质量和可用性	☐
财务条件，如利率和通货膨胀	☐
供应商和物品的可用性	☐
影响市场的季节性和周期性因素	☐
内部风险	
组织	
组织文化	☐
决策原则，包括风险态度	☐
项目领域的组织经验	☐
总体组织能力，包括财务状况	☐
组织结构	☐
组织责任和管理	☐
与特定项目有关的组织绩效	☐
公共关系	☐
劳动关系	☐
供应商/供应商关系	
物品和材料质量	☐
与物品及材料的交付、安装和实施有关的事项	☐

续表

风　　险	检　　验
供应商关系	☐
购置和采购流程的成熟度	☐
客户关系	
需求定义程度	☐
需求不确定性	☐
需求复杂度	☐
客户参与程度	☐
技术	
技术可用性和成熟度	☐
技术限制	☐
技术复杂性	☐
人力资源	
人员技能	☐
人员绩效	☐
人员在具体项目上的经验	☐
人员可用性，包括经营专家可用性	☐
项目管理	
项目管理流程的成熟度	☐
项目经理的经验	☐
与项目进度制定有关的事项	☐
与项目活动估算有关的事项	☐
与项目范围定义有关的事项	☐
质量与安全	
总体质量目标	☐
与质量标准有关的事项	☐
安全政策、标准和程序	☐

软件开发项目风险模板

以下是软件开发项目风险模板。用于与 IT 相关的项目，特别是软件开发项目。此模板中的风险类别与 RUP 流程（Kruchten，2003）相关。

风　　险	检　　验
业务模式与需求	
经营目标的清晰度	☐
需求收集	☐
需求审查	☐
需求变更	☐
需求验收	☐
合同	☐
分析与设计	
架构	☐
技术能力	☐
新技术	☐
需求解析	☐
设计	☐
实施	
编码	☐
单元测试	☐
集成	☐
优化	☐
质量控制	
评估	☐
测试	☐
客户验收测试	☐

续表

风 险	检 验
部署和维护	
部署	☐
维护	☐
安装和包装	☐
升级和增长	☐
配置和变更管理	
配置管理，包括构建流程	☐
变更管理流程	☐
范围或目标变更	☐
项目管理	
项目管理流程的成熟度	☐
高管层的承诺	☐
客户参与	☐
技术性能	☐
成本管理	☐
环境	
开发环境	
软件和工具	☐
硬件	☐
组织环境	
管理技术	☐
组织稳定性	☐
组织在特定项目上的经验	☐
外部关系	☐
分包和外包	☐

续表

风　　险	检　　验
资源	
资源可用性	☐
资源使用情况	☐
资源绩效	☐
资源周转率	☐
其他环境因素	
自然环境	☐
具体的现场事项，如厂房和基础设施的可用性	☐
政治和法律环境	☐
社区、文化和社会环境	☐

附录 D
多标准决策方法

本附录列出了一些用于项目和项目组合管理中的多标准决策方法。这些方法主要用于在项目组合中选择项目，以及制定重要的项目决策。每种方法都有各自的优缺点（Linkov 等人，2006）。

选择多标准决策方法和工具是组织决策分析流程中的一部分。这些方法最适合用于解决项目组合中的多个问题而不是某个具体问题。每种方法都有对应的软件工具，包括项目组合管理软件。

方　　法	简短说明	参　　考
层次分析法（AHP）	1. 制定一个层次结构，包括备选方案和标准。 2. 进行配对比较，为不同的标准确定一致的优先级。输入数据（用于进行配对比较）也可以作为一种专家判断。 3. 计算不同备选方案的总体得分，根据得分对其进行排序	Anderson 等人，2015；Saaty and Vargas, 2014
目标规划法	针对多标准决策的线性规划方法。其中，通过设计目标函数使目标偏离尽量减少	Anderson 等人，2015；Schniederjans, 2012
多属性效用理论	1. 生成项目参数的单属性效用函数，如项目持续时间和成本。 2. 合并单属性效用函数以形成多属性效用函数。 3. 实施一致性检验以验证多属性效用函数代表了决策者的偏好	Goodwin, 2014；Keeney and Riffa, 1993

续表

方　　法	简短说明	参　　考
简单多属性评分技术（SMART）	1. 构造体现决策标准的价值树。 2. 定义价值函数，体现与标准之间的关系（例如，项目成本与项目价值）。 3. 确定所有标准的权重。计算每个备选方案的总价值（得分）。 4. 进行敏感性分析，以确定所选权重的敏感性	Goodwin，2014

术语表

3C Principles of Project Decision Analysis 项目决策分析 3C 原则：决策分析流程的 3 个最重要的原则，即连续性、全面性和一致性。

Adaptive Management 适应型管理：通过吸取过往决策结果的经验教训来不断改进决策、管理制度和实践的系统流程。

Agile Process 敏捷流程：管理不同项目的一种概念性框架。最初，敏捷方法是为软件开发项目提出的，它现在已经成为应用在不同行业的方法集。

Anchoring and Adjustment Heuristic 锚定与调整性启发：人们根据某个特征或某条信息（"锚"）的启发来做出决策的一种方式。

Attribution Theory 归因理论：人们如何解释他人或自己行为的原因（归因和自我归因）的一种理论。

Availability Heuristic 可得性启发法：人们根据大脑提取某事件信息的难易程度对该事件发生的概率做出判断的一种方式。

Bayes Theorem 贝叶斯定理：基于新信息修正概率的一个公式。

Behavioral Trap 行为陷阱：当理性活动后来变得不受欢迎和难以摆脱时发生的一种心理现象。

Best Fit 最佳拟合：识别统计分布的流程，以便更好地近似给定的经验分布。

Beta Distribution 贝塔分布：用包含两个系数的数学公式形成的有边界的统计分布。通过改变这些系数，贝塔分布可以呈现不同的形状（对称的或非对称的）。

Bias 偏见：某人的判断与现实之间的差异。

Bounded Rationality 有限合理性：提取问题的基本特征以建立简化模型，它只能做到对模型中参数的解释是合理的。

Brainstorming 头脑风暴：一种解决问题的技巧，包括创建一个包含各种各样相关想法的清单。

Change Control 变更控制：控制原始项目计划变更的流程，包括在项目进程中识别、分析、记录、批准或拒绝变更。

Cognitive Bias 认知偏见：由专家处理信息的方式引起的一种偏见。换句话说，它是人类在认知现实时产生的曲解。

Contract Administration 合同管理：管理合同及买卖双方关系的流程。

Controllable Input 可控输入：见确定性输入。

Corporate Culture Company View 企业文化公司视点：公司的价值观、信念、商业原则、传统、经营方式和内部工作环境。企业文化对公司决策有显著影响。

Corporate Culture Employee view 企业文化员工视点：员工对所在企业所持的基本设想和信念。企业文化是指公司的价值观、信念、商业原则、传统、经营方式和内部工作环境。

Cost-Benefit Analysis 成本效益分析：用来比较与项目相关的各种成本和效益（项目所能带来的）的技术。

Cost of Decision Reversal 决策撤销成本：由错误决策引起的所有相关成本。不可撤销的决策成本可能在零到无限大之间。

Creativity Block 创造力障碍：阻碍决策制定找到有创意的问题解决方案的因素。

Creativity Theories 创造性理论：试图解释创造性现象的一整套心理学理论。

Critical Chain Method 关键链法：一种进度网络分析技术，可以根据资源制约因素调整项目进度。

Critical Events or Critical Event Chains 关键事件或关键事件链：在事件链法中，对项目产生最大影响的单一事件或事件链。运用敏感性分析可以识别关键事件或关键事件链。

Critical Path 关键路径：决定项目完成时间的一系列活动。

Critical Path Method 关键路径法：一种进度网络分析技术，可以用来计算不同路径的时差，也可以用来确定项目持续时间。

Crucial Task（Crucial Activity）关键任务（关键活动）：对项目主要参数（如成本和持续时间）的不确定性产生最大影响的任务（活动）。可以通过敏感性分析来确定关键任务。

Decision 决策：为实现预期目标而主动地分配资源。

Decision Analysis 决策分析：思考当前决策下所采取的行动将如何产生项目结果的一种结构化方式。

Decision Analysis Manifesto 决策分析宣言：组织为什么要采用决策分析的基本原则。

Decision Analysis Process 决策分析流程：帮助项目经理做出理性选择的一整套系统的步骤和工具。

Decision Board 决策团：见决策委员会。

Decision Committee 决策委员会：负责协调组织中特定项目决策分析流程的专家小组。又称为审查委员会、决策团。

Decision Conferencing 决策会议：由决策分析师主持的为期 1~3 天的面对面专家会议。作为中立的观察者，决策分析师在会议上运用决策分析方法和技术。决策分析师创建一个基于计算机的模型，其中包含了专家判断。

Decision Criteria 决策标准：用于决定采取何种备选方案的指标。

Decision Framing 构建决策框架：在决策分析流程中的一个步骤，帮助决策者找出潜在的问题或机会，评估业务情况，确定成功标准并识别不确定的因素。

Decision Policy 决策原则：一组用于选择备选方案的原则或偏好。风险原则是决策原则的一个组成部分。

Decision Theory 决策论：对不确定性进行决策的理论。

Decision Tree 决策树：呈现决策问题的图，包括机会、决策和结束（终端）节点。

Delphi Technique 德尔菲技术：德尔菲技术是一种小组讨论技术，这种技术要求小组成员不进行面对面交流。相反，通过一连串的回合，成员匿名发表意见，直到达成共识。

Descriptive Decision Theory 描述性决策论：描述人们实际如何做出决策的一个决策论的分支。见规范决策论。

Deterministic Input (Controllable Input)确定性输入（可控输入）：在模拟模型中，由决策者选择的输入。

Discounted Cash Flow 折现现金流量：对项目的预期净现金流进行折现（按要求的回报率）来确定未来投资的相对价值。

Elimination by Aspect Heuristic 剔除式启发法：在众多选择中剔除不满足某些条件的选择的一种启发法。

Emotion 情绪：不是通过有意识的努力，而是通过神经系统自动产生的心理状态，可以引起积极或消极的心理反应。

Enterprise Project Management 企业级项目管理：见项目组合管理

Enterprise Resource Management (ERM)企业资源管理：用于管理企业资产及资源的方法和软件程序，包括应付账款和应收账款，以及生产、库存和人力资源。

Event 事件：在仿真模型中，引起系统状态改变的瞬间发生的事件。

Event Chain 事件链：在事件链法中，相互关联的一系列单个事件。

Event Chain Diagram 事件链图：显示事件和任务之间的关系，并描述事件如何相互影响的图。

Event Chain Methodology 事件链法：一种对不确定性建模并进行进度网络分析的技术，其重点是识别和管理影响项目进度的事件和事件链。

Expected Utility Theory 预期效用理论：理性行为理论的集合，旨在描述人们在做出理性选择后应该如何行事。

Expected Value 预期价值：是所有结果的概率加权平均值。将每个可能的结果乘以其发生的概率，然后再将结果相加。

Filter 过滤器：在创造性决策中，过滤器是用于测试所提出的解决方案的一组条件。如果解决方案没有通过过滤器，就不会在后期的分析中予以考虑。

Filter Diagram 过滤图：运用过滤器选择项目备选方案的图。

Fluctuation 波动：在事件链法中，在活动成本或持续时间上的微小偏差，不能归因于任何特定的风险事件。

Framing 构架效应：一种心理效应。由于决策者的准则、习惯、偏好和性格不同，对问题的表述也不同，因此对问题的反应就不一样。

Free Float (Slack) 自由时差（浮动）：在不影响任何紧随其后的活动的前提下，该活动可以延迟的时间量。

Frustrated Employee Syndrome (FES) 沮丧员工综合征：一种可能影响企业文化的"疾病"，尤其在决策、效率和生产力等方面。沮丧的项目团队成员不会做出好的项目。

Frequency Chart (Frequency Histogram) 频率图（频率直方图）：一种显示样本数量或概率与变量值关系的直方图。用于分析与变量相关的风险。

Fundamental Objectives 基本目标：主要的项目目标或在项目流程中需要完成的目标。

Game Theory 博弈论：研究在竞争环境中人类行为的数学理论。博弈论研究的情景是，博弈者选择不同的行动，使他们的回报最大化。

Gantt Chart 甘特图：一种条形图，它将活动描述为随着时间推移的条块。条块的开始和结束对应活动的开始和结束日期。1917年，美国工程师、社会科学家亨利·L.甘特（Henry L.Gantt）开发了甘特图，并将其作为一种生产控制工具。

Global Event 全局事件：在事件链法中，影响项目中所有任务或所有资源的事件。

Heuristics (in psychology of judgment and decision-making) 启发法（面向判断和决策的心理学）：简化的心理策略或经验法则，人们依靠它来得出判断。通常，启发法能得出合理的解决方案，但常常导致不一致性和可预见的偏见。

Impact 影响：见风险影响。

Influence Diagram 影响图：一种图形工具，可显示决策、偶然事件和决策问题的后果之间的关系。

Intuitive Thinking 直觉思维：对意义或真理的直接认知，不依靠有意识的推理。直觉思维是一种被思考者的信念系统所验证的心理活动。

Irrevocable Decision 不可撤销的决策：不可以撤销的决策。另见决策撤销成本。

ISO 9000：质量管理体系的ISO（国际标准化组织）标准系列。

Lag 滞后：前续活动与后续活动之间的延迟。例如，在"结束—开始"逻辑关系中，滞后5天意味着后续活动将在前续活动完成后5天开始。

Lens Model 透镜模型：心理学的一种概念框架，用来对事件和行为结果做出判断和预期。该框架由 Egon Brunswik 开发。

Lessons Learned 经验教训：从正在执行的项目中获得的经验教训，可以在项目的任何阶段获得经验教训。

Lessons Learned Knowledge Base 经验教训知识库：经验教训和项目历史信息的储存库。

Local Event 本地事件：在事件链法中，影响特定任务或资源的事件。

Lognormal Distribution 对数正态分布：自然对数为正态分布的随机变量的统计分布。通常，它用来模拟正偏态的数据。

Mean 均值：一个统计参数。平均值为每个模拟的变量值之和除以模拟的数量。

Means Objectives 方法目标：指有助于实现基本目标的项目目标。

Method of Relative Heights 相对高度法：一种利用频率直方图对连续统计分布进行判断的方法。

Milestone 里程碑：表示项目中重大事件的时点，用于监控项目的进度。

Mind Map 思维导图：用来表示与中心主题相关的想法、活动、风险或其他项目的图形。在思维导图中，与主题相关的想法从中心辐射出去，产生很多"分支"。

Mitigation Plan 减轻计划：见风险减轻计划。

Model 模型：见估值模型。

Moment of Event 事件时刻：在事件链法中，某一特定事件在某一活动过程中发生的时刻。

Monte Carlo 蒙特卡洛：在风险分析中应用的数学方法。基于随机输入，蒙特卡洛模拟方法可对潜在结果的分布进行近似计算。每次试验都是通过从定义的概率分布中为每个输入变量随机抽取一个样本值来产生的，然后应用这些输入样本值来计算结果。重复此流程，直到概率分布得到充分的表述，并达到所需的精度水平。

Motivational Bias 动机偏见：因做出判断的专家的个人利益引起的偏见。

Multi-Criteria Decision-Making 多标准决策：考虑将多种相互冲突的标准正式纳入决策制定流程的方法和步骤。

Nash Equilibrium 纳什均衡：博弈论中的一种解决方案，即任何一方都不能通过单方面改变自己的策略而获得任何利益。

Net Present Value（NPV）净现值：将投资产生的一系列未来净现金流的现值总和减去原始投资金额。

Normal Distribution 正态分布：数值在平均值周围呈对称分布的一种统计分布。

Normative Decision Theory 规范决策论：描述人们如何做出决策的决策论分支。另见描述性决策论。

Objective Probability 客观概率：一种基于对证据进行全面评估的概率，包括对系统的所有随机属性的理解。另见主观概率。

Opportunity 机会：一种有利的情况，如果该情况发生了将对项目目标产生积极的影响。与之相反的情况是威胁。

Overconfidence 过度自信：一种心理偏见，即人们倾向高估自己预测的准确性。过度自信是项目管理中最常见的偏见之一。

Parameters 参数：在模型的数学关系中出现的数值。

Percentile 百分位：在 0~100 刻度上的一个值，它表示一个分布的百分比等于或低于它。在第 95 百分位的值是等于或优于其他值的 95%的值。

Precondition of Event 事件先决条件：在事件链法中，先决条件是活动的状态或环境因素。只有具备先决条件，有些事件才会发生。

Probability 概率：基于某些证据的事件发生的相对频率。"概率"一词来源于拉丁文中的"probare"（证明或检验）。同义词有可能性、胜算和偶然性。

Probability and Impact Matrix 概率和影响矩阵：基于概率和影响的风险优先级排序工具。用概率和影响两个维度构成的表格来定义高、中和低风险。

Probability Method 概率方法：一种关于连续统计分布的专家判断方法。

Probability Wheel 概率盘：在专家判断中用来判断离散概率的图形工具。

Program Evaluation and Review Technique (PERT) 计划评审技术：一种基于网络的项目进度制定流程。1956—1958 年，由咨询公司博思艾伦（Booz Allen Hamilton）为美国海军特别项目办公室开发。

Project Life Circle 项目生命周期：指一个项目阶段的集合。

Project Objective 项目目标：《PMBOK®指南》将项目目标定义为，"工作所指向的事物，要达到的战略地位，要达到的目的，要取得的成果，要生产的产品或准备提供的服务"（PMI，2018）。

Project Portfolio Management (Enterprise Project Management)项目组合管理（企业级项目管理）：将一系列项目组织成单一的组合，包含各项目的目标、成本、进度、成果、资源、风险和其他关键因素。高管们可以定期审查整个组合，合理分配资源，并调整项目以使整体收益最大化。

Project Schedule 项目进度表：一个详细的计划，包括主要项目阶段、里程碑、活动、任务和分配给每个任务的资源。最常见的项目进度表的表现形式是甘特图。

Project Success Rate 项目成功率：一个项目成功完成的机会。

Prospect Theory 前景理论：另一种预期效用理论，由 D.Kahneman 和 A.Tversky 提出。

Qualitative Risk Analysis 定性风险分析：确定项目风险的概率和影响的流程。定性风险分析包括，根据风险对项目进度的影响来对其进行排序。

Quantitative Risk Analysis 定量风险分析：一种对风险和不确定性分配概率数值，然后应用定量方法来确定风险和不确定性对项目进度的影响的过程。

Radar Chart 雷达图：用于将多个目标的不同策略形象化的图形。

Rate of Return (ROR)回报率：可衡量一项投资的盈利能力，投资增值部分以百分比的方式体现。

Rational Choice 理性选择：为决策者带来最大价值的方案。

The Rational Unified Process (RUP)统一软件开发流程：由 Rational Software Corporation 公司创建的软件迭代开发流程，该公司现在是 IBM 的一个部门。

Reality Check 真实性检验：将分析结果与主观评估结果进行比较的方法。

Regression Analysis 回归分析：对变量之间的关系进行研究和建模的统计技术。

Repeated Activity 重复活动：由于某个事件而需要再次执行的前一个活动。可用事件链法对重复活动建模。

Representativeness Heuristic 典型性启发法：一种启发方法，人们通过判断对象、人或事件在其类别、群体或流程中有多大的代表性来估算概率。

Reserve Analysis 储备分析：为项目时间、预算、预计成本或资金建立储备的技术。

Resource Leveling 资源平衡：一种进度网络分析技术，在限定资源（如资源可用性）的情况下，对项目进度进行计算。

Review Board 审查委员会：见决策委员会。

Risk 风险：可应用于任务或资源并影响项目进度的随机事件。影响可以是积极的机会和/或消极的威胁。事件链法中的风险由名称、发生的机会、结果和发生的时间来定义。风险可以是总体性的（影响项目的所有任务或资源）也可以是局部性的（影响项目的特定任务或资源）。

Risk Audit 风险审计：用来控制风险应对措施效率及风险管理流程效率的一种技术。

Risk Breakdown Structure (RBS) 风险分解结构：在识别风险流程中产生的风险层级结构。在事件链法中，运用风险分解结构和项目进度一起进行定量风险分析。

Risk Identification 识别风险：确定并识别潜在威胁和机会的流程。

Risk Impact 风险影响：风险在活动和项目中产生的后果（结果）。在事件链法中，影响是事件的属性之一。

Risk Mitigation Plan 风险减轻计划：一种主动的风险应对策略，它降低了风险事件的概率及其影响。

Risk Monitoring and Control 风险监控：在项目流程中跟踪已识别的风险、监督剩余风险、识别新风险和执行风险应对计划的流程。

Risk Policy 风险原则：个人或组织的风险偏好。个人或组织可能是风险规避型的，也可能是冒险型的。风险原则可以用效用函数来表示。

Risk Register 风险登记册：记录风险信息的文件，包括风险名称、描述、类别、原因、可能性、对项目目标的影响、应对、责任人、当前状态和其他相关信息。

Risk-Response Planning 风险应对规划：为减少威胁和增加实现项目目标的机会，对采取的方案和行动进行正式规划的流程。

Risk Tolerance 风险容忍度：组织或个人愿意接受风险的水平。

Rule of Pi π法则：影响估算的偏见。即使估算者知道这个法则，活动持续时间（成本）的实际值也会比估算值大 π（3.1415…）倍。

Sampling 抽样：在蒙特卡洛模拟中，从统计分布中取值的流程。

Scenario Analysis 情景分析：见假设情景分析。

Schedule Consolidation 进度合并：在进度到决策树的转换中，减少决策树上呈现的活动数量的一种算法。

Schedule Control 进度控制：对项目进度变更进行监控的流程。

Schedule Model 进度模型：用于进行进度网络分析并生成项目进度的模型。

Schedule Network Analysis 进度网络分析：用于识别项目计划中未完成活动的开始和结束时间的一种技术。

Schedule-to-Decision-Tree Conversion 进度到决策树转换：用于在决策树中转换具有多个备选方案的项目进度的一种算法。

Scope Control 范围控制：项目范围管理中的一个流程，与控制项目范围变更有关。

Scope Verification 范围确认：对已完成的项目交付成果进行正式验收的流程（PMI，2018）。

Scoring Model 评分模型：一种多标准决策的方法，要求用户为每个标准的相对重要性分配权重。用户还会对决策方案符合评分标准的程度进行打分，最终产生每个决策方案的得分。

Selective Perception 选择性认知：一个心理学术语，指一个人有意识或无意识地增加对刺激和信息的关注度与他的态度或兴趣直接相关。相反，他也会有意识或无意识地减少对不感兴趣的刺激的关注度——你所看到的是你想看到的。

Self-Actualization 自我实现：一个心理学术语，用来描述实现某人潜力的动机。在创造力理论中应用了自我实现的概念。

Sensitivity Analysis 敏感性分析：一种概率分析方法。它分析并确认输入参数的不确定性和输出结果之间的敏感性。敏感性分析确定哪些不确定性最可能影响结果。

Simulation 模拟：通过对系统模型进行试验来了解真实系统的一种方法。

Six Sigma 六西格玛：一套严谨而规范的方法，它利用数据和统计分析来衡量并改进公司的运营、实践和系统。它也可以识别和预防在制造和服务（相关的）流程中的缺陷。

Slack 时差：见自由时差。

Spearman Rank Order Correlation Coefficient 斯皮尔曼等级相关系数：斯皮尔曼于 1904 年提出的一种非参数（任意分布）等级统计值，用来度量两个变量之间的相关程度。

St. Petersburg Paradox 圣彼得堡悖论：一种游戏，一个随机变量会带来无穷大的预期收益，而实际上只值一点钱。圣彼得堡悖论描述了一种经典的情形，在这种情形下，预期价值方法所推荐的方案是理性的人不愿采纳的。

Standard Deviation 标准偏差：一种统计参数，等于方差的平方根，用来衡量数值在分布中离散的程度。

Statistical Distribution 统计分布：数值或变量的排列，可显示其观测或理论发生的频率。

Student Syndrome 学生综合征：一种与项目进度相关的心理偏见，即大多数人会在任务的截止日期快到时才动手去做。

Subjective Probability 主观概率：基于某个人对事件发生的可能性的判断而得出的概率。见客观概率。

Success Rate 成功率：完成任务或项目的机会。任务成功率为 56%意味着，有 56%的机会完成这项任务，有 44%的机会取消这项任务。

SWOT Analysis SWOT 分析：一种用于风险识别和战略规划的技术（优势、劣势、机会和威胁）。

Theory of Constraints 约束理论（TOC）：高德拉特开发的一种管理方法，其重点是识别和消除阻碍组织达到更高目标的制约因素。

Threat 威胁：是一种不利的情况，如果发生，就会对项目目标产生负面影响。与之相反的情况就是机会。

Tornado Diagram 龙卷风：呈现敏感性分析结果的图形。在龙卷风图的顶部是对输出影响最显著的输入因素。

Trial 试验：在蒙特卡洛模拟中，单次运行的计算。

Triangular Distribution 三角分布：一种统计分布，其参数是用最小、最大和最有可能值来估算的。

Uncertainty 不确定性：具有不确定结果的单个或一系列事件。

Uniform Distribution 均匀分布：参数在一定范围内有着相同概率的统计分布。

Util 效用单位：用于度量效用尺度的任意单元。

Utility 效用：度量特定结果总价值的指标。反映了决策者对一系列因素（如利润、损失和风险）的态度。

Utility Function 效用函数：表达客观度量之间关系的数学方程式的图形，如金钱和效用。效用函数可用于定量分析。

Valuation Model 估值模型：问题或项目的近似计算。估值由输入和输出变量及数学公式组成。

Value Measure 价值度量：用于对决策分析结果进行度量。价值度量的例子有净现值 NPV、投资回报率 ROI、项目持续时间和成本。

Variable 变量：在模型中的参数。变量的例子有任务成本或持续时间。

Verbal Expressions of Uncertainty 具有不确定性的口头表达：在决策分析报告中所用的口语化的具有不确定性的词汇，如"大概""可能""可以"和"不太可能"，这些词的目的是表达不确定性。

What If Scenario Analysis 假设情景分析：一种进度网络分析技术，在不同条件下生成和评估多个项目情景。

WITI Test WITI 测试：通过回答"为什么这很重要"（Why Is That Import）这个问题来区分手段和基本目标的一种方法。

Work Breakdown Structure 工作分解结构（WBS）：一组层级化的项目活动。在工作分解结构中，下一级比上一级的信息更详细。